«En un mundo donde la feminidad es
y despreciada, Elyse y Eric explican e
mente desde las Escrituras. Con capítulos llenos de
y preguntas difíciles, desafían a los lectores a desarrollar una amplia visión de la mujer en la historia redentora».

—Emily Jensen y Laura Wifler, coautoras de *Risen Motherhood: Gospel Hope for Everyday Moments* [Maternidad revivida: Esperanza del evangelio para los momentos de cada día]

«Las mujeres, junto con los hombres, son coherederas con Jesucristo de la herencia del reino. Esta es una buena noticia para todos nosotros, hombres y mujeres. Este libro, escrito por dos respetados y sabios líderes cristianos, puede ayudar a la Iglesia a celebrar el don y el llamado de las mujeres dentro del Cuerpo de Cristo. Mientras lees este libro, ora para que Dios te muestre la mejor manera de respetar y elevar a las mujeres y niñas de tu iglesia y comunidad».

—Russell Moore, presidente de la Comisión de Ética y Libertad Religiosa de la Convención Bautista del Sur

«Este es un debate extremadamente importante para la iglesia en este momento, y Elyse y Eric son las voces adecuadas para proporcionar orientación. Este libro marca un hito importante de lo que Dios está haciendo en Su Iglesia».

—J. D. Greear, pastor de The Summit Church, Raleigh-Durham, Carolina del Norte; 62° presidente de la Convención Bautista del Sur; autor de *Above All* [Sobre todo]

«Este libro provocará a muchas feministas porque sus autores se esfuerzan por ser rigurosamente bíblicos. Provocará a muchos que se identifican como complementarios porque... los autores se esfuerzan por ser rigurosamente bíblicos. Es una provocación que todos necesitamos, pues nos desafía a mirar de nuevo las Escrituras y nuestras propias actitudes y prácticas».

—Dennis E. Johnson, profesor emérito de teología práctica, Westminster Seminary California

«Con franqueza y sabiduría, Elyse y Eric iluminan el texto bíblico, mostrando las formas en que Dios ha cuidado y trabajado a través de las mujeres para lograr Sus propósitos en el mundo. Luego iluminan a la Iglesia, abordando las preguntas significativas que tienen las mujeres sobre cómo Dios cuida y pretende trabajar a través de ellas hoy».

—Nancy Guthrie, autora de *Mejor que el Edén: Nueve formas en las que la historia bíblica cambia todo sobre tu propia historia*

«No confundamos este libro con uno sobre los roles de género. Es un libro sobre el valor de las mujeres. Recomiendo *Dignas* para quienes estamos cansados de los extremos en los debates de género y queremos explorar el corazón de nuestras convicciones. Guiados por las Escrituras, Elyse y Eric se reúnen (en modo estéreo) para desafiar nuestras propias percepciones de valor y cómo comunicamos esa valía».

—Aimee Byrd, autora de *Why Can't We Be Friends?* [¿Por qué no podemos ser amigos?] y *Recovering from Biblical Manhood and Womanhood* [Cómo recuperar la masculinidad y la femineidad bíblica]

«Me gusta mucho este libro. No estoy de acuerdo con todo, pero sí con la mayor parte. Con demasiada frecuencia las mujeres se desvanecen en el fondo o desaparecen por completo en nuestra interpretación y proclamación de la Palabra de Dios. Esto es un error con repercusiones dañinas y poco útiles. Este libro nos ayuda a corregir este problema. Lo recomiendo con entusiasmo».

—Daniel L. Akin, presidente del Seminario Teológico Bautista del Sureste

«Nunca he estado más convencida de mi valor como mujer hecha a imagen de Dios y redimida por la sangre de Cristo. Estoy eternamente agradecida a Elyse y Eric por ayudarme a ver el cuidado y el encargo de Dios a las mujeres en Su Palabra. Todo el mundo necesita leer este libro».

—Quina Aragon, autora de *Love Made: A Story of God's Overflowing, Creative Heart* [Hechos con amor: una historia del corazón desbordante y creativo de Dios]

«Fui dolorosamente consciente de lo importante que era *Dignas*, de Elyse Fitzpatrick y Eric Schumacher, mientras lo leía, porque este libro bíblicamente perspicaz me recordó una vez más mis propios pecados y la devaluación de las mujeres en mi propia vida. Soy un hombre cristiano y pastor con un lamentable historial de objetivación, degradación y desvalorización de las mujeres en mi vida y en la iglesia. Este libro es necesario porque hay otros como yo que necesitan una reprimenda amorosa de autores de confianza que han vivido esta misma lucha en su propia vida y han caminado con otros que han hecho lo mismo. Cada pastor necesita leer este libro para ayudar a exponer la forma en que a menudo devaluamos a las mujeres en la iglesia y no nos damos cuenta. Las mujeres necesitan leer este libro para que puedan conocer realmente la forma en que Dios las valora, así como a las mujeres a lo largo de la historia redentora, y cómo Dios pretende que florezcan en la iglesia local hoy. Lo recomiendo de corazón».

—Brian Croft, pastor principal de la Iglesia Bautista de Auburndale; fundador de Practical Shepherding; miembro principal del Mathena Center for Church Revitalization, SBTS

«Un recurso importante para las iglesias que anhelan ver a todos sus miembros levantarse y cumplir con el llamado que Dios tiene para ellos. Aprecio la honestidad y la franqueza que ambos autores aportan a este oportuno debate sobre las mujeres y la iglesia.

Escrito con empatía y un gran respeto por las Escrituras y la imagen de Dios gloriosamente presente en todos nosotros, recomiendo encarecidamente esta importante lectura».

—Mary DeMuth, autora de *We Too: How the Church Can Respond Redemptively to the Sexual Abuse Crisis* [Nosotros también: Cómo la iglesia puede responder redentoramente a la crisis de abuso sexual]

«Este libro es muy bueno. Está bellamente escrito, la claridad teológica estalla en cada página, y está saturado del evangelio. Las ideas falsas y anticuadas sobre el papel de la mujer en el reino de Dios son deconstruidas y el Espíritu Santo reconstruye una perspectiva que glorifica a Dios para las mujeres (y los hombres) en los propósitos redentores de Dios. Recomiendo encarecidamente este libro».

—Dr. Derwin L. Gray, pastor principal de la Iglesia de la Transformación; autor de *Limitless Life: You Are More Than Your Past When God Holds Your Future* [Vida infinita: Eres más que tu pasado cuando Dios sostiene tu futuro]

«Elyse y Eric plantean y responden preguntas muy importantes sobre el valor de la mujer, pero no es solo para las mujeres. Aunque espero que mi esposa, mis hijas, mi madre, mi hermana y otras mujeres de mi vida interioricen el mensaje de este libro, también es para mí y para otros hombres. Desafortunadamente, lo que es claro y evidente en la Biblia no siempre es claro y evidente en nuestros hogares, iglesias y cultura: las mujeres son valiosas y forman parte integral de la historia de redención de Dios de principio a fin».

—Justin S. Holcomb, profesor de seminario, sacerdote episcopal y coautor de *Rid of My Disgrace*, *God Made All of Me* [Libre de mi desgracia, Dios me hizo completo] y *Is It My Fault?* [¿Es mi culpa?]

«*Dignas* aborda las difíciles y a menudo ignoradas cuestiones relativas a la visión de Dios sobre las mujeres. Verás cómo Dios tejió Su mensaje redentor a través de mujeres heroicas a lo largo de las Escrituras. Prepárate para que tus nociones preconcebidas sean desafiadas y tu fe alentada. Por eso, es una lectura obligada para todos los líderes de iglesias y ministerios»

—S. Michael y MeLissa Houdmann,
cofundadores, Got Questions Ministries

«Elyse y Eric han escrito un libro que es merecedor de su título. Habiendo sido criado como metodista, convertido a la fe en una iglesia de las Asambleas de Dios, y graduado de un seminario presbiteriano, he escuchado prácticamente todos los ángulos y enseñanzas sobre las mujeres; especialmente, su papel en la Iglesia. Las opiniones abundan. Lo que hace que *Dignas* se destaque es que comienza y termina con las Escrituras. *Dignas* lleva al lector en un viaje a través de la Biblia para descubrir lo que dice sobre este tema crucial. Respaldado por una exégesis sólida, un gran ingenio y una perspicacia convincente, *Dignas* debería ser tu libro de cabecera para formar tu teología sobre la mujer. Recomiendo con entusiasmo este libro».

—Scott Lindsey, director ejecutivo de
Faithlife, creadores del software bíblico Logos

«Muchos conceptos erróneos sobre el lugar y el valor de las mujeres en la Iglesia comienzan con conceptos erróneos sobre lo que la Biblia realmente dice. Al abogar por el verdadero valor y los roles bíblicos de las mujeres, Elyse Fitzpatrick y Eric Schumacher comienzan —y terminan— con la Biblia. Lo que muestran puede sorprender a algunos lectores, afirmar a todas las mujeres y servir a la Iglesia».

—Karen Swallow Prior, autora de *On Reading Well: Finding the Good Life through Great Books* [Sobre la buena lectura: Cómo encontrar la buena vida a través de grandes libros] y *Fierce Convictions: The Extraordinary Life of Hannah More—Poet, Reformer, Abolitionist* [Convicciones férreas: La extraordinaria vida de Hannah More: poeta, reformadora, abolicionista]

«Este libro es una palabra oportuna. Eric y Elyse nos dan un recurso poderoso, convincente y honesto que la Iglesia necesita desesperadamente. Comenzando con una historia de redención, *Dignas* celebra la historia de las mujeres, mientras revela la historia de las Escrituras. Me sentí simultáneamente condenada, desafiada y animada, y creo que tú también lo estarás».

—Raleigh Sadler, fundadora y directora ejecutiva de Let My People Go; autora de *Vulnerable: Rethinking Human Trafficking* [Vulnerable: Repensemos el tráfico humano]

«*Dignas* es un libro bíblicamente rico y centrado en el evangelio que examina y desafía la forma en que el mundo y la Iglesia ven el propósito y el valor de las mujeres. Eric y Elyse escriben de una manera que da vida y hace reflexionar, mostrándonos que el valor de una mujer no debe ser definido por la cultura en la que vivimos o por lo que nos han enseñado, sino por Dios mismo, como está escrito en Su Palabra y se muestra a través de la vida de Cristo».

—Sarah Walton, coautora de *Hope When It Hurts* [Esperanza cuando duele]

«Desde Génesis hasta Apocalipsis, la Palabra de Dios proclama el valor de la creación de Dios. Y en una cultura que margina o devalúa a los portadores de imágenes en casi todas las esferas de alguna manera, necesitamos la guía de las Escrituras para mostrarnos cuán infinitamente dignos ha hecho Dios a Sus hijos. En este libro, Elyse y Eric iluminan el valor de las mujeres en particular desde la creación hasta la culminación. Corrigen los temas comunes y los cansados clichés de la Iglesia, y mantienen el carácter de Dios como su guía. Espero que las mujeres de todo el mundo se sientan alentadas por este libro y que los hombres de todo el mundo se dejen llevar por el peso de sus verdades en su vida cotidiana».

—Lore Ferguson Wilbert, autora de *Handle with Care* [Manejar con cuidado]

«A los cristianos evangélicos se les ofreció durante mucho tiempo una teología de la mujer que es jerárquica y patriarcal. Sin embargo, Fitzpatrick y Schumacher desean una feminidad bíblica despojada de cargas extracanónicas. Ciertas interpretaciones o aplicaciones pueden sorprender o deleitar, pero esta teóloga complementaria espera que *Dignas* anunciará una antropología reformadora».

—Malcolm B. Yarnell III, autor de *God the Trinity* [Dios, la Trinidad], *The Formation of Christian Doctrine*, *Royal Priesthood in the English Reformation* [La formación de la doctrina cristiana, sacerdocio real en la reforma inglesa] y *Who Is the Holy Spirit?* [¿Quién es el Espíritu Santo?]

«*Dignas* es básicamente un estudio de la importancia y el rico significado de las mujeres a través del Antiguo y el Nuevo Testamento. Y trata de la posición, la importancia y el significado de las mujeres para Dios Padre y Dios Hijo, ¡en detalle! Los autores exponen las historias detalladas de las mujeres a través de la Biblia, ¡y lo hacen bien! Página tras página empuja a los hombres que minimizan a las mujeres a arrepentirse, y a hacerlo porque minimizar a las mujeres creyentes en Jesús equivale a minimizar al Dios que creó y redimió a ambos sexos. Si no estás seguro de leerlo, empieza por la historia de las mujeres en la vida de Jesús, particularmente... en la historia de Su pasión. ¡Contrasta quiénes se quedaron con Él (las mujeres) y quiénes huyeron casi inmediatamente (los hombres)! Te atrapará».

—Dr. Rod Rosenbladt, pastor luterano ordenado, profesor emérito de teología, Universidad Concordia, Irvine, California

CÓMO CELEBRAR EL VALOR DE LA MUJER

ELYSE FITZPATRICK
ERIC SCHUMACHER

PRÓLOGO POR MAJO SOLÍS

CÓMO CELEBRAR EL VALOR
DE LA MUJER

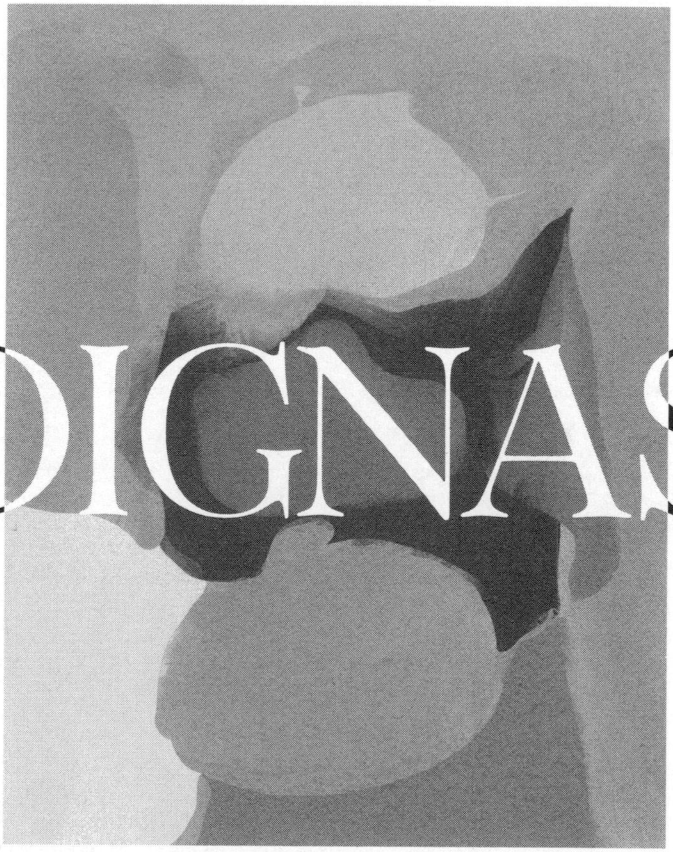

DIGNAS

ELYSE FITZPATRICK
ERIC SCHUMACHER

PRÓLOGO POR MAJO SOLÍS

B&H
ESPAÑOL
BRENTWOOD, TENNESSEE

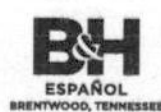

Dignas: Cómo celebrar el valor de la mujer

B&H Publishing Group
Brentwood, TN 37027

Diseño de portada: B&H Español

Director editorial: Giancarlo Montemayor
Editor de proyectos: Joel Rosario
Coordinadora de proyectos: Cristina O'Shee

Clasificación Decimal Dewey: 305.4
Clasifíquese: MUJERES / VIDA CRISTIANA / JOVENCITAS

ISBN: 978-1-0877-7845-7

Impreso en EE. UU.
1 2 3 4 5 * 26 25 24 23

A todas mis hermanas que, como las hijas de Zelofejad, dicen: «El SEÑOR mandó a Moisés que nos diera una heredad entre nuestros hermanos» (Jos. 17:4, LBLA) y que han tomado como suyo el texto del primer sermón predicado en Jerusalén, «derramaré mi Espíritu aun sobre mis [...] siervas» (Hech. 2:18); a todas las que quieren conocer la alegría de la formación de discípulos impulsada por el Espíritu: no son insignificantes, ni auxiliares, ni no amadas.

Esta es su historia.

—Elyse

A
mi madre, Karen,
mi esposa, Jenny,
mi hija, Ella.

Las amo mucho.

Jesús las ama más.

—Eric

Índice

PRÓLOGO

Dignas

Hoy en día, al vivir en un mundo incapaz de responder con claridad la pregunta «¿qué significa ser mujer?», y que, por ende, atenta constantemente contra su valor, haber encontrado este libro fue una respuesta que trajo paz y fortaleza a mi vida.

En sus páginas no encontré una opinión humana más para sumar a la lista de las tantas que he escuchado, sino que hallé una hermosa guía para conocer el corazón del Creador de la mujer. Ahí es donde ha residido siempre, intacto, nuestro verdadero valor y propósito.

Estoy segura de que muchas dudas con las que has cargado serán aclaradas y te dará claridad, firmeza, identidad y llamado. La valentía, la pasión y la cautela con las que los autores abordan el tema, por medio de pasajes bíblicos y situaciones contemporáneas y polémicas, son admirables y liberadoras, incluso en temas que por mucho tiempo me causaron tanta inseguridad y confusión. Acércate con humildad para no solo aprender, sino más importante: desaprender. Oro para que este libro sea como una llave que abre prisiones de inseguridad, dudas, e intimidación para tantas mujeres que Dios está llamando a ser, en Cristo, embajadoras claves en el establecimiento del reino de los cielos en la tierra.

Mi esposo y yo tuvimos un noviazgo sumamente corto, fueron menos de cinco meses y estábamos ya casados. ¿Una de las razones principales por las que fue así? Lo conozco desde que éramos adolescentes, por mi amistad con sus hermanas pasé mucho tiempo en su casa por lo que pude ver cómo se relacionaba con ellas, con su mamá y con su abuelita. Conocer su interacción con las mujeres a su alrededor fue una de las razones por las que no dudé en casarme con él porque sabía el corazón con el que me trataría a mí.

Al leer *Dignas*, sucederá algo aún mejor. Los autores te llevarán a ver y profundizar en el interactuar de Dios con las mujeres que aparecen en la Biblia para así comprobar la ternura, el valor, el llamado, y el celo amoroso que Dios tiene para contigo. Por la misma cultura en la que muchos crecimos, estamos muy familiarizados con historias de grandes hombres de fe, por lo que fácilmente podemos pasar por alto los tesoros que hay dentro de las historias de grandes mujeres tratadas por Dios como lo son Eva en Génesis, María en los Evangelios, Lidia en el libro de Hechos y más mujeres con una función clave en la historia de la iglesia. En este libro, las conocerás.

Mientras escribo este prólogo, mi abuela materna de más de 85 años, a quien amo profundamente, está en el hospital con ayuda respiratoria. Si tú la vieras en una foto reciente, la definirías como frágil, pero si la conocieras, sabrías que su fragilidad externa solo cubre una fortaleza interior, adquirida por medio del Dios que la habita y las pruebas que atravesó de Su mano.

Hoy traigo una blusa que ella me regaló. Si alguien vendiera una igual en un bazar, probablemente la pondría a un bajo precio por su antigüedad. Pero si alguien se acercara hoy a mí y me pidiera comprármela, le diría: «Imposible, es demasiado su valor». El valor que mi blusa tiene va más allá de su material y su diseño, es un valor que habita en mi corazón íntimamente conectado al conocer y a amar a una mujer cuya vida me permite estar aquí escribiendo. Y así, tú y yo tenemos un valor que este mundo nunca alcanzará a comprender. Tal vez te has sentido como una blusa antigua, frágil, en un bazar frente a una calle buscando quién te dice cuál es tu valor, y esperando que no sea la gran cosa. Mas lo que no sabes es que, mujer, a los ojos de Dios eres un tesoro precioso, que no solo te creó, sino que pagó el monto más alto que esta tierra ha visto por tenerte eternamente cerca: la sangre de Cristo. ¿Frágil? Sí, pero fuerte en el Dios que te amó desde antes de nacer, te ama y te seguirá amando hasta el fin. Adéntrate a este libro con expectativa de descubrir a Dios, desmentir al mundo, y encontrarte a ti segura en Él.

Majo Solís

INTRODUCCIÓN

Dignas: Celebrar el valor de la mujer en la Palabra de Dios

«Les pido que la reciban dignamente en el Señor, como conviene hacerlo entre hermanos en la fe...»
(Rom. 16:2).

Cuando Pablo escribió la carta a los Romanos, una epístola tan importante que Martín Lutero la llamó «la parte principal del Nuevo Testamento»,[1] buscó un emisario digno para entregarla. ¿A quién podía confiar un documento tan valioso? En una época cuando los viajes eran muy peligrosos, y especialmente para una mujer que pudiera estar sola, parece extraño que Pablo eligiera a Febe. Tal vez, en su calidad de diácono de la iglesia de Cencreas, ya tenía asuntos en Roma y por eso se le confió este precioso cargamento. Pero tal vez no. Tal vez Pablo la eligió simplemente porque sabía que era digna de confianza y que tenía suficientes medios, sabiduría y valor para completar el viaje de 1300 kilómetros [800 millas] por mar y tierra. Febe tenía fama de trabajar en la ciudad, utilizando su riqueza e influencia para ayudar a los necesitados, incluido el propio apóstol Pablo (Rom. 16:2).

La elección de Pablo al escogerla, sin duda choca con las nociones preconcebidas sobre los roles femeninos adecuados, especialmente en el antiguo Cercano Oriente. ¿Por qué iba a pedir Pablo algo así a una mujer? ¿No le preocupaba que ella no saliera de su casa? ¿No debería haber enviado a uno de los hermanos de la iglesia? ¿No le preocupaba que pudiera estar fijando un precedente y que las mujeres de todo el Mediterráneo empezaran a buscar oportunidades de ministerio y a viajar al extranjero? No sabemos mucho sobre Febe, pero sí sabemos esto: era una mujer digna de honor.

Más adelante en este libro (capítulo 11), veremos la vida y el ministerio de Febe (y de otras) con más detalle, pero por ahora, pensemos en las instrucciones de Pablo a la iglesia sobre ella. Debían recibirla «dignamente en el Señor, como conviene hacerlo entre hermanos en la fe». Cuando finalmente llegó a su destino, sin duda una iglesia en casa, se les dijo a los hermanos que la recibieran. Debían asegurarse de que ella supiera que la puerta estaba abierta de par en par para ella y que la veían como uno de ellos: no en primer lugar como una mujer, sino como una hermana en la fe. No debían mirarla con recelo ni pensar que intentaba quitarle el puesto a nadie. Debían hacerse amigos de ella como una persona elegida y llamada por Dios y santificada por Su obra de gracia. Debían tratarla adecuadamente, reconociendo su valor. En otras palabras, debían tratarla de la misma manera que habrían tratado a Pablo o a cualquier otro siervo del evangelio.

¿Qué nos da valor?

¡A mi esposo, Phil, y a mí (Elyse) nos encanta *Antiques Roadshow*! De acuerdo, lo admito. Estoy segura de que mis hijos adultos se avergonzarán cuando lean esta confesión, pero realmente lo disfrutamos. Se avergonzarán porque creen que el programa es aburrido y solo para los viejos (como nosotros). Creo que lo entiendo. *Antiques Roadshow* no contiene suspenso ni romance histórico, pero Phil y yo lo encontramos realmente interesante, y no somos los únicos. *Antiques Roadshow* es la serie más vista de PBS.[2]

¿Qué tiene este programa que la gente encuentra tan interesante temporada tras temporada? Creo que parte de la atracción consiste en ver cómo un tasador asigna un valor astronómico a un viejo lienzo enrollado, algo que alguien acaba de rescatar de la basura. Cuando el tasador se fija en esa firma tan importante, lo que antes se consideraba sin valor se convierte en algo sin precio. En un instante, la forma de tratarlo cambia. Se aprecia. Es valiosa. Se celebra. ¿Por qué? Porque lo firmó un artista distinguido, y esa firma le confiere valor. Por supuesto, siempre tuvo un gran valor, solo que ahora el tasador nos ha abierto los ojos para verlo. ¿Qué es lo que hace que pase de ser una basura sin valor a un tesoro sin precio? La firma del artista. Y esa firma suele producir una gran alegría a los propietarios: a veces lloran, a veces se quedan sin palabras. Otras saltan de alegría. Pero nunca he visto a nadie bostezar con apatía o tirar el lienzo a la basura.

Tanto si te gusta *Antiques Roadshow* como si no, estoy seguro de que entiendes lo que quiero decir. El valor está intrínsecamente ligado a la reputación de quien creó la pieza. Lo que es cierto para las pinturas y los artefactos históricos también es cierto para ti y para mí. Todas las personas tienen un valor intrínseco por una razón básica: somos la creación del Dios vivo. Hemos sido hechos a Su imagen y semejanza. Cuando el Señor dijo: «Hagamos al ser humano a nuestra imagen y semejanza»

(Gén. 1:26), estaba aplicando Su firma a la obra maestra que corona Su creación. La «imagen y semejanza» de Dios confieren a la humanidad un honor y una dignidad que la distinguen de todo lo demás. Este es su sello de autenticidad y valor. De nada más dijo: «a nuestra imagen y semejanza». Solo la humanidad lleva esta marca, y las implicaciones son enormes: *todas las personas, sin importar su género, etnia, religión, historia o época, tienen valor*. Tienen valor porque llevan Su firma, y Su sello es inestimable. Todas las personas deben ser honradas y celebradas. Después de conceder a la humanidad el dominio y la administración del mundo que creó, se nos dan detalles aún más específicos:

> «Y Dios creó al ser humano a su imagen; lo creó a imagen de Dios. Hombre y mujer los creó» (Gén. 1:27).

Por sí mismo, Adán era insuficiente para mostrar la imagen y la semejanza de Dios. El Señor es tan santo, tan maravilloso y glorioso, que un solo género creado era inadecuado para llevar Su imagen. Así que creó a Eva, una hembra, una mujer. Del mismo modo que el varón tiene valor porque está hecho a imagen de Dios, la mujer también lleva la imagen de Dios y tiene valor. Todas las mujeres, al igual que todos los hombres, tienen valor simplemente porque llevan Su imagen. Somos imagen de Dios. Y, al igual que esa valoración de *Antiques Roadshow* es transformadora, esta verdad debería transformarnos también a nosotros. Cuanto más crean las mujeres y los hombres en esta verdad, más celebrarán su creación y aprenderán a honrarse y amarse como criaturas de gran valor. Hemos sido creados a imagen y semejanza de Dios, y las personas con las que nos relacionamos no son inútiles ni insignificantes. C. S. Lewis escribió:

> Es algo serio vivir en una sociedad de posibles dioses y diosas, recordar que la persona más aburrida y poco interesante con la que puedas hablar puede ser un día una criatura que, si la vieras ahora, estarías fuertemente tentado a adorar [...]. No hay

personas *comunes*. Nunca has hablado con un simple mortal [...]. Son inmortales con los que bromeamos, trabajamos, nos casamos, despreciamos y explotamos: horrores inmortales o esplendores eternos.[3]

Comprender que las mujeres, al igual que los hombres, han sido formadas por Dios para ser criaturas inmortales que reflejan eternamente Su gloria debe, por necesidad, transformar la forma en que pensamos e interactuamos con los demás hoy.

A lo que nos enfrentamos

Como hemos dicho, tanto las mujeres como los hombres tienen un valor intrínseco porque han sido creados a imagen de Dios. Lo digo porque la totalidad de la Palabra de Dios lo atestigua. Como mujer, no estoy declarando el valor de mi género para halagar a las simpatizantes feministas. No, Eric y yo estamos declarando el valor de una mujer porque eso es lo que declara la Biblia. Simplemente estamos afirmando lo que dice la Escritura: las mujeres tienen valor porque son, al igual que los hombres, creadas a imagen y semejanza de Dios, y esa verdad, cuando se capta y se cree, transforma la vida personal y relacional. Además, la Biblia deja claro que las mujeres no son una ocurrencia tardía, un problema que hay que resolver, ni son accesorias al mensaje general de las Escrituras.

El domingo de Pascua, Jesús resucitado declaró el único mensaje de la Iglesia: «Y en su nombre se predicarán el arrepentimiento y el perdón de pecados a todas las naciones, comenzando por Jerusalén» (Luc. 24:47). Y las mujeres fueron una parte intrínseca de esta proclamación. De hecho, fueron las primeras encargadas de esta misión. Las mujeres forman parte de esta proclamación del amor sacrificial de Dios por las personas tanto como los hombres. Como vas a aprender, esto es incuestionable y abrumadoramente el registro bíblico. Y creemos que es el momento de desafiar y luego alentar a todos los creyentes para cumplir con el llamado.

¿Por qué debemos notar y celebrar a las mujeres en la historia de las Escrituras? ¿A dónde miras cuando esperas a alguien importante? Si eres un niño que espera a que mamá vuelva a casa, miras a la puerta principal. Si estás en un aeropuerto, miras al pasillo de pasajeros que regresan. Si estás en una parada de autobús, miras hacia la calle. Miras hacia el lugar desde el que sabes que aparecerán por primera vez. Cuando Dios proclamó por primera vez el evangelio, prometió la liberación a través de la descendencia de la mujer (Gén. 3:15). El Libertador vendría a través de ella. Esta promesa nos enseña a «observar a la mujer» a medida que se desarrolla la historia, para poder ver al Redentor cuando llegue. Al buscar, notar y celebrar a las mujeres en la historia de la Biblia, no nos estamos deslizando por la resbaladiza pendiente del liberalismo, a punto de precipitarnos por un acantilado hacia la adoración total de una diosa. Buscar, notar y celebrar a las mujeres en la historia de la Biblia es subir la escalera de la interpretación bíblica cuidadosa, ver los peldaños que el Autor puso en su lugar, y dar un paso en consecuencia.

Eric y yo queremos recordarte el honor y el protagonismo de las mujeres en la narrativa de la redención porque es bíblico y correcto hacerlo. Pero esa no es la única razón por la que escribimos. Ambos creemos que *cada* historia de misoginia y abuso debe ser escuchada y tomada en cuenta. Los movimientos *#MeToo* y *#ChurchToo* han demostrado con creces lo que muchas mujeres ya sabían: demasiadas de nosotras no somos apreciadas ni valoradas; demasiadas ni siquiera sabríamos lo que eso significa. En cambio, muchas han sido descreídas, denigradas y desestimadas, simplemente porque somos mujeres, y esto ha sucedido tanto históricamente como en las iglesias actuales también. Pero el simple hecho de entender que la iglesia ha sido despectiva, abusiva o incluso misógina no nos ayudará. Si el núcleo de nuestro problema es una denigración y desconfianza pecaminosa hacia las mujeres (que constituyen más de la mitad de la creación portadora de la imagen de Dios), entonces responder con cuidado y empatía a las historias negativas es insuficiente. Por el contrario, necesitamos afirmar las historias y contribuciones positivas de las mujeres, no solo como esposas, madres e hijas, *sino principalmente como portadoras de la imagen de Dios*. Esto significa que debemos ver, oír y hablar de las mujeres como lo hace Dios. Una vez que nuestros ojos se abran a la forma en que Dios valora y honra la dignidad de la mujer, cada uno de nosotros será capaz de alegrarse por el otro y por lo que Dios ha logrado tanto en Su creación como en Su recreación. Nos acogeremos los unos a los otros de una manera digna de los hermanos en la fe.

Lo que te da valor

Empecemos por ser un poco más personales. Permíteme preguntarte: *¿qué te da valor? ¿Has pensado alguna vez si tienes valor? ¿Tienes relevancia? ¿Importas?* ¿Alguna vez te has hecho este tipo de preguntas?

No es raro que las personas digan que se sienten sin valor, especialmente si han sido denigradas, molestadas o abusadas de alguna manera. Tanto Eric como yo conocemos a mujeres que luchan por creer que tienen valor y que este valor es fundamental para lo que son como seres humanos. Se ven a sí mismas como insignificantes o indignas. Y se sienten avergonzadas, no solo de algo que han hecho, sino de lo que son en su esencia. Las mujeres que han sido sistemáticamente menospreciadas por los hombres (y por otras mujeres) tienen problemas para creer que Dios las valora y las honra. ¿Cómo podemos afirmar que Dios ama, valora y honra a las mujeres cuando parece que históricamente el pueblo de Dios ha visto a las mujeres como una tentación que hay que evitar, una esclava doméstica que hay que emplear, una voz que hay que silenciar, una criatura rebelde que hay que someter?

Muchas mujeres han sido educadas en la iglesia y han leído la Biblia, pero nunca han visto la forma en que el Espíritu Santo cuenta historias del amor entrañable de Dios por las mujeres a lo largo de la historia de la redención. Y tal vez se les ha enseñado a verse a sí mismas principalmente como pecadoras, caídas, fáciles de engañar y débiles. Si bien es cierto que toda la humanidad ha sido estropeada por el pecado y alejada de Dios (Rom. 3:10ss), nuestra pecaminosidad no es lo más importante de nosotros. Lo más importante es que hemos sido creados a imagen y semejanza de Dios. Y Él dijo que todo lo que creó era «muy bueno» (Gén. 1:31). De nuevo, toda la creación —las mujeres incluidas— fue considerada por Él como algo «muy bueno». Lo «no bueno» de la soledad de Adán se convirtió en algo muy bueno al unirse el hombre y la mujer. Adán y Eva juntos: eso era lo muy bueno.

La Biblia habla constantemente del valor que Dios da a la mujer. Lo vemos en el papel crucial e indispensable que desempeñan a lo largo de la historia redentora, desde el Génesis hasta el Apocalipsis. En consecuencia, si Dios valora tanto a las mujeres que las incluye como parte consistente y esencial de Su misión, ¿cómo podemos sentirnos y actuar de manera diferente?

Algunos puntos de interés

Este libro encontró su génesis en Twitter. En un momento dado, a mediados de 2018, Eric publicó en Twitter una lista de primicias sobre las mujeres en la Biblia, algo que coincidió con pensamientos parecidos que yo estaba teniendo, así que nos conectamos. Poco después, publicó la lista como un artículo en el sitio web de Coalición por el Evangelio[4] e hizo una aparición como invitado en el podcast de mi familia, *Front Porch with the Fitzes*. Durante esa conversación hablamos de la posibilidad de colaborar en este proyecto... y aquí estamos.

De entrada quiero decir que Eric ha hecho la mayor parte del trabajo pesado en este proyecto. Nos basamos en gran medida en el trabajo que ya había realizado. Estoy muy agradecida por su deseo de honrar y valorar a las mujeres. El hecho de que la voz de un pastor se una a la mía en este esfuerzo es inestimable. Él y yo nos hemos repartido los capítulos para que cada uno de nosotros escriba y el otro edite y enriquezca. Cuando escribamos en primera persona (como hice yo en esta introducción), indicaremos de quiénes son las palabras que lees. Pero incluso cuando lo hagamos, puedes estar seguro de que todo lo que hay aquí es una armonía de nuestros pensamientos sobre este tema. Eric abordará el tema como marido, padre, pastor, compositor y (por supuesto) como hombre. Yo lo abordaré como consejera, escritora, madre, abuela, esposa y (por supuesto) mujer. Y ambos lo haremos como creyentes que valoran profundamente la Palabra de Dios y se respetan y reciben mutuamente.

De principio a fin, la Biblia afirma el valor de las mujeres. En este libro te ayudaremos a ver esa verdad comenzando con los relatos del Génesis sobre la creación y la caída. Sí, incluso cuando Eva pecó, y su marido se unió a ella en su locura, la Biblia afirmó su valor y celebró su valía. Una vez que hayamos dedicado tiempo al principio, recorreremos el resto del Antiguo Testamento (historia, ley, culto y sabiduría), señalando los lugares en los que se revela y celebra el valor de la mujer. A continuación veremos el valor de las mujeres en el Nuevo Testamento, especialmente en el nacimiento, vida, muerte y resurrección de Jesús. Por último, veremos cómo encajan en la historia de la redención de la Iglesia, en el nuevo mundo y en la Iglesia de hoy. Si uno de estos capítulos es de mayor interés para ti, no dudes en adelantarte y leerlo. Aunque creemos que los preceptos presentados en cada capítulo son significativos y se apoyan unos en otros, no es necesario que leas este libro en el orden presentado. Simplemente, ve a donde quieras y sé bendecido. Además, si un capítulo te resulta demasiado difícil, no dudes en ir a otro. Por ejemplo, si el capítulo sobre la celebración de las mujeres en la ley de Israel es demasiado difícil o no te interesa, simplemente pasa a algo con lo que estés más familiarizado, como el papel de las mujeres en el nacimiento de Jesús. Tú eliges.

Al final de cada capítulo, encontrarás preguntas que te ayudarán a cristalizar y procesar la información que acabas de leer. Ya sea que estés recorriendo este libro individualmente o con un grupo, esas preguntas facilitarán la reflexión y la discusión, y te animamos encarecidamente a que hagas el esfuerzo de responderlas. También hay una sección «Para profundizar» pensada en ustedes, queridos superdotados que no tienen suficiente y quieren aprender aún más. En cualquier caso, tómate tu tiempo para analizar lo que te presentamos. Puede que leas algunas cosas aquí que nunca has oído antes o que te parezcan una forma diferente de pensar. Recuerda que nuestra esperanza es, en primer lugar, transformar la forma en que los hombres y las mujeres piensan y se relacionan con las mujeres en el hogar, en la iglesia y en la sociedad en general. Pero también esperamos convencer a las mujeres a que lloren de alegría al pensar que Dios las aprecia y valora, de que tal vez lo que han creído sobre ellas mismas y el Señor no es la verdad y que hay recibimiento y amor en Él para ellas.

Esperamos que, al final del libro, tengas algo más que una mayor apreciación del valor de las mujeres. Oramos para que tengas un mayor deleite en el valor del Dios en el que encontramos nuestro valor. Eso es lo que este libro ha hecho por nosotros. La última parte que se escribió fue el Epílogo: «Digno: un canto de alabanza», una canción de adoración original de Eric y su colaborador, David Ward. Esta canción recorre la historia de la Biblia, celebrando a Dios en las formas en que creó y redime a las mujeres.

Así que, no importa quién seas o por qué estés aquí, si eres una mujer que espera escuchar algunas buenas noticias o un hombre que se pregunta si se ha perdido algo importante, eres bienvenido aquí. Es nuestra oración que el Señor, que nos creó a Su imagen, nos ayude a apreciarnos, valorarnos y honrarnos mutuamente, todo para Su gloria.

CAPÍTULO 1

El valor de la mujer en la creación

Y dijo: «Hagamos al ser humano a nuestra imagen y semejanza. Que tenga dominio...».
Génesis 1:26

De niño, yo (Eric) pasaba incontables horas tumbado en el suelo, con la barbilla apoyada en las manos, escuchando música en el estéreo. En algún momento, me cansé de leer las notas de los discos y de mirar las ilustraciones. Empecé a juguetear con los mandos de la parte delantera del aparato. Fue entonces cuando descubrí el significado de «estéreo».

Si giraba el mando de balance hasta la posición D, la música se reproducía solo por el altavoz derecho; si lo hacía hasta la posición I, lo hacía solo por el izquierdo. Escuchar solo un canal o el otro me fascinaba. Cada canal destacaba un conjunto diferente de instrumentos o elementos vocales. Ambos canales reproducían la misma canción, aunque sonaban de forma diferente. Se complementaban entre sí, aportando cada uno algo de lo que carecía el otro canal. Con el tiempo, la novedad desapareció y volví a escuchar los dos canales juntos. Esto era el «sonido estéreo». Para oírlo como el artista pretendía, había que escucharlo en estéreo.

Las conversaciones sobre el valor de las mujeres (o de los hombres) pueden desarrollarse como un niño que juega con los mandos del estéreo. Algunos giran el mando completamente hacia la *M*. Según ellos, entendemos a la mujer aislada del hombre. Ella debe ser conocida en sí misma, por sí misma. No necesita al hombre, quizás, para nada en absoluto.

Otros giran el mando hacia la *H*. La mujer se conoce solo en contraste con el hombre. Él es primario; ella es secundaria. Aprendemos lo que ella es al deducir las partes que faltan de la canción. Ella puede permanecer en silencio, muchas gracias.

El problema de estos enfoques es que Dios creó la humanidad en modo estéreo. Entender lo que significa ser humano requiere que escuchemos los dos canales juntos. Hay un momento y un lugar para ajustar el control de mando. Alguien antes que nosotros puede haber desequilibrado las cosas. Hay un momento para centrarse en un canal para entender mejor la canción. Aun así, el objetivo es volver a escuchar la canción en su conjunto, con ambos canales en equilibrio.

Sin embargo, como te dirá cualquier artista de grabación, no se trata de los altavoces, del canal izquierdo o del derecho. Se trata de la canción, de la música tal y como la concibió el artista.

En la creación de la humanidad, Dios es el artista. Él canta una canción sobre sí mismo, sobre Su gloria. Su música es la muestra de Su excelencia. Él interpreta esta composición en estéreo. Fluye a través de los canales correspondientes de los «altavoces» masculinos y femeninos, si lo quieres ver de esa forma.

En este libro, intentamos ajustar el control de mando a la configuración prevista por el Artista. Queremos que las mujeres se liberen para tocar la canción que Dios canta a través de ellas. Queremos que todos se inclinen y escuchen la música de Dios.

Este libro existe por una simple razón: glorificar a Dios al ver y celebrar el valor de las mujeres en la Palabra de Dios. Por ello, nos plantearemos dos preguntas centrales:

1. ¿Dónde observamos el valor de las mujeres en la Biblia?
2. Al ver el valor de la mujer allí, ¿cómo lo celebramos?

Y en esa celebración, el Creador de la mujer es glorificado.

¿Cómo glorifica a Dios observar y celebrar el valor de la mujer? Como veremos en este capítulo, las mujeres son creadas a Su imagen y semejanza. Cuando el valor de la mujer es visto y celebrado correctamente, su Creador es honrado y glorificado.

Debemos celebrar a las mujeres, al igual que debemos celebrar la bondad de toda cosa creada. Esto no es contrario a centrarse en Dios, sino que es necesario para centrarse en Dios. No está mal celebrar una cosa creada, como tampoco está mal celebrar la obra de un artista. Cuando cenas en el restaurante de un famoso chef, no se lo glorifica cuando dices: «No me impresionan los platillos que has servido, pero te glorifico como un chef maravilloso». La gloria del chef se muestra en la bondad de sus comidas. No celebrar la comida es no glorificar al chef. No celebrar el valor de la mujer es no glorificar a Dios.

En este primer capítulo, veremos cómo Dios habla de sí mismo a través de los seres humanos. Examinaremos el importante papel que desempeñan las mujeres en esa sinfonía. Comenzamos en Génesis 1–2, donde Dios creó los cielos y la tierra. Aquí conocemos a la primera mujer (la llamaremos «la mujer» en este capítulo, porque no se le da el nombre de «Eva» hasta Génesis 3). ¿No es una gran jugada por parte de Dios? Al retener su nombre en estos capítulos, hace que sea abiertamente aplicable a todas las mujeres de la tierra). Lo que Dios dice en los primeros capítulos de la Biblia es fundamental para ver y celebrar el valor de cada mujer, y el valor de Dios mismo.

¿Dónde observamos el valor de las mujeres en la creación?

Durante la huelga de saneamiento de Memphis en 1968, los trabajadores de raza negra llevaban pancartas con el lema: «soy un hombre». Esa declaración icónica se convirtió en un tema del movimiento por los derechos civiles. Expresaba el meollo de la cuestión, con las letras resaltadas: los negros son *humanos*.

Observamos el valor de la mujer en su humanidad.

Ese eslogan de los 60 podría resumir las primeras declaraciones bíblicas sobre la mujer. Ella es un HOMBRE. Suena extraño decirlo, en un mundo que suele equiparar «hombría» con «masculinidad». Pero es totalmente bíblico.

La primera mención del ser humano ocurre en Génesis 1:26-28. Dios dice: «Hagamos al hombre a nuestra imagen [...] y ejerza dominio» (RVR60). El hombre es un ellos-plural, más de uno. Pronto aprendemos que el hombre existe en dos géneros. «Macho y hembra los creó». De hecho, este es el nombre de Dios para ambos. Moisés escribe: «Macho y hembra los creó; y los bendijo, y llamó el nombre de ellos Hombre, el día en que fueron creados» (Gén. 5:2, JBS). Cuando Dios hizo al «hombre», hizo un hombre masculino y un hombre femenino.

Esto suena extraño a nuestros oídos modernos. Incluso puede sonar sexista. Pero no lo es. En cambio, lo primero que aprendemos sobre «el macho y la hembra» es que ambos son «hombre». Comparten la misma naturaleza. Cada uno es tan humano como el otro. A través de estos dos canales de género, Dios interpreta la misma canción.

Génesis 2 se acerca al sexto día de la creación, y nos ofrece una mirada cercana a la creación del hombre y la mujer. En la búsqueda de una «ayuda adecuada» para él (v. 18), el Señor hace que el hombre caiga en un profundo sueño. Mientras el hombre duerme, el Señor le arranca parte de su costado —su carne y sus huesos— y le da forma a una mujer.[1]

Cuando el Señor le trae la mujer al hombre, este responde con la primera canción humana registrada: una exclamación poética:

> «Esta sí es hueso de mis huesos y carne de mi carne. Se llamará "mujer" porque del hombre fue sacada» (v. 23).

«Hueso de mis huesos y carne de mi carne» significa: «¡Ella está hecha de la misma materia que yo! Ella es lo que yo soy». Ella no es un animal; es plena, completa y enteramente humana. La segunda mitad de la declaración refuerza este punto. «Se llamará "mujer" porque del hombre fue sacada». El hombre no está nombrando a la mujer aquí. (Dios ya había nombrado a los dos como hombres, véase Génesis 5:2). Tampoco está ejerciendo autoridad o soberanía sobre ella. Está haciendo un juego de palabras. La palabra hebrea para una mujer, *ishah*, suena como la palabra hebrea para un hombre, *ish*. El hombre subraya que ella comparte su esencia y naturaleza: es humana, imagen y semejanza de Dios.

Considera esta maravillosa verdad:

> La primera canción registrada en la historia de la humanidad es una celebración del hecho de que la mujer es igual al hombre: «*Ella es un HOMBRE*».

¿Por qué es importante esto? ¡Porque debemos declarar que la mujer es buena! El estribillo que resuena a lo largo de la semana de la creación es «Y Dios consideró que esto era bueno» (Gén. 1:4, 10, 12, 18, 21, 25). No es hasta después de que Dios crea al hombre y a la mujer que leemos: «Dios miró todo lo que había hecho, y consideró que era *muy bueno*» (v. 31, énfasis añadido).

Si Dios ha declarado que la existencia de la mujer es buena —por cierto, muy buena—, nuestras palabras (y nuestros corazones) deberían confirmarlo. Si las primeras palabras humanas registradas celebran la igualdad de la mujer con el hombre, ¿cómo no vamos a unirnos a esa celebración?

Deberíamos declararla *humana*, tan humana como sus homólogos masculinos. Como hemos visto, cuando los dos primeros capítulos de la Biblia hablan de hombre y mujer, hablan de igualdad en esencia. Por supuesto, hay diferencias entre el hombre y la mujer. (Si no las hubiera, no estaríamos escribiendo este libro). Pero la Biblia no empieza con las diferencias; *empieza con la igualdad.*

Al pensar en las mujeres y los hombres, debemos imitar los pensamientos de Dios. Cuando hablamos de mujeres y hombres, deberíamos imitar la Palabra de Dios. Dios comienza con lo que tenemos en común: un nombre compartido, una naturaleza compartida y una misión compartida. De la misma manera, debemos enfatizar lo que tenemos en común. Compartimos una naturaleza humana y una misión divina. *Somos más parecidos que diferentes.*

Debemos defender a la mujer como ser humano. Desgraciadamente, debemos hacer esta afirmación. (Esta también es una desafortunada razón para escribir este libro). Vivimos en un mundo en el que la gente niega la plena humanidad de la mujer de palabra y de hecho. La Biblia no lo permite, y los hombres y mujeres cristianos tampoco deberían hacerlo. (Este punto no está dirigido solo a los hombres. Las mujeres también han sido culpables de degradar y devaluar a las mujeres).

Las mujeres deben ser tratadas con la misma dignidad y respeto que los hombres, ¡pues ambos están hechos de la misma carne! Toda misoginia (odio a la mujer) es odio al hombre, pues ambos comparten la misma naturaleza y el mismo nombre. Debemos abstenernos de degradar a las mujeres con nuestro discurso y nuestro silencio, nuestras acciones y nuestra inactividad. Expresiones como «¡lanzas como una niña!» o «¡te comportas como una mujer!» reducen a la mujer a un insulto y a algo indeseado. Nuestro silencio ante tales afirmaciones comunica que no vale la pena defender a las mujeres.

Observamos el valor de la mujer en su humanidad. Pero ¿qué significa ser humano?

Observamos el valor de la mujer en su relación con Dios: ha sido creada a Su imagen y semejanza.

Ser humano es estar hecho a imagen y semejanza de Dios. Cuando Dios define a la humanidad, utiliza estas palabras: «Hagamos al ser humano a nuestra imagen y semejanza». Imagen y semejanza: ambos términos son extraños para nuestros oídos modernos. Sin embargo, ambos términos son esenciales para comprender la naturaleza del ser humano. Por tanto, son lo primero y más importante de ser mujer. Como los canales de un estéreo, los términos «imagen» y «semejanza» tocan la misma canción. Pero la tocan de maneras diferentes (y complementarias). Los tomaremos de a uno y luego los juntaremos.

Imagen de Dios. Ser hecho a «imagen de Dios» significa gobernar como representante de Dios. En el antiguo Egipto, el rey era llamado la estatua viviente de un dios específico, una idea que los primeros lectores de Moisés conocían bien. Como tal, el rey mostraba los «rasgos de carácter» y las «nociones esenciales» del dios del que era imagen.[2] El título de «imagen de Dios» estaba reservado para la realeza; no se le daría a un trabajador común.[3] Del mismo modo, los templos paganos contaban con una imagen del dios que habitaba en ellos. Esta imagen representaría y mediaría la presencia de esa deidad ante el pueblo. Los primeros lectores de Génesis entendieron «la imagen de Dios» con la idea de un representante real que gobierna en nombre de un dios.

Dios no talló Su imagen en piedra o madera. No seleccionó a un individuo de la clase más alta de los humanos. Formó Su imagen a partir de la materia de la tierra y le insufló Su propio aliento. En cuerpo y espíritu, el hombre se convirtió en un perfecto representante de Dios en la tierra. Dios no limitó la condición de imagen a una clase o a un género: declaró a todos los humanos como portadores de Su imagen. Como tal, Dios hizo a los humanos para que fueran gobernantes representativos reales, ejerciendo el dominio sobre Su reino.

Semejanza de Dios. «A nuestra semejanza» se refiere a la relación de la humanidad con Dios como Padre. En Génesis 5:1 leemos: «Cuando Dios creó al ser humano, lo hizo a semejanza de Dios mismo». Hecho a semejanza de Dios, Adán es el «hijo» de Dios (véase Luc. 3:38). Luego, en el versículo 3, leemos que Adán «tuvo un hijo a su imagen y semejanza». «Semejanza» connota filiación. («De tal padre, tal hijo», decimos). Esta filiación significa que la humanidad podía relacionarse con Dios como Padre.

En conjunto, «imagen» y «semejanza» nos muestran que la humanidad fue hecha para gobernar la tierra como representantes de Dios, como hijos reales de Dios. Por eso el rey de Israel era conocido como el hijo de Dios (ver Sal. 2:7-9).[4]

¿Cómo muestra esto el valor de la *mujer*? Como imagen de Dios, la mujer fue creada para ser gobernante representativa, ejerciendo el dominio de su Padre-Rey en Su reino. Como imagen de Dios, las mujeres fueron creadas para ser hijas reales, hijas de Dios.

¿Por qué es importante esto? Debemos incluirla. Dios dijo: «Hagamos a *los seres humanos* a nuestra imagen, para que sean como nosotros. *Ellos* reinarán…» (NTV). La mujer no fue una idea tardía. Estaba presente en Génesis 1, en la primera declaración registrada de la naturaleza y el propósito del hombre. El plan de Dios la incluía gobernando la tierra en responsabilidad y privilegio compartido con el hombre.

Esto significa que debemos incluir a las mujeres. Debemos involucrar a las mujeres en el gobierno de la tierra, teniendo «dominio sobre los peces del mar, y sobre las aves del cielo, sobre los animales domésticos, sobre los animales salvajes, y sobre todos los reptiles que se arrastran por el suelo» (Gén. 1:26). Cuando Dios los bendijo, les dijo: «Sean fructíferos y multiplíquense; llenen la tierra y sométanla; dominen a los peces del mar y a las aves del cielo, y a todos los reptiles que se arrastran por el suelo» (1:28). No había ningún ámbito de dominio del que la mujer estuviera excluida. Ella debía estar allí con el hombre mientras ejercían el dominio juntos.

Dios dijo: «Ellos reinarán» (NTV). El hombre y la mujer están diseñados para gobernar juntos. La exclusión de las mujeres es lo contrario del diseño de Dios. Excluir a las mujeres es excluir la mitad de los medios de la creación de Dios para gobernar la tierra. Esto significa que debemos incluir y celebrar la influencia y la presencia de las mujeres en todos los ámbitos de la vida. Las mujeres deben ser buscadas y alentadas, educadas y equipadas, enseñadas, celebradas y necesitadas como compañeras esenciales en la tarea compartida. En nuestra iglesia local, yo (Eric) estoy haciendo un esfuerzo deliberado para buscar e invitar a la retroalimentación de las mujeres. Esto puede significar la lectura previa de este capítulo, pedirles su opinión sobre un pasaje que voy a enseñar, o buscar su sabiduría sobre cómo dirigir un ministerio. También significa equipar y asignar a las mujeres responsabilidades significativas, y luego afirmar su valor y sus dones en público y en presencia del liderazgo masculino. Dios les ha dado fuerzas y sabiduría que son un regalo para la Iglesia. No lo hago para que se sientan bien. Lo hago porque necesito su ayuda. Lo hago porque lo veo como una forma de vida, de liderazgo y de ministerio diseñado por Dios.

Dale honor como representante de Dios. La gente no quema la bandera de los Estados Unidos porque odia la tela roja, blanca y azul. La queman porque representa a Estados Unidos, al que pretenden faltar el respeto. La forma en que tratamos a los representantes de Dios (humanos, hombres o mujeres) demuestra cómo valoramos a Dios. La desvalorización de una mujer es una negación y odio a la imagen de Dios. *Todo abuso de la mujer es un acto de violencia contra Dios mismo.*[5]

Dale honor como hija de Dios. No debemos medir el valor de una mujer en función de su apego a un marido o padre terrenal. Una mujer no necesita la voz o la presencia de un hombre para validarla. No necesita un estatus de relación particular, ni debe ser valorada según su proximidad social a un hombre en particular. Solo necesita la descripción que le dio Dios: «hecha a nuestra semejanza» (Gén. 1:26; 5:1-2). Una mujer no necesita un tipo de cuerpo específico o características físicas para tener valor. Es valiosa porque Dios es su Padre; es un ser humano, creado a imagen y semejanza de Dios.

Observamos el valor de la mujer en el propósito de su creación: una ayuda sacerdotal.

¿Por qué hizo Dios a la mujer? En el sexto día, después de hacer al varón, Dios dijo: «No es bueno que el hombre esté solo» (Gén. 2:18). Así que declara: «Voy a hacerle una ayuda adecuada».

¿Qué te viene a la mente cuando piensas en un ayudante? Tal vez tengas un pequeño ayudante que te acompaña en la cocina o en el taller, prestando una «ayuda» que (aunque bien intencionada) solo duplica el tiempo que se tarda en hacer el trabajo. La novela de Kathryn Stockett, *The Help* [Criadas y señoras], tomó su título del término despectivo para referirse a los trabajadores domésticos afroamericanos. Las «criadas» o «ayudantes» son de clase baja, obligadas a cumplir las órdenes de otro.

¿Piensas en «ayudante» como un título de honor? Deberías hacerlo. Volveremos a la idea de «ayudante» a lo largo del libro. Pero hay algunas cosas que debemos establecer sobre un ayudante por adelantado. En el Antiguo Testamento, la persona a la que más a menudo se hace referencia como «ayudante» es al Señor. Él es el ayudante de Israel.[6] De las veintiún veces que se utiliza la palabra hebrea para «ayudante» en el Antiguo Testamento, dos veces se refiere a la mujer y dieciséis veces a Dios, especialmente en Su ayuda en la lucha contra los enemigos. «Nuestra alma espera al Señor; Él es nuestra ayuda y nuestro escudo», dice el Salmo 33:20 (LBLA). Obviamente, la palabra ayudante no indica un estatus o clase inferior, inferioridad o subordinación. De hecho, la palabra traducida como «ayudante» (*ezer*) nunca significa eso. Por el contrario, la palabra «ayudante» implica una deficiencia en aquellos que son ayudados. (¡Si no necesitaran ayuda, no necesitarían un *ayudante*!).

Entonces, ¿qué hace exactamente la mujer para ayudar al hombre? En Génesis 2:15, el Señor Dios pone al hombre en el Jardín del Edén «para que lo cultivara y lo cuidara». «Cultivar» significa servir. La palabra se usa a menudo para referirse al servicio del hombre a Dios. «Cuidar» se refiere a menudo al cuidado del tabernáculo y de la Palabra de Dios. Moisés utiliza estas palabras como un par cercano en Números 3:7-8 y 8:25-26 con respecto al servicio sacerdotal en el tabernáculo. Esto nos lleva a concluir que Dios crea al hombre para que sirva como sacerdote en el santuario del Jardín. La tarea principal de la humanidad es gobernar el mundo como adorador.

Pero incluso en un estado sin pecado y en un entorno perfecto, el hombre es incapaz de cumplir su propósito: ser un sacerdote para Dios. Necesita una ayuda «adecuada». «Adecuada» significa una que «coincida» o «corresponda». Esto significa que el ayudante también debe ser creado a «imagen y semejanza de Dios», absoluta y totalmente humano. La única «ayuda adecuada» es la mujer. Solo ella corresponde a su naturaleza. Lejos de ser inferior, es su igual. Como «ayuda adecuada», Dios creó a la mujer para que sirviera en el sacerdocio, ministrando como adoradora de Dios.[7]

¿Cómo celebramos el valor de las mujeres como ayuda sacerdotal?[8]

Llora su ausencia. Dios declaró (sobre Su propia creación, antes de que fuera corrompida por el pecado): «No es bueno que el hombre esté solo». ¿Cómo no admitir lo mismo? Debemos lamentar la exclusión de las mujeres. Deberíamos condenarla como «no buena».

Confesar nuestra necesidad de su ayuda. Nosotros (hombres y mujeres) debemos confesar que la presencia de las mujeres es una necesidad. El propósito de nuestra creación —gobernar el mundo como adoradores de Dios— es imposible de cumplir sin la ayuda de las mujeres. Las mujeres son necesarias para algo más que la procreación. Debemos sentir y confesar esto en todos los ámbitos de la vida: la iglesia y el hogar, el gobierno y la educación, las artes y el trabajo especializado.

Remediar su ausencia. Cuando Dios vio que «no es bueno que el hombre esté solo», tomó medidas para solucionarlo. Creó a la mujer y la acercó al hombre. Ser piadoso (como Dios) significa seguir Su ejemplo, haciendo lo necesario para asegurar la presencia de una ayudante. No basta con decir que la mujer es inestimable y esencial. Debemos trabajar para superar cualquier exclusión injusta e invitar y fomentar su inclusión.

Honrar el papel de «ayuda adecuada». Antes de la creación de la mujer, el Señor hizo desfilar a los animales ante el hombre. El Señor diseñó esta escena para decir algo importante. «No se encontró entre ellos la ayuda adecuada para el hombre» (Gén. 2:20). Los animales son útiles, pero no son ayuda adecuada. Ser ayuda adecuada es un estatus exaltado, un lugar de honor.

La mujer no es un animal que deba ser sometido, domesticado, utilizado o dominado. Pensar en la mujer debe traer a la mente a Dios y la ayuda que Él proporciona. Como la ausencia de Dios, su ausencia «no es buena». Como la de Dios, su ayuda es crucial. Como sin Dios, la buena vida es imposible sin su presencia.

Depende de ella. Una ayuda adecuada satisface una necesidad en el ayudado. No debemos honrar a las mujeres con nuestro discurso e incluirlas como un gesto simbólico. Debemos honrar e incluir a las mujeres *porque no podemos vivir sin ellas*. Son así de valiosas. La vida, tal y como la concibe Dios, «no es buena» sin ellas.

¿Dónde estamos?

Solo hemos rozado la superficie de la Biblia y el valor de las mujeres. Pero considera lo que hemos visto en los dos primeros capítulos de la Biblia. Las mujeres son

- humanas.
- hechas para ser gobernantes reales (a imagen de Dios).
- hechas para ser hijas de Dios (a imagen y semejanza de Dios).
- hechas para ser ayudantes en el servicio sacerdotal de Dios.

Tenemos esta notable conclusión: *Dios creó a las mujeres para ser gobernantes reales y siervas sacerdotales en Su reino*. «Realeza», «gobernantes» y «servicio sacerdotal». Probablemente esas no son las primeras palabras que nos vienen a la mente cuando pensamos en las mujeres. Pero deberían serlo. Dios se dedica a crear y redimir «un reino de sacerdotes» (Ex. 19:6; Apoc. 5:9-10). Las mujeres están en medio de todo ello. Incluso Jesús, el Rey de reyes y Señor de señores, no reinará solo. Reinará con Su esposa (Apoc. 21:1-5; 22:1-5).

Sin embargo, no tenemos que mirar muy lejos para ver que las mujeres no son valoradas como Dios las valora. Tanto en la historia antigua como en los acontecimientos actuales, locales y mundiales, leemos sobre mujeres infravaloradas, pasadas por alto, silenciadas, ridiculizadas, apartadas, abusadas, cosificadas, utilizadas y oprimidas. Las mujeres son tratadas como objetos para la gratificación de los hombres, a veces intercambiadas y vendidas. Los crímenes contra las mujeres son perpetrados por hombres y mujeres por igual.

Los seres humanos luchan con la perilla de balance del estéreo. A veces parece que la perilla está en la *M*. Otras veces, parece que está perpetuamente atascada en la *H*. Cuando esto sucede, no podemos escuchar la gloriosa canción que Dios está cantando sobre sí mismo. Su gloria se distorsiona.

Así no es como Dios creó las cosas. Entonces, ¿qué ha pasado? ¿Dónde hemos perdido el rumbo? ¿Y qué podemos hacer, si es que podemos hacer algo al respecto? ¿Cómo podemos restablecer el equilibrio y escuchar la belleza de la gloria de Dios a través de los canales correspondientes del hombre y la mujer?

Son preguntas importantes. Las consideraremos en el capítulo 2.

DESCUBRAMOS EL VALOR DE LA MUJER

1. Describe tu experiencia de la relación entre el hombre y la mujer. ¿Cómo se trataba a los hombres y a las mujeres como iguales o desiguales, se celebraba o se despreciaba en

   a. el hogar en el que te criaste?
   b. la institución religiosa en la que te criaste?
   c. tu lugar de trabajo?
   d. la iglesia a la que asistes ahora?
   e. tu matrimonio?
   f. tus amistades?

   Haz sugerencias sobre cómo cada una de ellas podría reflejar mejor las intenciones de Dios.

2. ¿Has pensado alguna vez en tu creación a imagen y semejanza de Dios? ¿Por qué podría ser importante para ti pensar en ello ahora?

3. Di esto en voz alta: «He sido creado a imagen y semejanza de Dios. La forma en que actúo muestra al mundo cómo es

Dios. La forma en que trato a otros portadores de imagen revela lo que pienso de Dios».

a. Si creyeras en esta afirmación, ¿cómo afectaría a tu vida en el mundo? ¿En el trabajo? ¿En la iglesia? ¿En casa? ¿En el ámbito privado? ¿En el gobierno?
b. ¿Qué ha comunicado tu comportamiento de hoy a los demás sobre cómo es Dios?
c. ¿Qué han comunicado al mundo tus actitudes y el trato que das a las mujeres sobre el valor de Dios?

4. Resume lo que has aprendido en este capítulo en dos o tres frases.

PARA PROFUNDIZAR

1. Lee Génesis 1:27-28. «Hombre» en este pasaje se refiere a un tipo de criatura. Todo «hombre», tanto varón como mujer, es creado a imagen de Dios, con el mandato de someter y ejercer el dominio sobre la tierra en conjunto.

   a. ¿Qué implicaciones tiene esto para la igualdad de género?
   b. ¿De qué manera puede nuestra cultura actual (en el mundo, la iglesia o el hogar) disminuir la imagen de Dios en un género y exaltarla en el otro?

2. Lee Génesis 2:18. El estribillo «Y Dios consideró que esto era bueno» aparece siete veces en Génesis 1. Con esas palabras frescas en nuestros oídos, la declaración aquí de que «no es bueno» debería llamar nuestra atención.

   a. ¿Qué declara Dios que «no es bueno»?
   b. ¿Qué aspectos del mandato de la creación (Gén. 1:26-28) son imposibles si el hombre está solo?

c. Explica con tus propias palabras por qué «no es bueno que el hombre esté solo».
d. Lee Apocalipsis 21:1-5 y 22:1-5. ¿Reinará solo Jesús, el último Adán? Si no, ¿con quién reinará?

3. Dios dice que hará una «ayuda adecuada» para él. ¿Qué términos utiliza Génesis 1–2 para describir la cualidad distintiva del hombre?

   a. ¿Cómo se relaciona esto con el significado de «adecuada»?
   b. ¿Se refiere la «ayuda adecuada» a algo inferior, igual o superior en estatus?

CAPÍTULO 2

El valor de la mujer en la caída

«La mujer que me diste por compañera me dio de ese fruto, y yo lo comí»

Génesis 3:12

Tómate unos minutos para buscar en Internet el mayor éxito de Elvis Presley en 1958: *Hard Headed Woman* [Mujer de cabeza dura]. Escucha la canción. (En serio, hazlo, nosotros te esperamos aquí).

¿Escuchaste el mensaje de esa letra? Desde el principio del mundo, la causa de todos los problemas es una mujer de cabeza dura. Los hombres estaban bien hasta que aparecieron las mujeres. La mujer es una espina en el costado del hombre.

No sabemos dónde aprendió su teología el compositor Claude Demetrius. No sabemos qué pensaba Elvis mientras cantaba esas palabras. Tal vez leyeron a Tertuliano, el escritor cristiano que vivió en los siglos II y III, que escribió sobre las mujeres:

> ¿No sabes que eres Eva? El juicio de Dios sobre este sexo vive en esta época; por lo tanto, necesariamente la culpa debe vivir también. Tú eres la puerta del diablo; tú eres la que desata la maldición en ese árbol, y eres la primera que da la espalda a la ley divina; tú eres la que persuadió a quien el diablo no era capaz de corromper; tú destruiste fácilmente la imagen de Dios, Adán. Por lo que mereces, es decir, la muerte, hasta el Hijo de Dios tuvo que morir.[1]

Tales actitudes misóginas eran comunes también en el judaísmo del primer siglo.[2] Desgraciadamente, como ilustra la canción de Elvis, tales actitudes no se mantuvieron únicamente en los tres primeros siglos del cristianismo.

Yo (Eric) he oído enseñar que las mujeres son más propensas al engaño que los hombres. Por lo tanto, no debemos permitir que las mujeres enseñen las Escrituras. Algunas subculturas cristianas sostienen que las mujeres son más emocionales y menos racionales que los hombres. Tales creencias las presentan como intérpretes poco inteligentes y poco confiables de la Palabra: piensa en la «rubia tonta». Las actitudes y políticas sugieren que las mujeres son, por naturaleza, peligrosas para los hombres, que son tentadoras y seductoras, que esperan hacerles a todos los hombres lo que muchos perciben que Eva hizo a Adán. Otras actitudes sugieren que las mujeres son arpías prepotentes, que se esfuerzan ambiciosamente por dominar a los hombres.

Quizás alguien las ha hecho sentir a ustedes, nuestras lectoras, más pecadoras o crédulas que los hombres. Alguien las ha hecho pensar que son un peligro especial para los hombres. Crees que la culpa del pecado de un hombre es tuya (por cómo te vistes, hablas o actúas). Crees que tus motivos al relacionarte con los hombres deben ser sospechosos y que siempre debes dudar de ti misma, temiendo que tu deseo de ayudar sea en realidad una ambición mal disimulada por ser la jefa.

Tal vez ustedes, nuestros lectores masculinos, hayan pensado, insinuado o afirmado esas cosas sobre las mujeres. Han tratado a las mujeres con recelo, las han evitado o despreciado debido a tales ideas.

Este capítulo pretende afirmar que esas ideas sobre las mujeres son totalmente falsas. Ese trato a las mujeres es nada menos que malvado. En este capítulo pretendemos observar el valor de la mujer en el relato de la caída y sus consecuencias en los primeros capítulos de Génesis. Al corregir la interpretación y aplicación erróneas, celebramos y defendemos el valor de la mujer. Al ver su valor, condenamos su abuso.

El objetivo de este capítulo no es argumentar que las mujeres no son pecadoras. No estamos argumentando que las mujeres son inherentemente justas y sin pecado. No estamos afirmando que las mujeres sean menos corruptas que los hombres. No lo son. Las Escrituras son claras al respecto (Rom. 3:10-12):

> No hay un solo justo, ni siquiera uno;
> no hay nadie que entienda,
> nadie que busque a Dios.
> Todos se han descarriado,
> a una se han corrompido.
> No hay nadie que haga lo bueno;
> ¡no hay uno solo!

Estamos diciendo que las mujeres —como sexo— no son más pecadoras que los hombres. Las mujeres no son *más* engañosas que los hombres. Las mujeres no son *menos* inteligentes que los hombres. Las mujeres no son *más* propensas al error que los hombres. Las mujeres no son *más* peligrosas que los hombres. Las mujeres no son *más* arrogantes o dominantes que los hombres. No se debe mirar a las mujeres con *más* sospecha que a los hombres.

Todas las mujeres nacen en pecado, injustas tanto por naturaleza como por elección, al igual que todos los hombres. Todos nos hemos «descarriado», lo que significa que no reflejamos el valor de Dios en pensamiento, palabra y obra. Hay mujeres engañosas, seductoras, dominantes y peligrosas que los hombres (y las mujeres) deben evitar. Hay hombres engañosos, seductores, dominantes y peligrosos que los hombres (y las mujeres) deberían evitar. «Todos se han descarriado», y confesamos esta verdad.

Pero la imagen de Dios permanece; su valor se mantiene después de la caída (véase Gén. 9:5-6). El Señor muestra Su preocupación por mantener el valor de todos los seres humanos —hombres, mujeres y niños— a lo largo de la Biblia. Los seres humanos pecadores han demostrado la notable capacidad de maltratar a otros seres humanos —hombres, mujeres y niños— a lo largo de la historia. Ninguna categoría de humanos debe ser menospreciada por el color de la piel, el sexo o cualquier otra característica. Por lo tanto, denunciamos y rechazamos cualquier punto de vista que disminuya activa o pasivamente el valor de las mujeres. Condenamos cualquier punto de vista que fomente activa o pasivamente el abandono y el abuso de las mujeres.[3]

Percepciones pecaminosas de la mujer

Hay tres percepciones erróneas sobre las mujeres que a menudo se apoyan en un mal manejo de Génesis 3.

Primera percepción errónea: Las mujeres son más propensas a manejar mal la Biblia.

Permíteme darte un ejemplo de cómo yo (Eric) caí en esta forma de pensar errónea. Durante años, prediqué que la mujer manejó mal la Palabra de Dios en Génesis 3 de la siguiente manera:

1. **La mujer menospreció la generosidad de Dios.** Él le dijo a Adán: «Puedes comer libremente del fruto de cualquier

árbol del huerto» (NTV). Pero la mujer dijo: «Podemos comer del fruto de todos los árboles». Al omitir «libremente», ella disminuyó la generosidad de Dios.

2. **La mujer olvidó la provisión de Dios.** Él puso dos árboles en el centro del jardín: el árbol de la vida y el árbol del conocimiento del bien y del mal. Pero la mujer dijo: «Pero, en cuanto al fruto del árbol que está en medio del jardín, Dios nos ha dicho: "No coman de ese árbol..."». Ella mencionó solo un árbol en medio del Jardín; se olvidó de la provisión de Dios del árbol de la vida.
3. **La mujer exageró la restricción de Dios.** Él le dijo a Adán: «Pero del árbol del conocimiento del bien y del mal no deberás comer». La mujer añadió: «Ni lo toquen». Ella añadió a la prohibición de Dios, haciéndola más restrictiva.
4. **La mujer minimizó la certeza de la consecuencia.** Dios le dijo a Adán: «El día que de él comas, ciertamente morirás». La mujer dijo: «Para que no muráis» (LBLA). Al omitir «ciertamente», hizo que la consecuencia fuera menos cierta.

Argumenté que en estas cuatro formas, la mujer manejó mal la Palabra de Dios. Su descuido con el texto fue lo que la hizo susceptible al engaño.

Hay algunos problemas con esta interpretación. Si se trata de un mal manejo de la Palabra de Dios, ¿por qué suponer que la mujer la manejó mal? Dios le dio la instrucción al hombre antes de crear a la mujer (Gén. 2:16). Es de suponer que el hombre se la transmitió a la mujer en algún momento. ¿Cómo sabemos que no fue Adán quien la manipuló y le pasó esta versión a la mujer?[4]

También podríamos preguntarnos cómo sabemos que Dios no repitió la instrucción a ambos con una lectura ligeramente diferente. De hecho, el Señor da una orden similar cuando expulsa a los humanos del Jardín. «No vaya a ser que extienda su mano y también tome del fruto del árbol de la vida, y lo coma» (Gén. 3:22). Fíjate en las dos partes de este mandato: «extender la mano y tomar» (tocar) y «comer». Estas corresponden a las dos mitades de la prohibición que cita la mujer —«no coman de ese árbol, ni lo toquen»—. En lugar de añadir algo a la Palabra, quizás la mujer capta correctamente la naturaleza del mandamiento (tal vez como lo repitió Dios). Es probable que Moisés lo incluya en 3:3 como un recurso literario que une el principio de la historia con su final. Como tal, destaca su pérdida. Solo se les prohibió comer y tocar el árbol que traía la muerte. Pero ahora se les prohíbe tocar y comer del único árbol que trae la vida eterna. ¡Qué trágico!

La Biblia no dice que ninguno de los dos humanos manejara mal la Palabra de Dios en Génesis 3. Llama a Eva «transgresora» (1 Tim. 2:14, LBLA); engañada, fue más allá de lo permitido. Pero en ningún lugar la Biblia la condena por ser una intérprete descuidada de la Palabra de Dios. Tampoco condena a Adán por manejar mal la Palabra. Al contrario, «no fue Adán el engañado» (1 Tim. 2:14); sabía lo que Dios decía. Adán no se equivocó con la Palabra: ¡eligió desobedecerla! La Biblia no llama la atención sobre la forma en que ninguna de las dos personas interpretó el mandamiento.

Finalmente, la mujer cita la Palabra de la misma manera que el Nuevo Testamento cita el Antiguo Testamento. Tanto Jesús como los apóstoles omiten palabras y frases, varían la redacción y resumen ideas. Por ejemplo, compara la cita que hace Jesús de Isaías en Lucas 4:18-19 y el original en Isaías 61:1-2. Jesús hace muchas de las cosas de las que se acusa a la mujer. Si quieres ver más ejemplos, busca en Internet citas del Antiguo Testamento en el Nuevo Testamento. Luego compara la cita del pasaje original. Los autores bíblicos no se atienen a las normas modernas de citación cuando citan material, aunque nunca abusan del texto ni tergiversan lo que dice. La cita de la mujer es un resumen aceptable de lo que el Señor le dijo al hombre.[5]

La Biblia nunca la culpa por haber manejado mal la Palabra de Dios. La fuente de su transgresión no estaba en cómo citó (o enseñó) la Palabra de Dios; fue su engaño. (No manejemos mal la Palabra de Dios al acusar a alguien de manejar mal la Palabra de Dios).

El pecado de Adán no fue que escuchara la voz de una mujer.[6] Su pecado fue que escuchó la voz de su mujer y comió del árbol del que el Señor ordenó: «No deberás comer». Es decir, su pecado no consistió en oírla, sino en escuchar cómo ella le invitaba a pecar, y luego elegir desobedecer. El énfasis no recae en escuchar a una mujer, sino en creer y seguir a una criatura en oposición a la palabra del Creador.

Génesis 3 no enseña ni ilustra que las mujeres sean inherentemente menos hábiles con la Palabra de Dios. No debemos pensar en ellas como tal. De hecho, como veremos en capítulos posteriores, Dios trabaja a través de mujeres que hablan, enseñan y equipan con la Escritura.

Segunda percepción errónea: La mujer tentó y sedujo al hombre. Por lo tanto, la mujer es la principal culpable del pecado del hombre.

¿La mujer tentó maliciosamente al hombre a pecar o lo sedujo? ¿Lo presionó voluntariamente para que pecara?

La serpiente le dijo a la mujer que no moriría, sino que sus ojos se abrirían y sería como Dios. Ella fue engañada. «Así que tomó de su fruto y comió» (Gén. 3:6). No se nos dice que nada ocurriera al comer. Es posible que al ser engañada, siguiera creyendo que la muerte no vendría. Así que «luego le dio a su esposo, y también él comió». Este es el acto de una mujer engañada —posiblemente inclinada por su naturaleza de «ayuda adecuada»— que comparte con su marido lo que ella (erróneamente) cree que es bueno comer. Y notemos que Adán estaba con ella mientras comía. No tenemos registro de que él tratara de detenerla o de que la ayudara a luchar contra el ataque de Satanás. Ambos estaban allí juntos. Ella fue engañada y comió primero. Él comió después en una desobediencia con los ojos bien abiertos.

Ninguna Escritura presenta la acción de la mujer como una seducción o tentación. (La Escritura no teme llamar y nombrar a las seductoras en otros lugares). Ni Génesis 3 ni el resto de la Escritura culpan en mayor medida a la mujer. En todo caso, la culpa recae más en el hombre que en la mujer.

El efecto del pecado solo se produce después de que el hombre come: «y también él comió. En ese momento se les abrieron los ojos» (Gén. 3:6-7). Cuando el Señor aparece en el Jardín, interroga primero a Adán. Esto es una señal de la responsabilidad especial de Adán como cabeza de la humanidad (vv. 9-11). Al exponer las consecuencias del pecado, el Señor es más severo con el hombre que con la mujer. El Señor pronuncia cuatro líneas de poesía a la mujer (v. 16). Pronuncia catorce cuando se dirige al hombre (vv. 17-19) y diez con la serpiente (vv. 14-15). Utiliza la palabra maldición con la serpiente y el hombre, pero no con la mujer. El Señor comienza su discurso a la serpiente y al hombre con «por causa» y «por tanto». El hombre y la serpiente hicieron algo que merece una consecuencia. Pero a la mujer no le dice esto, sino que simplemente le dice lo que le va a pasar. Esto da la impresión de que el Señor castiga a la serpiente y al hombre por sus acciones en particular. Pero la mujer recibe la consecuencia como parte del pecado que entró en el mundo a través de Adán.

Esto es coherente con la forma en que el Nuevo Testamento presenta la caída. Lo que más se dice de Eva es que «ella, una vez engañada, incurrió en pecado» (1 Tim. 2:14). Pablo hace esa afirmación en contraste con Adán para enfatizar que su error fue más grave: «No fue Adán el engañado». Siguiendo el ejemplo, el Nuevo Testamento pone la culpa en Adán como cabeza de la humanidad en el pacto con Dios. Pablo escribe que «por medio de un solo hombre el pecado entró en el mundo, y por medio del pecado entró la muerte; fue así como la muerte pasó a toda la humanidad, porque todos pecaron» (Rom. 5:12). El pecado de Adán (no de Eva) trajo el pecado, el juicio y la muerte a todos, incluso a aquellos, como Eva, «que no pecaron quebrantando un mandato, como lo hizo Adán» (Rom. 5:14). «En Adán todos mueren» (1 Cor. 15:21-22). En el pacto con Dios, Adán representaba a toda la humanidad; cuando cayó en el pecado, su naturaleza, su culpa y sus consecuencias se convirtieron también en las nuestras.

La mujer no hizo pecar al hombre. Tampoco actuó como tentadora o seductora, como la proverbial «mujer malvada» que «busca tu propia vida» (véase Prov. 6:24-26). Aunque le ofrece (erróneamente) la fruta, no hay indicios de intención maliciosa; no lo está tentando para destruirlo. Ni Moisés ni el resto de las Escrituras la pintan con un término más fuerte que el de «transgresora» engañada.

Aun así, Eva se ha convertido en un ejemplo y una advertencia sobre el peligro que suponen las mujeres para los hombres. Escuchamos esta idea en la canción de Elvis. La encontramos en algunas políticas (no todas) que desaconsejan que los hombres y las mujeres que no están casados trabajen, viajen o coman juntos. Lo vemos en la sugerencia de que los hombres y las mujeres que no están casados no deben ser amigos. Vemos esto en los llamados a las mujeres para que se vistan modestamente para evitar que los hombres las codicien (algo que el Nuevo Testamento no hace). Lo encontramos en avergonzar a las mujeres víctimas de agresiones sexuales: «Ella se lo buscó por vestirse así».

En nuestros capítulos sobre las mujeres en la vida de Jesús, encontramos una mentalidad diferente. Él no tenía miedo ni se distanciaba de las mujeres. Se sentó a solas con una mujer en un pozo y entabló una conversación significativa (Juan 4:6-27). Dejó que una mujer de mala reputación lo tocara íntimamente (Luc. 7:36-50). Jesús no nos ha llamado a ser diferentes; Génesis 3 ciertamente no lo hace.

Tercera percepción errónea: El deseo de la mujer debe ser «contrario» a su marido. Así, las mujeres por naturaleza se oponen a los hombres para vencerlos. Los hombres deben tratar a las mujeres con especial recelo y precaución.

Al considerar las cuestiones de género, los maestros prestan una atención significativa a Génesis 3:16:

> A la mujer le dijo:
> «Multiplicaré tus dolores en el parto,
> y darás a luz a tus hijos con dolor.
> Desearás a tu marido,
> y él te dominará».

La discusión se centra en la frase «desearás a tu marido». El Antiguo Testamento utiliza la palabra hebrea traducida como «deseo» solo en otros dos lugares (Gén. 4:7; Cant. 7:10). Existen dos interpretaciones principales para «desearás».

La primera interpretación entiende este deseo como un impulso pecaminoso de vencer y dominar. Apela a Génesis 4:7. Allí las palabras *deseo* y *dominio* aparecen en la misma construcción: «A las puertas duerme el pecado, y a ti será su deseo, mas tú debes enseñorearte de él» (JBS). El pecado «desea» a Caín, pero este debe «enseñorearse» de él. Del mismo modo, el pecado corromperá la voluntad de la mujer de ser una «ayuda adecuada». En cambio, ella anhelará usurpar su autoridad y controlarlo. En respuesta, él tendrá que gobernarla. (En esta interpretación, *gobernar* puede ser un dominio pecaminoso o un ejercicio adecuado de la autoridad sobre la rebelión).

La segunda interpretación entiende el *deseo* como el deseo ordenado por Dios dentro de la relación matrimonial. Cantares 7:10 utiliza el deseo de esta manera: «Yo soy de mi amado, y su deseo tiende hacia mí» (LBLA). Desde este punto de vista, la mujer seguirá deseando ser una ayuda para su marido. Ella desea llenar la tierra y ejercer el dominio con él. Pero su deseo de cumplir el mandato de la creación se verá frustrado. Él la «dominará», refiriéndose a un gobierno pecaminoso y duro. (Aunque el hombre tiene un papel especial como cabeza de la humanidad, Génesis 1-2 nunca presenta al hombre como «gobernante» de la mujer. Someter y ejercer el dominio es una responsabilidad que ejercen juntos sobre la tierra. No someten y ejercen dominio el uno sobre el otro).

Nos inclinamos por la segunda interpretación del *deseo* porque se ajusta mejor al contexto inmediato. La atención se centra en la frustración y la inutilidad que experimentan al cumplir con sus responsabilidades.

En Génesis 1:28, Dios encargó a Adán y a Eva: «Sean fructíferos y multiplíquense; llenen la tierra y sométanla...». En Génesis 2, puso al hombre en el Jardín «para que lo cultivara y lo cuidara» (o para que «sirviera» y «protegiera»), que posiblemente incluía tanto el cultivo del Jardín como su protección.[7] El Señor hizo a la mujer para que fuera una «ayuda adecuada» para él. Estas responsabilidades no se eliminan después de su caída en el pecado. Los deseos permanecen, y siguen siendo buenos. Sin embargo, el cumplimiento de esos deseos se volverá frustrante y doloroso. Esto es lo que el Señor aborda en Génesis 3:16-19.

El Señor habla de su responsabilidad de sojuzgar la tierra, trabajando y cuidando el suelo. El hombre seguirá queriendo hacer aquello para lo que Dios los diseñó. Pero en lugar de cooperar en la producción de alimentos, la tierra se defenderá. «Con penosos trabajos comerás de ella todos los días de tu vida. La tierra te producirá cardos y espinas, [...]. Te ganarás el pan con el sudor de tu frente».

Asimismo, la mujer seguirá deseando ser fecunda, multiplicarse y llenar la tierra. Pero su cuerpo (y sus hijos) no cooperarán. «Multiplicaré tus dolores en el parto, y darás a luz a tus hijos con dolor».

Observa en los párrafos anteriores que todo deseo es un buen deseo que se encuentra con una respuesta frustrante. En las estructuras paralelas usadas en la poesía hebrea deberíamos esperar el mismo patrón en «Desearás a tu marido, y él te dominará». Deseo bueno. Respuesta frustrante.

La mujer continuará teniendo un deseo correcto por su marido —de ser una ayuda adecuada para él—. Sin embargo, él no cooperará con esto: «Él te dominará». En lugar de gobernar con su ayudante, gobernará a su ayudante. El maltrato y el abuso de las mujeres es evidente a medida que se desarrolla el libro de Génesis.

No debemos utilizar este pasaje para sugerir que las mujeres son especialmente propensas a oponerse, usurpar o destruir a los hombres. Como joven seminarista y pastor, tales interpretaciones produjeron en mí una sospecha de las mujeres. Las declaraciones y políticas de los pastores y líderes que menosprecian a las mujeres lo reforzaban. Mi teología afirmaba la igualdad y el valor de las mujeres. Sin embargo, llegué a sospechar de las mujeres que enseñaban las Escrituras, escribían libros de teología o mostraban un afecto amistoso. Tal actitud no solo es errónea, sino que es malvada. Desgraciadamente, estas actitudes hacia las mujeres siguen estando muy presentes hoy en día, alimentando el maltrato a las mujeres tan frecuente en la historia del mundo.

El tratamiento pecaminoso de las mujeres

En octubre de 1991, yo (Eric) era un estudiante de primer año en la escuela secundaria. Anita Hill estaba testificando ante el Senado de los Estados Unidos. Sus acusaciones de acoso sexual contra el candidato al Tribunal Supremo, Clarence Thomas, dominaban las noticias. Como quinceañero conservador y lector de Rush Limbaugh, dudaba de Hill. En mi opinión, formaba parte de una conspiración liberal y proabortista para hacer caer a un candidato republicano.

Una imprenta local de nuestra pequeña ciudad hizo una camiseta que hacía referencia al escándalo Thomas-Hill. En ella aparecía un mazo con las palabras: «No pienso estar en el Tribunal

Supremo... así que ¡cuidado, nena!». Me pareció divertidísimo. Compré una.

No sé qué pasó entre Clarence Thomas y Anita Hill. Pero sí sé que esa camiseta estaba mal. EQUIVOCADA. Aunque Hill mintiera descaradamente y Thomas estuviera limpísimo, la camiseta no era una broma; era perversa. El acoso sexual a las mujeres no es una broma. Amenazar con acosar sexualmente a las mujeres no es una broma.

Yo llevaba esa camiseta a la escuela con regularidad. Me estremece pensar qué impacto tuvo esa camiseta en los profesores o en los alumnos. ¿Cómo afectó a los que habían sufrido abuso o acoso sexual? ¿Se mordían la lengua, conteniendo la ira? ¿Les transmitió el mensaje de que su sufrimiento era una broma, que no importaba? ¿Que yo los acosaría o abusaría de ellos? No tenía intención de acosar sexualmente a una mujer. Sin embargo, la camiseta era un acoso sexual; convertía el maltrato a las mujeres en una broma.

Mi pecado al llevar esa camiseta es fruto de la caída. Seguí los pasos de mi primer padre, Adán, y de los hijos nacidos de él. Si el primer pecado fue comer el fruto prohibido, el segundo fue el maltrato a la mujer. Cuando Adán y Eva escuchan el sonido del Señor caminando por el Jardín, se esconden de Él. El Señor llama al hombre (debido a su lugar de liderazgo y mayor responsabilidad), preguntándole dónde está. El hombre confiesa que se esconde por miedo a ser visto desnudo. El Señor le pregunta si ha comido el fruto prohibido. Adán responde: «La mujer que me diste por compañera me dio de ese fruto, y yo lo comí». En lugar de reconocer su pecado, el hombre señala a su mujer (y al Creador). Al trasladar audazmente la atención a su ofrecimiento, sutilmente desplaza la culpa de sí mismo a ella. La tercera frase que escuchamos de Adán es la denigración de su esposa. Esto no es insignificante.

Este tipo de cambio de culpa es perverso por varios motivos. Las palabras de Adán revelan un gran orgullo. Él no tiene la culpa de sus acciones pecaminosas; ella sí. Si ella no hubiera hecho la oferta, todo seguiría bien.

Además, Adán muestra una cruel indiferencia ante las consecuencias que pueda sufrir Eva. Está dispuesto a dejar que ella experimente la vergüenza, la culpa y el castigo si eso significa que él puede escapar de ello. Este —el segundo discurso registrado del primer hombre— es completamente diferente de su primer discurso registrado. En Génesis 2:23, estalló en un canto de alegría por el excelente don de la mujer. Ahora utiliza palabras astutas para echarla por tierra. Es todo lo contrario de Jesús, que se interpone entre Su esposa y la ira de Dios en la cruz, cargando con su vergüenza, su pecado y su castigo.

Vemos tal indiferencia y orgullo hoy en día en los hombres (y mujeres) que trasladan la culpa de los hombres a las mujeres. Escuchamos ecos de la excusa de Adán cada vez que un hombre dice: «Si ella no quería que yo hiciera comentarios sexuales, no debería haber llevado esa vestimenta». Lo oímos cuando el violador declara: «Después de haberme permitido llegar tan lejos, ¿cómo podía esperar que yo me detuviera?». Lo oímos cuando las señoras de la iglesia susurran: «Bueno, si ella no hubiera ido a tal o cual lugar, eso no habría sucedido». Cuando usamos la presencia o las acciones de las mujeres para excusar las acciones inmorales de los hombres, seguimos a Adán en el maltrato de las mujeres. En esencia, estamos diciendo: «Si no fuera por las mujeres, nunca pecaría».

Adán abusó de Eva con sus palabras en un momento de pánico. Sus descendientes serían mucho más flagrantes. En Génesis 4, conocemos a los hijos de Adán y Eva: Caín y Abel. Caín mata a su hermano a sangre fría, envidioso porque el Señor aceptó la ofrenda de Abel pero rechazó la de Caín. No se arrepiente ni se preocupa de cómo ha tratado al portador de la imagen de Dios. Su única preocupación es cómo lo tratarán los demás por ser un asesino. El Señor responde con una marca de protección, advirtiendo a cualquier buscador de venganza que no mate a Caín.

El resto del capítulo destaca a los descendientes de Caín. Le siguen en su maldad, culminando en el hombre Lamec, del que leemos en Génesis 4:23-24:

> Lamec dijo a sus mujeres Ada y Zila:
> «¡Escuchen bien, mujeres de Lamec!
> ¡Escuchen mis palabras!
> Maté a un hombre por haberme herido,
> y a un muchacho por golpearme.
> Si Caín será vengado siete veces,
> setenta y siete veces será vengado Lamec».

Caín mató a su hermano y luego trató de ocultarlo («No lo sé [dónde está]. ¿Acaso soy yo el que debe cuidar a mi hermano?»). Pero Lamec, polígamo, se jacta de ello. Caín teme la venganza; Lamec desafía a cualquiera que le haga justicia. Pero fíjate en quiénes son las mujeres de las que se jacta Lamec. Llama a estas mujeres e insiste en que ellas, en particular, lo escuchen. Luego se jacta de haber matado a un hombre simplemente por haberlo herido. Quiere que sus esposas, en concreto, sepan que es un hombre que trata con severidad violenta a quienes le hacen daño.

En la primera canción cantada por un hombre, un marido celebra su alegría por la igualdad y el valor de su esposa. En el segundo poema cantado por un hombre, un marido amenaza a sus esposas con violencia doméstica —incluso con el asesinato— si se atreven a contrariarlo.

El Señor dijo a la serpiente: «Pondré enemistad entre tú y la mujer, y entre tu simiente y la de ella» (Gén. 3:15). Satanás sentiría un particular odio por la mujer debido a su papel como madre de su perdición. Esto continúa el día de hoy.

¿Dónde ocurre esto hoy en día? Hay casos obvios como la violación, el abuso sexual y la violencia doméstica. Pero ¿cuáles son las áreas que nosotros (especialmente los hombres) pasamos por alto? Le pedí a una amiga que identificara algunas formas «respetables» en las que se maltrata a las mujeres. Su respuesta fue útil, así que la comparto en su totalidad con su permiso:

> Creo que esto entra en la categoría de la omisión. No siempre es pecado, no siempre es malvado o malintencionado, pero sigue siendo hiriente. Algunos ejemplos:
>
> - No reconocer o saludar a las hermanas en una habitación (evitar el contacto visual, mirar más allá de ellas, saludar a sus maridos sin tomarlas en cuenta).
> - No conocer ni alentar a sus hermanas (intereses, áreas de ministerio, pasiones, esperanzas, deseos) cuando pueden.
> - No conversar sobre temas que las mujeres entienden o sobre los que pueden hablar (a veces las conversaciones sobre el trabajo o los deportes dominan los ambientes mixtos).
> - No invitar intencionadamente a las mujeres a las conversaciones mixtas (reuniones, discusiones de grupo, toma de decisiones estratégicas, etc.), dando cabida a sus aportaciones e ideas.
> - Lenguaje abierto (pero inadvertido) que perjudica a las mujeres; algunos ejemplos:
>   - Insultar o burlarse de alguien por parecer o actuar «como una chica».
>   - Hacer oídos sordos o utilizar estereotipos femeninos negativos como broma.
>   - Comentarios sobre el aspecto físico de una mujer cuando sería más apropiado reconocer su carácter* (cuando ella está allí y también hay otros hombres alrededor, cara a cara, o cuando ella no está allí y solo hay hombres).
>
> *Nota: No creo que sea hiriente reconocer la belleza y el estilo. En este caso, importa el tono del comentario, el contexto y la confianza/relación entre el hombre y la mujer involucrados. Cuando se establece la confianza y una relación sana, se trata de un simple cumplido.
>
> Fuera de esto, creo que pasa a un comportamiento que es más hiriente/siniestro (toques físicos no deseados/insinuaciones verbales/agresión, etc.).

Una vez, una conocida me contó una historia que he escuchado —casi palabra por palabra— de muchas mujeres:

> He observado muchos comportamientos dañinos e insensibles en hombres mayores (de más de 50 años). No sé por qué, pero esa generación parece más ajena a ello. Hace poco, un hombre mucho mayor me hizo sentir realmente incómoda en una situación pública. Cuando me vio, no paró de comentar a mi marido lo guapa que era y cómo no parecía que hubiera tenido varios hijos. Le dio una palmadita en la espalda a mi marido y lo elogió por lo «bien» que lo había hecho [...]. Supongo que relacionado con el hecho de que tenía una esposa encantadora. No le di importancia en absoluto, porque realmente creo que no se dio cuenta y lo hizo como un cumplido (y ninguno de sus comentarios era de naturaleza sexual), pero me hizo sentir muy rara. ¿Y si no era una esposa hermosa? ¿Y si «parecía» que tenía varios hijos? ¿Qué significa eso sobre mi valor y mi condición de persona? Y eso no es un incidente aislado.

Tristemente, puedo imaginarme todas esas cosas sucediendo, con ejemplos concretos, incluso de pastores. Mi esposa y yo hemos estado en esa historia más de una vez. Qué pena.

¿De qué se trata todo esto? ¿Qué estamos viendo en la misoginia? ¿En el odio, el desprecio y los prejuicios contra las mujeres? ¿En los estereotipos negativos de las mujeres en la iglesia? ¿En la «charla de vestuario» que se jacta de las hazañas sexuales? ¿En los chistes denigrantes sobre las mujeres? ¿En las violaciones? ¿En el acoso sexual? ¿En la objetivación del cuerpo femenino y la disminución de la mente femenina? ¿En la pornografía? ¿En el abuso emocional, sexual y físico de las mujeres? ¿En la sospecha y la evasión de las mujeres?

Estamos viendo un odio demoníaco y satánico hacia las mujeres que se manifiesta en los pensamientos, las palabras y las acciones de los seres humanos pecadores. Apareció inmediatamente en la caída. Continúa hoy en día. Debe terminar. Exige una cura. ¿Cuál será?

DESCUBRAMOS EL VALOR DE LA MUJER

1. Describe tu respuesta a cada una de estas observaciones del capítulo. ¿Dónde has visto estas cosas en tu vida?

   a. El primer pecado fue comer el fruto prohibido; el segundo pecado fue el abuso de las mujeres.
   b. La primera frase registrada del hombre es una celebración de su esposa; la tercera es una denigración de esa misma esposa.
   c. En un esfuerzo por evitar las consecuencias de sus acciones, el hombre muestra una cruel indiferencia ante las consecuencias que pueda sufrir su esposa.
   d. En la primera letra de una canción escrita por un hombre, el marido celebraba su alegría por la igualdad y el valor de su esposa. En la segunda canción de un hombre, un marido amenaza a sus esposas con violencia doméstica —incluso asesinato— si se atreven a llevarle la contra.

2. El matrimonio se utiliza a menudo como analogía de la relación entre Dios y Su pueblo. En el Antiguo Testamento, el Señor se refiere a veces a Israel como Su novia. En el Nuevo Testamento, a menudo se describe a Jesús como el «novio» y a la Iglesia como Su «novia».

   a. ¿En qué se diferencia el trato de Dios a Israel del trato a las mujeres que vimos en Génesis 3–4?
   b. ¿En qué se diferencia el trato de Jesús a la Iglesia del trato a las mujeres que vimos en Génesis 3–4?
   c. ¿Qué nos enseñan hombres como Adán y Lamec sobre cómo no tratar a las mujeres?
   d. ¿Qué podemos aprender del trato de Jesús a Su esposa sobre cómo amar y honrar a las mujeres?
   e. ¿En qué aspectos necesitas arrepentirte y seguir a Jesús?

3. Discute la historia de la camiseta y la lista de pecados «respetables» al final del capítulo.

   a. ¿Dónde te ves propenso a esos pensamientos, palabras y acciones?
   b. ¿Dónde ves a los hombres culpables de estas cosas?
   c. ¿Dónde ves a las mujeres culpables de estas cosas?
   d. ¿Qué añadirías a la lista?

4. Eric mencionó haber pedido a una amiga ejemplos de cómo se maltrata a las mujeres.

   a. Mujer: ¿Estarías dispuesta a tener esa conversación con tu pastor o con un amigo varón? ¿Por qué sí o por qué no?
   b. Hombre: ¿Estarías dispuesto a pedirle a una amiga que comparta sus experiencias y pensamientos? ¿Por qué sí o por qué no?
   c. Pastor: ¿Has hecho alguna vez este tipo de preguntas a las mujeres de tu iglesia? ¿Por qué sí o por qué no? ¿Lo harías? Cuando una mujer de tu iglesia responde honestamente a estas preguntas, ¿tu primera respuesta es dudar de su perspectiva o explicar la interacción?
   d. Todos: ¿Cómo podemos promover estas conversaciones saludables en nuestras iglesias locales?
   e. Resume lo que has aprendido en este capítulo en cuatro o cinco frases.

PARA PROFUNDIZAR

1. Lee Génesis 3:1-16 y 1 Timoteo 2:13-14.

    a. ¿Culpa alguno de los dos pasajes a Eva de mal manejo de la Palabra de Dios?
    b. ¿Fue Eva engañada?
    c. ¿Infringió Eva el mandato de Dios?
    d. ¿Dice o implica alguno de los pasajes que las mujeres en general son
        i. más fáciles de engañar que los hombres?
        ii. más propensas que los hombres a manejar mal la Palabra de Dios?
        iii. menos inteligentes que los hombres?
    e. ¿A qué conclusiones (si es que hay alguna) debería llevarnos el comportamiento de Eva sobre todas las mujeres en general?

2. Lee Génesis 1:28 y 3:16.

    a. ¿Qué responsabilidades generales se le dieron al hombre y a la mujer cuando fueron creados (1:28)?
    b. ¿Cómo se relacionan las consecuencias del pecado en Génesis 3:16 con estas responsabilidades?
    c. ¿En qué medida las responsabilidades siguen siendo las mismas? ¿Qué cambia?

3. Lee Génesis 4:23. ¿Por qué crees que Lamec hizo alarde, específicamente a sus esposas, de matar a un hombre?

CAPÍTULO 3

El valor de la mujer en la promesa

«Adán volvió a unirse a su mujer, y ella tuvo un hijo al que llamó Set, porque dijo: "Dios me ha concedido otro hijo en lugar de Abel, al que mató Caín". También Set tuvo un hijo, a quien llamó Enós. Desde entonces se comenzó a invocar el nombre del Señor»

Génesis 4:25-26

Audrey Hepburn. ¿Qué imagen te viene a la mente cuando oyes ese nombre? ¿Ves inmediatamente a una joven de moda con el pelo corto y una figura esbelta? ¿Imaginas a una actriz premiada de la época dorada de Hollywood caminando por la alfombra roja? ¿La ves como uno de sus famosos personajes en *Vacaciones en Roma*, *Sabrina* o *Funny Face*? ¿Y en *Desayuno con diamantes*? ¿La imaginas con el famoso vestidito negro y la icónica pose?

¿Te has imaginado a una mujer de sesenta y dos años abrazando a niños desnutridos y cubiertos de moscas? Tal vez sí. En los últimos años de su vida, Hepburn fue embajadora de buena voluntad de UNICEF. Declaró en dos ocasiones ante el Congreso a favor del bienestar de los niños. Recibió numerosos premios humanitarios. Entre ellos, la Medalla Presidencial de la Libertad —el más alto galardón civil de Estados Unidos—, concedida solo unos meses antes de su muerte. A pesar de la labor de Hepburn en favor de los niños que sufren, la recordamos solo por su esbelta figura, su sentido de la moda y sus icónicos papeles en el cine. Esto ilustra nuestra tendencia a pasar por alto la virtud y el servicio y a recordar a las personas solo por un aspecto de su vida.

¿Y Eva, la primera mujer? ¿Qué te viene a la mente cuando piensas en ella? ¿Una mujer desnuda posando en unos arbustos estratégicamente colocados? ¿Una ingenua que habla con una serpiente? ¿Una manipuladora de las Escrituras? ¿Una seductora? ¿Una tentadora? ¿Una pecadora abatida envuelta en piel de animal?

¿Te has imaginado a una creyente en Jesús? ¿Una mujer de fe que persevera ante el intenso dolor y la decepción? Deberías hacerlo.

Las primeras imágenes de Eva que nos vienen a la mente a la mayoría de nosotros son las de su actividad relacionada con la caída. Pocos la recuerdan por la primera declaración de fe registrada en las Escrituras. Pocos se dan cuenta de que profesó la fe. En la memoria colectiva del cristianismo (y del mundo), la primera mujer es un fracaso y una advertencia. Eva es un tipo negativo que todas las mujeres deben evitar. El engaño de Eva es ciertamente una advertencia. Pero eso no es todo lo que debemos encontrar en la vida de nuestra primera madre.

En Eva, vemos a una mujer de la que el mundo no era digno. En Eva, encontramos a una mujer que recibió el evangelio con fe. Encontramos a una mujer que perseveró en su fe, incluso a través de las más dolorosas circunstancias.

El enemigo de la mujer

¿Has tenido alguna vez uno de esos días en los que parece que el mundo entero está en tu contra? ¿Alguna vez has sentido que te has despertado para encontrar a Satanás sentado en tu pecho? ¿Alguna vez te has preguntado si el pecado, la muerte y las puertas del infierno podrían estar apuntando todas sus fuerzas hacia ti? Si es así, no estás solo. Imagina cómo se pudo sentir la mujer al escuchar las palabras del Señor a la serpiente en Génesis 3:15:

> «Pondré enemistad entre tú y la mujer, y entre tu simiente y la de ella».

El Nuevo Testamento identifica a la serpiente con Satanás (Apoc. 12:9). Satanás (el diablo) es un ángel caído, el principal de los enemigos de Dios. Es un mentiroso y un asesino, y se especializa en acusar al pueblo de Dios (Juan 8:44; Apoc. 12:10). Satanás no tiene poder en sí mismo para dañar eternamente a las personas. Por lo tanto, utiliza la tentación y el engaño para atraer a la gente al pecado, lo que trae la ira de Dios. Entonces lanza su pecado ante Dios, insistiendo en que reciban lo que merecen: la muerte.

La serpiente ya había vencido a la mujer una vez. Ella estaba vestida con un taparrabos de hoja de higuera, escondida entre los arbustos, y encogida de vergüenza porque Satanás la engañó para que transgrediera. Si un engaño y el pecado de su marido pudieron provocar esto, ¿qué podría hacer la serpiente después? No es de extrañar que ella odiara a la serpiente.

Debido al papel único que la mujer jugará en la promesa que sigue, la serpiente siente un odio especial hacia ella. Satanás no odia a las mujeres porque tengan un valor supremo. Las odia porque Jesús es lo supremo: Jesús llegará como un niño nacido de una mujer.

Por eso Apocalipsis 12 presenta la historia de la redención como la de una mujer embarazada perseguida por un gran dragón rojo. Mientras ella grita en la agonía del parto, el dragón se agazapa en el canal de nacimiento, listo para devorar al niño. Este niño —la descendencia de la mujer— es el que «gobernará a todas las naciones con puño de hierro» (v. 5). Satanás odia a este niño en particular, cuya llegada marca la derrota del diablo (Apoc. 12:10): «Han llegado ya la salvación y el poder y el reino de nuestro Dios; ha llegado ya la autoridad de su Cristo. Porque ha sido expulsado el acusador de nuestros hermanos, el que los acusaba día y noche delante de nuestro Dios».

La palabra «descendencia» o «simiente» (a veces traducida como «semilla») es una palabra que puede ser singular o plural, y a veces, ambas. La descendencia de la mujer se convierte en ambas. En última instancia, es Jesús. Pero unidos a Él en la fe, los creyentes en Jesús se convierten en la «simiente» de la mujer. Frustrado su intento de abortar la descendencia de la mujer, la serpiente pone sus ojos en el resto de su descendencia. ¿Quiénes son? Los que «obedecen los mandamientos de Dios y se mantienen fieles al testimonio de Jesús» (Apoc. 12:17).

Su «simiente» no se refiere a todos sus descendientes; incluso en el contexto más inmediato, no puede. Algunos de sus hijos serán la descendencia de la serpiente. Caín es la semilla del diablo; un asesino de la semilla de la mujer (1 Jn. 3:12). Por lo tanto, la descendencia de la serpiente no son demonios, sino aquellos que no ponen su fe en el Redentor prometido (Juan 8:44). La «descendencia» de la mujer es, pues, la que cree en la buena nueva del Redentor prometido (Apoc. 12:17). Estos descendientes se odian entre sí y están en guerra. La Biblia cuenta la historia de esta guerra. Lo vemos en Génesis (Caín y Abel, Ismael e Isaac, Jacob y Esaú, José y sus hermanos), en el Antiguo Testamento (Israel y las naciones), en los Evangelios (Juan 8:43-45) y en la Iglesia (1 Ped. 5:8; Ef. 6:11-12; 1 Jn. 3:12-13; Rom. 16:20).

Asimismo, en un sentido más amplio, «la mujer» no se refiere solo a Eva. Se refiere a ella en el contexto inmediato, pero también se refiere a todas las mujeres que dan a luz o alimentan a los hijos de la fe a lo largo de la historia. Por eso el mundo odia, abusa y destruye a las mujeres a lo largo de la historia. La serpiente intenta frustrar el nacimiento del Mesías. Por eso la ley que el Señor da a Israel honra y protege a las mujeres. La ley está preservando a Israel hasta que nazca el Rey.

Esta es también la razón por la que los niños amenazan a los servidores de la serpiente (como Faraón y Herodes). Por eso estos hombres asesinan a los niños. Por eso la ley de Israel protege y defiende a los niños, incluso en el vientre materno (Ex. 21:22-23). En la descendencia de la mujer está la destrucción de la serpiente y su descendencia.

Estar en guerra con un antiguo dragón demoníaco es algo aterrador. Pero hay un indicio de buenas noticias, incluso en estas líneas. Estar en guerra con el enemigo del Señor es estar del lado del Señor. Y el Señor no promete solo la guerra: promete la victoria.

La salvación de la mujer

La muerte entró en el mundo por el pecado del hombre. La salvación entra en el mundo a través del hijo de la mujer. El Señor le dice a la serpiente, hablando de la descendencia de la mujer (Génesis 3:15):

> «Su simiente te aplastará la cabeza, pero tú le morderás el talón».

La guerra entre la descendencia de la serpiente y la de la mujer culminará en una batalla entre la propia serpiente y un hijo en particular. En el conflicto subsiguiente, se dañará la cabeza de la serpiente y el talón del vástago. Nos encontramos con la imagen de una serpiente que muerde el talón de un hombre y le administra una inyección letal de veneno. A cambio, el hombre aplasta la cabeza de la serpiente.

Esta es la historia que se desarrolla cuando Caín mata a Abel, para luego ver la semilla resucitada en la línea de Set. Esta es la historia de los hijos de Israel que venden a José como esclavo, donde es enterrado en un calabozo y resucita para gobernar. Esta es la historia del Faraón matando y esclavizando a los israelitas, solo para que su cabeza sea aplastada en las aguas del Mar Rojo.

En definitiva, esta es la historia de Jesucristo. Satanás entró en uno de los discípulos de Jesús, fue por Él con una turba y mintió para asesinar a la descendencia de la mujer (Juan 13:27; 14:30). Crucificaron a Jesús, colgándolo en un madero como señal de que estaba bajo la maldición de Dios (Gál. 3:13). Jesús murió.

Poco sabía la serpiente que la muerte de la descendencia de la mujer traería la muerte de la serpiente. Jesús dijo acerca de Su crucifixión: «El juicio de este mundo ha llegado ya, y el príncipe de este mundo va a ser expulsado» (Juan 12:31). Al eliminar la maldición del pecado, la cruz despojó a Satanás de su poder. Ya no puede acusar al pueblo de Dios porque tenemos un abogado ante el Padre, Cristo Jesús el justo (1 Jn. 2:1). Jesús vivió sin pecado; no mereció ninguna maldición (Heb. 4:15). Murió por nuestros pecados (1 Cor. 15:3-5). Su muerte fue una «propiciación» (1 Jn. 2:2, LBLA). Esto significa que Su ejecución satisfizo la justicia de Dios y trajo el favor de Dios. En Su resurrección, Dios declaró a Jesús como la descendencia perfecta y agradable (Mat. 3:17; Rom. 1:4).

Mediante Su victoria, el pueblo de Jesús se convierte en hijo de Dios (Juan 1:12; Gál. 3:26; 1 Jn. 3:1). *En Jesús, los creyentes se convierten en verdadera «descendencia de la mujer»*. El dragón nos hace la guerra (Apoc. 12:17). Aunque busca devorarnos, lo derrotamos mediante la fe firme en Jesús (1 Ped. 5:8-9). «Ellos lo han vencido por medio de la sangre del Cordero y por el mensaje del cual dieron testimonio; no valoraron tanto su vida como para evitar la muerte» (Apoc. 12:11). Mientras esperamos con fe, la Palabra promete que «el Dios de paz aplastará a Satanás bajo los pies de ustedes» (Rom. 16:20). Un día, resucitados con Jesús, reinaremos «por los siglos de los siglos» (Apoc. 22:5).

¡La promesa de la victoria sobre el pecado, la muerte y el poder del diablo es una verdadera buena noticia! Puede que encuentres tu identidad en tus pecados pasados, en tus insuficiencias, en tu tipo de cuerpo, en tu estatus social o en cómo se ve tu vida en las redes sociales. Pero el evangelio dice una palabra mejor que estas. El evangelio nos otorga una nueva identidad. Cuando una mujer cree en el evangelio, ya no es una pecadora a los ojos de Dios; es justa. Ya no está envuelta en la vergüenza; oye a Dios declarar: «Esta es mi hija amada en Cristo, en quien tengo complacencia». Ya no se define por los estándares de belleza del mundo; brilla con la gloria de Dios. Su posición ya no está determinada por los volubles círculos sociales; es una vencedora en la guerra contra Satanás. Pronto aplastará su cabeza y reinará con Jesús para siempre.

Y mejor aún: todo esto es nuestro en su totalidad por la gracia, recibida a través de la fe en el Prometido. Así ha sido desde el principio.

La fe de la mujer

«¿Están Adán y Eva en el cielo?». Es una pregunta perenne para la hora de acostarse y las reuniones de los grupos de jóvenes. Y es una pregunta importante. ¿Llegaremos a conocer a nuestros primeros padres en la gloria? ¡La respuesta es sí!

La gracia del Señor se desborda en Génesis 3. Antes de pronunciar las consecuencias de su pecado, da a los humanos la promesa de un Salvador. Antes de expulsar a los seres humanos del Jardín, los atrae hacia sí con fe.

Inmediatamente después de registrar la última consecuencia del pecado, Moisés hace algo extraño. Registra que el hombre nombra a su esposa. Luego pasa a decir que el Señor les hizo prendas de piel a ambos. ¿Qué sucede aquí?

El Señor había prometido que «el día que de él comas, ciertamente morirás» (Gén. 2:17). Lo reforzó después de la caída a Adán: «Polvo eres, y al polvo volverás» (Gén. 3:19). Pero en medio, prometió a la mujer hijos, un niño que derrotaría a la serpiente. Esto plantea una pregunta: ¿cómo iban a tener hijos si iban a morir ese día?

Esto aporta tensión a la historia. ¿Confiará Adán en que Dios es misericordioso? ¿Creerá que Dios les permitirá vivir durante un tiempo y tener hijos? ¿Creerá en la promesa de un Redentor?

Entonces leemos: «El hombre llamó Eva a su mujer, porque ella sería la madre de todo ser viviente» (Gén. 3:20). Esto es un acto de fe. No creyó que Dios los mataría inmediatamente. Creía que la gracia de Dios se había interpuesto entre él y la ira de Dios. Adán confiaba en que él y su esposa vivirían y tendrían hijos. Creía que ella sería la madre de todos los vivos. Tenía fe en que la semilla de la mujer vendría a redimirlos.

A esta fe, Dios respondió con la confección de prendas de pieles de animales. Sus frondosos taparrabos eran insuficientes para ocultar la vergüenza de su desnudez. Eran inadecuados para la vida en el duro mundo fuera del Jardín. Así que el Señor sacrificó un animal y los vistió con su muerte.

Adán recibió la salvación de Dios por gracia a través de la fe. Las promesas salvíficas de Dios siempre se reciben y se aplican por la fe. Abraham creyó en el Señor, y el Señor le contó esta fe como justicia (Gén. 15:6). Del mismo modo, nosotros somos declarados justos, recibimos el Espíritu de Dios y somos adoptados como hijos por medio de la fe en Jesús (Gál. 2:16; 3:14, 26).

La primera declaración de fe de la historia

Eva compartió la fe de su marido. Las suyas son las primeras declaraciones de fe registradas en la historia. De hecho, la declaración de fe de Eva son las primeras palabras humanas registradas después de la caída.

Algún tiempo después de salir del Jardín, Adán «se unió a Eva, su mujer, y ella concibió y dio a luz a Caín». Ella dijo: «¡Con la ayuda del SEÑOR, he tenido un hijo varón!» (Gén. 4:1). Aunque fue concebido mediante la relación sexual con su marido, Eva sabía que se trataba de un don de la misericordia. Este vástago nació «con la ayuda del SEÑOR». Eva tenía fe en que Dios la ayudaba según Su promesa. Eva creyó. «¡Dichosa tú que has creído, porque lo que el Señor te ha dicho se cumplirá!» (Luc. 1:45).

Observa que Eva utilizó el nombre del pacto de Dios: «el SEÑOR» (impreso en versalitas en algunas traducciones al español para el nombre hebreo «Yahvéh»).

Eva es el primer ser humano del que se tiene constancia que pronunció el nombre divino del pacto de Dios.

Las palabras de esta mujer creyente han servido como confesión de fe del pueblo de Dios a lo largo de la historia. Creer en el evangelio es decir con Eva: «Hemos conseguido un nuevo Adán —Jesús el Mesías— con la ayuda del Señor».

La perseverancia de la mujer

La fe no nos trae ahora nuestra mejor vida. La promesa no es una vida de prosperidad. La gracia no garantiza una vida cómoda.

Génesis nos lleva de la profesión de fe de Eva al amargo sufrimiento. Tuvo dos hijos: Caín y Abel. Caín no tenía fe. Abel sí (Heb. 11:4). Ya conoces la historia: Caín mató a Abel. Pero piensa en esto desde la perspectiva de una madre.

Imagina que eres una madre y tienes solo dos hijos. Un hijo asesina al otro. El hijo vivo continúa en su amargura y se aleja «de la presencia del SEÑOR» (Gén. 4:16). Sus descendientes sobresalen en los logros mundanos, pero no conocen al Señor. En cambio, se jactan de la maldad y confían en sí mismos para salvarse (Gén. 4:23).

¿Cómo te sentirías tú? ¿Cómo soportarías el dolor persistente de un hijo muerto y otro descarriado? ¿Seguirías creyendo que el Señor es clemente y misericordioso? ¿Tendrías fe en que Dios cumplirá Su promesa de salvación? ¿Creerías que Dios está a tu favor? ¿Perseverarías en la fe?

Eva lo hizo.

«Adán volvió a unirse a su mujer, y ella tuvo un hijo al que llamó Set, porque dijo: "Dios me ha concedido otro hijo en lugar de Abel, al que mató Caín"» (Gén. 4:25).

Puede que Eva haya sido engañada una vez, pero no la califiques de «fácil de engañar». Deja a un lado tus estereotipos. Su declaración es una visión increíblemente perspicaz respecto a la naturaleza de la «simiente de la mujer». Es una declaración de fe inteligente, que interpreta la Palabra de Dios y cree en la promesa.

Eva llamó a Set «otro hijo». ¿Por qué necesitaba «otro» hijo? ¿Qué quiso decir con eso? Caín todavía estaba vivo. Pero Eva sabía que Caín no era la descendencia prometida; era un asesino, la descendencia de la serpiente. Abel era su descendencia, un adorador del Señor por la fe. Pero Abel ya estaba muerto. Ella sabía que necesitaba «otro hijo». Confiaba en que eso era lo que el Señor había designado.

Su descendencia, pasando de Set a Enós, se convirtió en el pueblo de la fe: «la descendencia de la mujer». «También Set tuvo un hijo, a quien llamó Enós. Desde entonces se comenzó a invocar el nombre del SEÑOR». (Gén. 4:26). Caín se alejó «de la presencia del SEÑOR». Los descendientes de Set invocan «el nombre del SEÑOR». Son el primer pueblo que rinde culto utilizando el nombre de Yahvéh. (Probablemente se trate de un uso formal o generalizado, pues Eva ya lo llamó «Yahvéh» en Génesis 4:1). Esta línea de justicia está relacionada con la fe y la confesión de Eva.

Empezando por Eva, la Biblia presenta una larga línea de mujeres, fieles ayudantes, que creen en la promesa. Se oponen a la serpiente. Hablan del evangelio y alimentan la fe de los que están a su cargo.

La esperanza de la mujer

Vemos un cambio notable en Eva. Sus primeras palabras registradas son una conversación con la serpiente, que termina con su engaño en el Jardín. Fuera del Jardín, sus primeras palabras registradas son una confesión de fe. Ahora reconoce los planes de la serpiente. Persevera en el dolor y la decepción con los ojos puestos en el Señor y la esperanza en Su promesa.

Como todo ser humano, Dios creó a la mujer con un gran valor, a Su imagen y semejanza. En cierto sentido, ese valor permaneció después de la caída porque ella sigue siendo la imagen de Dios. Sin embargo, en otro sentido, la mujer se volvió «corrupta», al tomar el veneno de la serpiente (Rom. 3:12). Al igual que Adán, falló y se negó a disfrutar y reflejar el valor de Dios. En lugar de eso, cambió la gloria de Dios por una mentira (Rom. 1:22-27; 3:12).

Tal vez te identifiques con la Eva pecadora y «sin valor». Sumerges tu cabeza en la culpabilidad del engaño pasado y los pecados flagrantes. Te acobardas en la vergüenza debido al abuso y la traición. Eres cautivo del miedo debido al dolor y la pérdida en un mundo cruel y duro. Luchas por creer a causa de las mentiras y las promesas rotas. Escucha esto: hay esperanza.

El Señor ofrece una esperanza transformadora de la vida a toda mujer que quiera escuchar.

El Señor transformó a Eva de una mujer engañada y avergonzada a una creyente perseverante y en la madre de todos los hijos de la fe. El Señor transformó a Eva de «despreciable» a una mujer de la que el mundo no es digno (Heb. 11:38, LBLA). Siguió formando parte de la «muy buena» alianza sacerdotal para la que fue creada.

¿Cómo lo hizo? Mediante el poder del evangelio, recibido por la fe.

Recordamos a Audrey Hepburn por sus papeles clásicos y su estilo icónico, sí. Pero recordémosla también por su servicio humanitario y su sacrificio por el bien de los demás.

Del mismo modo, recordemos el engaño de Eva y aprendamos de él. Pero más que eso, recordemos la promesa y la gracia de Dios a Eva. Recordemos el poder transformador del evangelio aplicado a través de la fe.

Celebrar a las mujeres y el evangelio

¿Cómo nos enseña esto a celebrar el valor de las mujeres, tanto las no creyentes como las cristianas?[1]

¿Qué deberías observar cuando ves a una mujer incrédula? Tal vez su pecado y su vergüenza son evidentes en sus cicatrices, en sus acciones, en su reputación. Tal vez se esconden bajo un velo de justicia propia y esclavitud religiosa. Independientemente de su apariencia externa, ve a un ser humano que tiene valor como imagen de Dios. Ve a una mujer que se ha «desvalorizado», engañada por las mentiras de Satanás, del mundo y de la carne. Pero sobre todo, observa a una mujer que puede llegar a ser una mujer de la que el mundo no es digno. Ve a una mujer que no está más allá de la gracia de Dios en las promesas salvadoras de Jesucristo. Ve a una mujer que un día puede brillar en la gloria y gobernar con Cristo Rey. Entonces cuéntale el evangelio.

¿Qué deberías observar cuando ves a una mujer cristiana? No debes ver una trampa o una tentación. No debes ver un objeto de gratificación sexual, una amenaza al poder o una usurpadora astuta. Deberías ver a una madre y a una hermana, a un miembro de la familia de la fe. Ve a alguien que, independientemente de su pasado, lleva la justicia de Jesucristo. Ve a alguien a quien Dios adoptó como hija —una coheredera del reino—, alguien que sigue siendo la encargada de ser la ayuda necesaria que se necesita mientras luchamos contra el maligno. Ve a alguien a quien el Espíritu de Dios llena y da dones para el servicio como una bendición para el mundo, la iglesia y su hogar. Ve a una mujer que un día se levantará de entre los muertos para reinar con Jesús para siempre. Dile que eso es lo que es. Cuéntale el evangelio.

DESCUBRAMOS EL VALOR DE LA MUJER

1. Es fácil resumir la historia de la vida de una persona en un solo acontecimiento. ¿Te ha pasado alguna vez? ¿Has deseado alguna vez que la gente se olvidara de esa tontería que hiciste y te viera como eres ahora? ¿Cómo podría cambiar eso la forma de pensar sobre Eva?

2. Eva cayó en el engaño y la trampa de la serpiente en el Jardín. Pero las primeras palabras que le oímos decir después de su caída son palabras de fe. Recuerda que las primeras palabras en el mundo después de la caída son palabras de fe pronunciadas por una mujer. ¿Cómo cambia esto tu perspectiva sobre Eva?

3. A la luz de que todos fallamos en caminar en la verdad y evitar el engaño, es importante recordar que Eva (como el resto de nosotros) fue hecha a la imagen de Dios. ¿Cómo cambia eso la forma en que piensas en ti mismo y en cómo piensas en otras mujeres, tanto incrédulas como creyentes?

4. Resume lo que has aprendido en este capítulo en cuatro o cinco frases.

PARA PROFUNDIZAR

1. A Eva se le da la promesa de una semilla piadosa. ¿Por qué es tan importante para ella esa esperanza? ¿Puedes pensar en otras mujeres de la Biblia que anhelaban una semilla piadosa, un hijo?

2. ¿Qué significa estar hecho a la «imagen de Dios»? ¿Cómo crees que tanto el hombre como la mujer son portadores de esa imagen? ¿Hay alguna diferencia?

3. Eva está con todas las mujeres justas de todos los tiempos esperando el nuevo cielo y la nueva tierra. ¿Cómo te anima esta verdad, aunque hayas actuado con necedad o te hayan engañado?

CAPÍTULO 4

El valor de la mujer en la historia de Israel

«El Señor mandó a Moisés que nos diera una heredad entre nuestros hermanos»

Josué 17:4, LBLA

La historia de Israel: La liberación a través de la debilidad

Hay varios momentos en mi vida en los que el tiempo parece alargarse interminablemente: uno de ellos es cuando yo (Elyse) vuelvo a casa después de una conferencia. Cada vez que miro mi reloj, no puedo creer que solo hayan pasado noventa segundos desde la última mirada. ¿De verdad? ¿Cómo puede ser eso? *Tal vez haya algún tipo de deformación del tiempo que se produce cuando vuelas*, pienso. *Tal vez volar a 800 km/h a 9000 metros de altura hace que el tiempo se ralentice o se invierta*. Bueno, no estoy segura de qué es lo que ocurre, pero estoy convencida de que algo sucede.

Todo el mundo sabe lo que es esperar algo. Ya sea un niño que espera su regalo de cumpleaños, un joven profesional que anticipa el día en que por fin consigue el trabajo que tanto ha deseado, o una futura mamá que anhela el nacimiento de un hijo, esperar un acontecimiento prometido es muy difícil. *Solo quiero estar en casa, en mi cama. ... ¿Cuándo cambió este vuelo de ser al otro lado del país a ser al otro lado del mundo?* A veces esperamos las cosas durante tanto tiempo que parece que el acontecimiento prometido era solo una ilusión. Especialmente si solo has escuchado una promesa que se hizo hace miles de años. *Tal vez la promesa nunca se dio realmente. Tal vez fue malinterpretada*.

Eva había pasado su vida esperando al Hijo Conquistador que revertiría la maldición. Ansiaba ver su locura deshecha; habló a sus hijas de la promesa a la que debían aferrarse. Pero murió sin recibirla... y ellas también. Aun así, madre tras madre transmitió la promesa a sus hijas: *tú podrías ser la madre. Podrías dar a luz a Aquel que cambiará este desastre*. Una y otra vez, a través de generaciones de mujeres, durante más de 2000 años, las mujeres se aferraron a la promesa: tal vez ellas serían las que darían a luz a un Hijo que reharía el mundo y desterraría toda la oscuridad. Pero había pasado tanto tiempo, y todavía no había nacido ningún libertador. Y la promesa se hizo más débil y la luz más tenue; la promesa se desvaneció.

La promesa renovada

Antes de que el Señor los llamara, Saray, de 65 años, y su marido Abram, de 75, vivían en Ur. Al igual que la gente que los rodeaba, eran adoradores de la luna. No solo habían perdido la adoración del Dios verdadero, sino que la vida de Saray se resumía en la siguiente frase: «Pero Saray era estéril; no podía tener hijos» (Gén. 11:30). Aunque había oído hablar del nacimiento prometido de un libertador, no tenía ninguna esperanza de que llegara a través de ella. Había esperado y esperado, pero finalmente aceptó la verdad: la luna que adoraba estaba fría y sin vida, como su vientre. ¿Existía el tan esperado Prometido? Dos mil años es mucho tiempo para esperar algo que se dijo en un jardín perdido hace mucho tiempo.

La inesperada promesa que comenzaba con «Haré de ti una nación grande» (Gén. 12:2), no llegó a dos candidatos probables. No eran conocidos por su justa lealtad al Dios creador. No eran conocidos por su fertilidad. No. Eran idólatras que carecían de la capacidad de hacer la única cosa que todos esperaban: procrear. La promesa de Dios: *Tendrás un hijo. Te convertiré en una gran nación.* ¿El dios de Abram? La luna. ¿La realidad de Saray? Esterilidad y falta de hijos.

Dentro de esta desesperanza, el Señor prometió un hijo que transformaría a esta pareja solitaria en una multitud de personas que nadie podría contar. Pero el reloj biológico de Saray no solo había dejado de funcionar, sino que yacía oxidado y en pedazos dentro de su útero vacío. Tal vez, cuando escuchó por primera vez la promesa que el Señor había pronunciado, había tratado de creer. Había seguido a Abram desde su hogar en Ur, había accedido a sus peligrosas y cobardes exigencias de que mintiera sobre su relación, pero parecía imposible después de todas estas décadas, todos estos meses que gritaban: «¡Se acabó!». De hecho, se había acabado, humanamente hablando. Habían pasado 2000 años desde que se hizo la primera promesa y 25 años desde que se creyó la promesa de una gran multitud. Ella había seguido intentando creer; tanto ella como su marido habían tratado de encontrar la manera de conseguirlo,[1] pero necesitaba volver a escuchar la promesa.

Pero ella, ahora llamada Sara, no necesitaba escuchar la voz de un simple humano. Así que un día en particular, a través de la puerta de su tienda, el Señor le habló. En Su misericordia, quiso que ella supiera que esta promesa era para ella, así que antes de reiterársela a Abraham le preguntó dónde estaba Sara. No te confundas; no es que el Señor se preguntara por su paradero, sino que quería asegurarle que sabía que ella estaba escuchando (Gén. 18:9). El Señor volvió a prometer que intervendría en la vida de Sara; lo que era imposible sucedería. La semilla prometida de Eva nacería a través de una persona muy mayor. Dios todavía la amaba y la utilizaría. Sara la anciana concebiría milagrosamente y se convertiría en Sara la madre alegre. Tendría un hijo, y a través de sus descendientes, la serpiente sería finalmente aplastada. La promesa se haría realidad, ¡y a través de ella!

Todos sabemos cómo respondió Sara cuando escuchó esta promesa: al igual que su marido antes que ella (Gén. 17:17), se burló. Nosotros también lo habríamos hecho. *Como si fuera a tener placer con el viejo Abraham cuando yo estoy agotada… Como si…* Nuevamente, para reiterar que el Señor le estaba hablando, le hizo saber que no solo escuchó su risa, sino que la entendió. Le mostró quién era y de qué era capaz. Le dijo: «¿Acaso hay algo imposible para el Señor?» (Gén. 18:14). La que fue llamada estéril y sin hijos se convertiría en la alegre madre de una nación.

Nada es demasiado difícil para el Señor

Es vital que cada mujer y hombre creyente escuche la declaración del Señor: no importa qué escenario maravilloso estés esperando, si es la voluntad de Dios, nada es demasiado difícil para Él. No importa cuánto tiempo hayas esperado o cuántas veces hayas fallado, o cuántas veces te hayas comprometido o hayas cedido a la manipulación pecaminosa y a la incredulidad, nada es demasiado difícil para el Señor. Entiende esto:

La habilidad del Señor para hacer lo imposible es declarada por primera vez con respecto a lo que hará a través de una mujer estéril.

Podría ser fácil pensar que Sara se había descalificado a sí misma. Ella había abusado sin fe de su esclava, Agar, obligándola a tener relaciones sexuales con su marido. Y luego, cuando Agar quedó embarazada, aumentó su pecado al maltratarla. Sin embargo, Dios le hizo una promesa: *puedo lograr lo imposible, incluso a través de ti.* Si crees que es demasiado difícil, demasiado imposible, demasiado maravilloso, esa es justo el tipo de cosa que a Dios le gusta lograr, especialmente si sabes que no mereces Su ayuda. El Señor utilizó a una mujer idólatra, manipuladora, antipática, burlona, estéril e incrédula (¿como nosotros?) para lograr lo imposible. De hecho, usar la debilidad como la de Sara parece ser una de Sus cosas favoritas. Lo sabemos porque otra mujer también escuchó estas mismas palabras. Pero esta mujer no era vieja ni estaba agotada, era joven y virginal. Su útero también estaba vacío. No porque no ovulara regularmente, sino porque nunca había tenido relaciones sexuales. Pero la promesa llegó a ella, como había llegado a Sara y a Eva antes que ella. «¡Vas a ser tú la que dé a luz al Hijo prometido!». Cuando María puso en duda la profecía del ángel de que tendría un hijo, este proclamó: «Porque para Dios no hay nada imposible» (Luc. 1:37). ¡No pierdas la trascendencia de esto! Es el mismo mensaje en circunstancias casi idénticas: la debilidad de una mujer es insignificante en el plan de Dios. De hecho, su debilidad parece ser Su vía favorita para la bendición.

Tanto en el Antiguo Testamento como en el Nuevo Testamento, la capacidad de Dios para lograr lo imposible se declara primero en relación con las mujeres.

Sí, una se burló y la otra se inclinó humildemente. Pero una había conocido años de traición tanto por parte de su marido como de su cuerpo, mientras que a la otra quizá le resultó más fácil creer porque era joven. Sin embargo, sería Dios quien obraría en ellas y a través de ellas para aplastar milagrosamente la cabeza de la serpiente, contra todo pronóstico. Cuando se miraron a sí mismas, a su propio poder o capacidad, o incluso a la fuerza de su fe, supieron que si Dios iba a cumplir Su plan, tendría que hacer lo imposible. Sí, ambas cuestionaron la capacidad de Dios para obrar en contra de la naturaleza, pero luego ambas creyeron. «Por la fe Sara [...] *consideró fiel al que lo había prometido*» (Heb. 11:11, énfasis añadido). Luego, dos mil años más tarde, por el poder del Espíritu Santo, Elisabet anunció lo mismo sobre María: «¡Dichosa tú que has creído, porque lo que el Señor te ha dicho se cumplirá!» (Luc. 1:45). Tanto Sara como María creyeron que el Dios que podía realizar lo imposible lo haría a través de ellas, a través de sus cuerpos frágiles, finitos y fallidos, y de su fe vacilante. Las mujeres fieles prototípicas bajo el antiguo y el nuevo pacto escucharon lo mismo: *nada es imposible para el Señor.*

No por la fuerza, ni por el poder

Cuando Pablo escribió que Dios eligió a los débiles para avergonzar a los fuertes, por supuesto que estaba hablando de la debilidad del Hijo crucificado. Es el Hijo quien mostró la gloria de la fuerza de Dios obrando a través de la debilidad. Por eso nos salva a través de un Mesías crucificado. Y es también la razón de por qué actúa a través de la mujer —y de la debilidad de su cuerpo— para dar lugar a ese Mesías. Dios eligió proveerlo a través de la debilidad de una mujer. De hecho, todo el plan de salvación se basó en la debilidad del cuerpo de una mujer. Dios eludió de forma sorprendente la alabada fuerza y virilidad del hombre. Esta verdad proporciona un contrapunto al movimiento del hombre viril que prevalece en algunos círculos cristianos hoy en día. El reino de Dios no se establece a través de muchachos que hacen trucos en motocicletas o que asombran al mundo con exhibiciones pirotécnicas. Nace a través de ancianas débiles y niñas vírgenes (y sus maridos), personas como Sara y María (y sus maridos) que creen que Dios llevará a cabo Su buen plan a través de la fe. ¿Los hombres forman parte de este plan? Por supuesto. Pero no es su fuerza y su masculinidad, como tampoco es la fuerza y la fertilidad de una mujer lo que lo logrará. Los romanos tenían un verdadero poderío militar y, sin embargo, Dios se sirvió de un hombre desnudo y ensangrentado, clavado en una cruz, para acabar con su reino, un hombre que había crecido en el útero dentro del cuerpo de una joven y que se alimentaba de su pecho.

En los tiempos del Antiguo Testamento, las mujeres consideraban que su papel principal era construir el reino de Dios mediante el nacimiento del Prometido. Toda su identidad estaba entrelazada con el éxito de ampliar la importancia y la propiedad de su marido dándole hijos y, con suerte, dando a luz al libertador prometido. Esta era casi toda la medida de su éxito o fracaso como mujer fiel. *Ahora, sin embargo, desde que llegó el Hijo prometido, la identidad de una mujer ya no depende de que dé a luz hijos.* Por supuesto, eso no quiere decir que tener hijos o niños no sea una vocación bendecida para quienes son llamadas a ello. Solo que ahora, al haber venido el Mesías, el llamado de la mujer es a expandir el reino de Dios a través de muchas vocaciones diferentes. De la misma manera que las mujeres de antaño confiaban en la capacidad de Dios para utilizarlas, incluso en su debilidad y fracaso, las mujeres de hoy pueden confiar en que Su reino vendrá y Su voluntad se hará a través de ellas.

Mujer, no importa dónde te encuentres en el plan de Dios, Él puede usarte para Sus grandes propósitos. Tal vez seas una mujer que ha conocido años de desamor y traición. Tal vez, como Eva, has perdido hijos amados por enfermedad, accidente o locura. Tal vez tu amado hijo está en prisión, y te preguntas en qué te equivocaste o por qué Dios ha permitido que esto suceda. Tal vez tu marido se ha mostrado débil como Abraham y ha intentado (tal vez con éxito) coaccionarte para que peques. Tal vez, como Sara, has coaccionado a tu marido a pecar, para poder empezar a ver el cumplimiento de tu versión de la promesa de Dios. Tal vez has tenido que decirte a ti misma demasiadas veces que Dios es fiel mientras sospechas que tu fe no es lo suficientemente fuerte y vives bajo lo que parece ser el ceño fruncido omnipresente del Señor.

Tal vez seas una mujer cuya reputación ha sido arruinada (como María), o hayas conocido el dolor de una espada que atraviesa tu alma por el maltrato de personas que decían ser cristianas. Tal vez hayas seguido año tras año intentando amar a un hombre que es frío y distante o exigente y violento, solo para descubrir que, después de todo, nunca te ha sido fiel. Tal vez el *tic-tac* de tu reloj biológico se ha hecho demasiado fuerte y todos los falsos sermones que has escuchado sobre que el principal (¿único?) plan de Dios es usarte como esposa y madre, gritan en tu conciencia de fracaso e inutilidad. Hermanas mías, las historias reales de Eva, Sara y María tienen que hablarles. Cuando todo parece completamente perdido, cuando lo peor que has temido ha sucedido, mantente en la fe. El Señor te ve y te ama. Quiere que sepas que te habla y te escucha.

Mis hermanas, tal vez ustedes han creído que su valor para el Señor descansaba en una relación con un hombre. Yo (Elyse) admito que también he pensado eso. En parte, porque no tuve una relación con mi padre mientras crecía, supuse erróneamente que una relación con un hombre me daría valor y seguridad. Esa mentira dio todo tipo de frutos pecaminosos en mi vida y terminó en devastación. Me gustaría poder decir que ahora estoy completamente libre de este engaño. Por mucho que crea que soy amada, acogida y apreciada tanto por el Señor Jesús como por mi querido esposo, Phil, a veces sigo anhelando la aceptación y la aprobación de otros hombres. Me he arrepentido, pero a veces todavía me encuentro creyendo que Dios solo puede usarme cuando estoy atada a algún hombre. La mentira de que el Señor prefiere a los hombres y solo usa a las mujeres cuando están atadas a hombres exitosos necesita ser desechada en mi vida. ¿Te ocurre lo mismo?

Mis hermanos, por favor escuchen el corazón de las mujeres a las que están llamados a servir. Ninguna de nosotras es perfecta. La mayoría de nosotras somos mucho más conscientes de nuestras fallas de lo que ustedes puedan saber. Somos como ustedes. Comenzamos la vida creyendo que el Señor nos usará para encarnar a Jesús en las familias que esperamos, y luego terminamos escondiéndonos detrás de la solapa de la tienda burlándonos de las promesas de Dios. Por favor, no supongas que Dios rara vez nos usa o que solo usa a aquellas de nosotras que somos (1) atractivas; (2) llenas de fe; (3) sumisas; (4) tranquilas; o (5) sin una opinión fuerte. Por favor, no supongas que el Señor solo utiliza a las mujeres como juicio porque los hombres no dan un paso adelante. Considera que tal vez nos está usando porque ese ha sido Su plan desde el principio y le encanta usar a las mujeres, especialmente a las que no encajan en el molde. Por favor, no supongas que cada mujer que quiere ser parte de la difusión del mensaje de Dios está buscando tomar tu trabajo en el ministerio. Por favor, no pienses que si una mujer es amigable y quiere entablar una conversación contigo, es porque está esperando una relación sexual. La gran mayoría de las mujeres que conozco realmente no quieren acostarse contigo. ¿Hay algunas mujeres que sí? Posiblemente. Pero no son la mayoría. La mayoría de las mujeres de tu iglesia se parecen más a Marta (que se apresura a servir la comida) o a María (que espera aprender) que a la mujer de Potifar, que maquina para tener un amante. Lo que les gustaría es tener una conversación significativa contigo sobre cosas que importan, como la teología. Se sienten heridas e insultadas cuando tú te niegas a hablar con ellas porque son mujeres o cuando supones automáticamente que tienen algún motivo oculto. Pastores, ustedes denigran a sus hermanas cuando se niegan a tener en cuenta sus opiniones, cuando bromean sobre las mujeres mandonas o temen sus voces. Al igual que tú, ellas quieren ser tratadas con respeto y saber que sus opiniones y preguntas importan a quienes buscan respetar en el Señor. También quieren cumplir con su diseño para ser una ayuda en cada área de la vida.

Tú harías mucho por ministrar a las mujeres de tu congregación citando ocasionalmente los escritos de una mujer en tus sermones (lo que requeriría leer ocasionalmente los escritos de una mujer) o utilizando ilustraciones no deportivas. Podrías preguntar a las mujeres de tu iglesia qué les parecen tus sermones o si creen que estás interesado en mejorar su comprensión o buscas principalmente hablar a los chicos. ¿Sabes siquiera lo que las mujeres (aparte de tu esposa, ¡no la presiones!) piensan que tú y los ancianos de la iglesia piensan de las mujeres?

Como pastor, yo (Eric) he tenido mucho que aprender en esta área y he cometido mi cuota de errores, algunos por miedo, otros por pura ignorancia. Estoy haciendo un serio esfuerzo para arrepentirme de mis defectos y amar mejor a mis hermanas en la iglesia local. Una de las cosas que he hecho recientemente es iniciar conversaciones con las mujeres de la iglesia sobre cómo yo, personalmente, puedo ser un mejor pastor para ellas (véase en el Apéndice 4 la carta que envié). Las conversaciones y reuniones que siguieron me resultaron útiles. Dieron a las mujeres la oportunidad de compartir observaciones, experiencias y consejos. También me mostraron que hay una gran variedad de preferencias y opiniones entre las mujeres de la iglesia local. La voz fuerte y segura de una mujer (o de un hombre) no representa necesariamente a todas.

Pastores, ¿considerarían iniciar este tipo de conversaciones con las mujeres de sus congregaciones? Si no, ¿por qué no? ¿Qué daño haría? Hermanos, nuestras hermanas cristianas quieren y desean que tengamos éxito. Dios nos ha llamado a trabajar juntos en una *alianza bendita*.[2] Por favor, permite que las mujeres te ayuden; después de todo, es para lo que han sido llamadas. ¿Crees que aun hoy, incluso en tus ministerios, no es bueno que estés sin una ayuda adecuada? ¿Por qué no determinas hoy mismo identificar a las mujeres de tu congregación a las que pedirás su opinión? Recuerda que las mujeres fueron las primeras en escuchar la declaración de que para el Señor nada es imposible.

Tal vez su fe y su perspectiva sobre la veracidad de las promesas de Dios sean justo lo que necesitas escuchar.

Pastores, ustedes pueden afirmar que creen que las mujeres son ontológicamente iguales a los hombres al llevar la imagen de Dios, pero ¿cómo se lo demuestran en la forma en que las honran y hablan de ellas públicamente? ¿Qué dicen sus mensajes del domingo? ¿Se les trata con igual respeto y deferencia cuando hay que tomar decisiones o emprender proyectos? ¿Las buscas y alientas fuertemente a hacer todo lo que está bíblicamente abierto para ellas? ¿Consideras cuánto pagarías a un hombre por hacer el trabajo para el que les pides que se ofrezcan como voluntarias? Las mujeres nunca han sido accesorias en la historia redentora de Dios. Nunca han sido secundarias o un añadido al plan de salvación de Dios. Fueron el conducto a través del cual hizo surgir la redención por la fe. Las ha utilizado una y otra vez para establecer Su reino y para hablar del poder de la fe humilde. De hecho, sin la valiente fe de mujeres casi anónimas, no conoceríamos la historia del segundo hombre más importante del Antiguo Testamento.

Dios utilizó a las mujeres para rescatar a su libertador

Todos conocemos la historia de Moisés, un hombre con el que Dios habló cara a cara, como un hombre habla con su amigo (Ex. 33:11). Conocemos su gran actuación como libertador y legislador de Israel. Pero ¿cómo llegó hasta allí?

> Hubo un levita que tomó por esposa a una mujer de su propia tribu. La mujer quedó embarazada y tuvo un hijo, y al verlo tan hermoso lo escondió durante tres meses. Cuando ya no pudo seguir ocultándolo, preparó una cesta de papiro, la embadurnó con brea y asfalto y, poniendo en ella al niño, fue a dejar la cesta entre los juncos que había a la orilla del Nilo. Pero la hermana del niño se quedó a cierta distancia para ver qué pasaría con él. En eso, la hija del faraón bajó a bañarse en el Nilo. Sus doncellas,

mientras tanto, se paseaban por la orilla del río. De pronto la hija del faraón vio la cesta entre los juncos, y ordenó a una de sus esclavas que fuera por ella. Cuando la hija del faraón abrió la cesta y vio allí dentro un niño que lloraba, le tuvo compasión y exclamó:

—¡Es un niño hebreo!

La hermana del niño preguntó entonces a la hija del faraón:

—¿Quiere usted que vaya y llame a una nodriza hebrea, para que críe al niño por usted?

—Ve a llamarla —contestó.

La muchacha fue y trajo a la madre del niño, y la hija del faraón le dijo:

—Llévate a este niño y críamelo. Yo te pagaré por hacerlo.

Fue así como la madre del niño se lo llevó y lo crió. Ya crecido el niño, se lo llevó a la hija del faraón, y ella lo adoptó como hijo suyo; además, le puso por nombre Moisés, pues dijo: «¡Yo lo saqué del río!»

Éxodo 2:1-10

Yo (Elyse) estoy segura de que conoces esta historia. El bebé Moisés. La canasta. La princesa de Egipto. Pero esta vez quiero que leas esos versículos y subrayes todos los pronombres personales (para los que fueron a la escuela en el sur de California como yo, un pronombre personal es *él* o *ella*, etc.). Esperaré aquí… ¿Qué has encontrado? Casi todos los pronombres personales son femeninos. Hay un hombre que toma una esposa, y hay un hijo que nace, pero aparte de eso, todas las demás acciones son realizadas por las mujeres. El libertador elegido por Dios, su amigo personal, fue rescatado gracias al plan de una madre, su hija y una princesa gentil que se bañaba en el Nilo. A pesar de estar familiarizada con esta historia, creo que nunca me he fijado (y desde luego nunca he escuchado ningún sermón) en cómo el célebre salvador de Israel fue salvado por el amor, la astucia, la previsión, la rectitud y la fidelidad de las mujeres. De hecho, la historia de la supervivencia de Moisés comenzó antes, cuando dos parteras egipcias se negaron a someterse al edicto del Faraón y luego mintieron al respecto (Ex. 1:15-21). ¿Cómo les respondió el Señor? Las «trató muy bien» y «les concedió tener muchos hijos».

Moisés es considerado sin duda el mayor líder del Israel. Aunque luchó con la confianza en sí mismo y le costó creer que Dios podía utilizarlo, sacó a millones de personas de la esclavitud egipcia, se enfrentó al hombre más poderoso de la tierra y, finalmente, creyó que Dios lo utilizaría para llevar a Su nación a la tierra prometida. Pero, de nuevo, ¿cómo llegó allí? Aquí están los nombres de las mujeres que deberíamos tener en alta estima por su bendita alianza con Moisés y el Señor: Sifrá, Fuvá, Jocabed, Miriam, la princesa de Egipto y su sirvienta.

Piensa en la fe de Jocabed, la madre de Moisés, que escondió a su hermoso hijo de los que lo darían como alimento a los cocodrilos. Piensa en las lágrimas que derramó y en las oraciones que hizo mientras tejía esas cañas y las cubría con brea para asegurarlo. Piensa en el valor que tuvo para enviar a su hija Miriam, la hermana mayor de Moisés, para que lo siguiera a distancia. ¿Envió a Miriam porque pensó que no podría soportar la visión de su querido bebé siendo devorado o ahogado? Piensa en la fe y la astucia de Miriam, que vio cómo su hermanito, un hermano al que sin duda quería, era sacado del río por la princesa. Qué inteligente y valiente fue al dar un paso adelante y ofrecer a su madre como nodriza de su hermoso hermanito. Me asombra que nunca haya escuchado ningún sermón sobre Miriam, aparte del momento en que luchó por someterse al liderazgo de su hermanito. ¿Pecó entonces (Núm. 12:1ss)? Sí. (¡Aunque podríamos entender su lucha por someterse como la hermana mayor que salvó esta vida!) Miriam no era una persona insignificante. Fue nombrada profetisa (Ex. 15:20), era una líder de la nación. Tal vez Miriam también había escuchado la promesa de un libertador y esperaba que su hermano fuera el elegido para liberar a su pueblo, por lo que arriesgó su vida para protegerlo y vivió al servicio de la promesa. ¿Estaba libre de pecado? No. Pero había creído.

Y piensa en la fe y el amor de Jocabed, que, al igual que Ana, se alegró de tener la oportunidad de alimentar a su hijo con su cuerpo, sabiendo al mismo tiempo que pronto se lo quitarían. A diferencia de Ana, que podía ver a su hijo Samuel mientras crecía en el templo, Jocabed sabía que, una vez destetado, se uniría a la familia del faraón. ¿Lo volvería a ver? ¿Se apartaría de la fe de Israel? ¿Pasaría su vida oprimiendo a su pueblo y viviendo en el lujo? ¿Qué fe y amor la impulsaron día a día mientras se alegraba de su crecimiento y lloraba también por él? ¿Cuántas de sus oraciones fueron respondidas en el poderoso Moisés?

Esta no fue la única vez que las mujeres salvaron a Moisés. Consideremos a Séfora, la esposa de Moisés, y este suceso:

> Ya en el camino, el Señor salió al encuentro de Moisés en una posada y estuvo a punto de matarlo. Pero Séfora, tomando un cuchillo de pedernal, le cortó el prepucio a su hijo; luego tocó los pies de Moisés con el prepucio y le dijo: «No hay duda. Tú eres para mí un esposo de sangre». Después de eso, el Señor se apartó de Moisés. Pero Séfora había llamado a Moisés «esposo de sangre» por causa de la circuncisión.
>
> Éxodo 4:24-26

Admito que es una historia extraña. Déjame ver si puedo ayudarte un poco con ella. La última vez que vimos a Moisés, estaba siendo amamantado por su madre y criado en la corte del faraón por la princesa. Recuerdas que en algún momento asesinó a un egipcio que estaba abusando de un israelita y tuvo que huir para salvar su vida. Evidentemente, las primeras enseñanzas que escuchó de su madre le hicieron saber que los israelitas eran su pueblo y que debía identificarse con ellos. Así pues, huyó a Madián y se casó con Séfora, la hija de Jetro, que era un sacerdote pagano. Séfora dio a luz a dos hijos de Moisés, Gersón y Eliezer. Evidentemente, Moisés le había hablado a Séfora del mandamiento de circuncidar a los israelitas varones, y si bien es posible que lo hiciera con uno, aparentemente no lo hizo con el otro. Quizás Séfora se había resistido a este extraño ritual que marcaba al pueblo de Dios, pero es seguro que Moisés lo conocía. La orden de colocar el signo de la alianza en el pueblo de Dios fue algo que debió aprender de su madre. Y es en este momento cuando el gran libertador, Moisés, es liberado de nuevo a través de la impactante acción de otra mujer gentil, Séfora. «No circuncidar a su hijo podría haber llevado a Moisés a la muerte, de no haber sido por la acción de su esposa. Una vez más, la vida de Moisés es preservada gracias a la acción de otra persona, esta vez su esposa».[3] Estoy bastante segura de que, sea cual sea la intención de Séfora cuando llama a Moisés «esposo de sangre», no es un término cariñoso. De hecho, aunque acababa de salvar la vida de Moisés con su acción decisiva, es seguro suponer que lo dejó en ese momento, o tal vez él la despidió, y ella y sus hijos volvieron a casa. Más tarde, Jetro los llevaría a Moisés en el desierto, reuniendo a la familia.

Veamos de nuevo la lista de mujeres que actuaron, algunas de ellas de forma ilegal, engañosa, violenta, pero sobre todo valiente, para que surgiera un gran libertador que sacara a Israel de la esclavitud y lo llevara a la tierra prometida:

- Sifrá y Fuvá: Parteras egipcias encargadas de matar a los bebés que son recompensadas por desobedecer las órdenes del faraón y mentir sobre ello;
- Jocabed y Miriam: Madre y hermana judías de Moisés que desobedecen el edicto del rey y actúan con decisión y sabiduría, preservando así la vida de Moisés y protegiéndolo de una muerte segura;
- La princesa de Egipto y su sirvienta: una mujer de gran poder político (que puede no haber tenido hijos) y su sirvienta, que actuó con compasión y salvó a un bebé varón, desobedeciendo el decreto del faraón;
- Séfora, una mujer gentil que obedeció a Dios mejor que Moisés, circuncidó a su hijo y salvó la vida de Moisés porque Dios había decidido matarlo.

Creo que no exagero al afirmar que si no fuera por estas mujeres que decidieron actuar en contra de los roles y reglas culturales, ninguno de nosotros conocería hoy el nombre de Moisés. Fueron verdaderos miembros de la *alianza bendita* con Moisés, un hombre que necesitaba su ayuda más de lo que podía expresar.

No a la feminidad preestablecida

Hermanas mías, ¿cuántas veces se han impedido ser una ayuda adecuada, una *ezer* para un ser querido, porque pensaban que no era propiamente femenino? ¿Qué tan «femenina» crees que fue Séfora cuando tomó un pedernal para cortar el prepucio de su hijo? ¿Cuántas veces has reprimido tus pensamientos o no has hablado porque pensabas que si dabas tu opinión los hombres de la sala no iban a liderar? ¿Cuántas veces has supuesto que si evitabas liderar, crearías un vacío de liderazgo en tu hogar o iglesia que automáticamente atraería a los hombres al liderazgo?

El movimiento de la feminidad bíblica puede haber hecho algún bien a las mujeres que nunca tuvieron madres o modelos femeninos adecuados. Pero la lucha contra el feminismo radical ha ido demasiado lejos y ha impedido que muchas mujeres sigan sus llamados y ha hecho que otras, cuya vocación las llevó fuera del hogar y la casa, se sientan como si no tuvieran valor para el reino del Señor. Además, este movimiento ha olvidado en ocasiones que las funciones principales de la mujer, las de esposa y madre, frecuentemente alabadas en el Antiguo Testamento, se han ampliado para incluir muchas otras vocaciones, todas ellas con el objetivo de expandir el reino de Dios. Las mujeres que preservaron la vida de Moisés eran mujeres fuertes, mujeres que sabían lo que era ir en contra de la norma y que estaban dispuestas a arriesgarlo todo por el bien de los que amaban.

Hermanos míos, podría ser un buen momento para dar un paso atrás y empezar a preguntarse cómo han llegado a donde están en la vida: ¿cuántas mujeres se sacrificaron, lo arriesgaron todo, renunciaron a todo —incluso a su buena reputación— y lucharon con valor para que ustedes puedan vivir la vida que tienen ahora? ¿Es correcto y bueno honrar a los padres? Sí, claro que lo es. Pero fue la mujer de valor, la excelente *ezer* que Proverbios ensalza:

> Sus hijos se levantan y la felicitan;
> también su esposo la alaba:
> «Muchas mujeres han realizado proezas,
> pero tú las superas a todas».
> Engañoso es el encanto y pasajera la belleza;
> la mujer que teme al Señor es digna de alabanza.
>
> Proverbios 31:28-30

Hermanos, ¿pueden nombrar a muchas mujeres que hayan actuado con excelencia? ¿Alaban ustedes abierta y públicamente a las mujeres, no solo a las que podrían honrar en el Día de la Madre por tener ocho hijos y mantener un hogar limpio, sino a las que salen día tras día y se esfuerzan por hacer de su mundo un lugar mejor? ¿Celebras el éxito ministerial de las mujeres, incluso cuando eclipsa el tuyo? ¿Crees que honrar a las mujeres o alabarlas públicamente feminizará a tu congregación y hará que los hombres se sientan inferiores? Pastores, ¿han predicado alguna vez un sermón entero sobre las mujeres de valor? Cuando han predicado sobre la vida y el ministerio de Moisés, ¿han dedicado alguna vez un sermón entero a destacar las formas en que Dios utilizó a las mujeres para lograr la liberación de Su pueblo? ¿Has dado a las mujeres de tu congregación la libertad y el espacio para ser las ayudas adecuadas que Dios les ha dado?

Una cosa que yo (Eric) he tratado de hacer en las congregaciones que he pastoreado —en la medida en que he tenido autoridad para tomar decisiones— es incluir a las mujeres lo más posible. Elyse y yo creemos que la Biblia limita el cargo de pastor/anciano a los hombres que son llamados y calificados por las Escrituras. Aunque nuestras iglesias no tengan una mujer que exponga y exhorte a partir de las Escrituras en la asamblea semanal de hombres y mujeres, hay una gran cantidad de otras vías disponibles para que las hermanas ejerzan sus dones y para que la congregación vea sus rostros y escuche sus voces. He aquí una pequeña muestra de lo que hago para incluir a las mujeres en nuestro cuerpo:

- Incluir a las mujeres en nuestros servicios de culto.
- Abogar por que las mujeres sirvan como diáconos, recojan las ofrendas y distribuyan los elementos de la Cena del Señor.
- Pedir a las mujeres que oren en público.
- Invitar a las mujeres a leer las Escrituras en el servicio.
- Hacer que las mujeres dirijan las lecturas litúrgicas.
- Pedir a las mujeres que escriban la liturgia, elijan los cantos y planifiquen los servicios.
- Tener mujeres capacitadas para dirigir la música del servicio y los equipos de música.
- Animar a las mujeres a participar en las decisiones de liderazgo y en los equipos de planificación.
- Pedir a las mujeres ideas interpretativas, ilustraciones y aplicaciones al planificar la enseñanza.
- Buscar las áreas en las que nuestro lenguaje y hábitos excluyen a las mujeres y cambiarlas.

Una vez más, he fracasado más de lo que he conseguido. Pero espero avanzar a trompicones; estoy agradecido hacia las hermanas que son pacientes con mis errores y me animan en mis éxitos.

En el próximo capítulo, nos dedicaremos a analizar algunas de las leyes del Antiguo Testamento, especialmente las que parecen discriminar a las mujeres, pero mientras tanto, considera a las mujeres que Dios utilizó para cumplir Su voluntad.

DESCUBRAMOS EL VALOR DE LA MUJER

1. Antes del nacimiento de Jesucristo, el Libertador prometido, toda mujer de fe creía que su vocación principal consistía en dar a luz hijos, con la esperanza de que uno de ellos fuera el Mesías. ¿Cómo ha cambiado esa creencia desde la llegada de Cristo? ¿Qué significa eso sobre cómo las mujeres deben considerar sus vocaciones ahora?

2. En este capítulo hemos visto las vidas de diez mujeres. ¿Cuáles han sido las más significativas para ti? ¿Cuáles han empezado a cambiar tu forma de pensar sobre lo que significa para una mujer ser la ayuda adecuada de su marido (*ezer*)?

3. En este capítulo hemos formulado algunas preguntas bastante penetrantes sobre tu perspectiva de la mujer y su papel. ¿Cuáles te han incomodado? ¿Cuáles te han convencido? ¿Cuáles has ignorado?

4. Hay muchas otras mujeres nombradas en el Antiguo Testamento que deberían tener un lugar en este capítulo. ¿Se te ocurre alguna? ¿De qué manera se salieron de las normas sociales o religiosas para cumplir con su vocación de ayuda?

5. Resume lo que has aprendido en este capítulo en cuatro o cinco frases.

PARA PROFUNDIZAR

1. Lee la historia de Agar en Génesis 16. ¿Por qué fue importante su vida? ¿Cómo sabes que Dios la consideraba digna?

2. El primer canto registrado en la Biblia es la declaración de Adán al recibir a Eva de la mano de Dios. El primer hombre que vemos llorar es Abraham por la pérdida de Sara (Gén. 23:1-2). ¿Por qué crees que es significativo que la Biblia registre el dolor de Abraham por la pérdida de Sara? Ciertamente no fue el primer hombre que lloró, así que ¿por qué crees que esto se registre aquí?

3. ¿Lloramos alguna vez por la pérdida de *ezeres* en la iglesia? ¿Creemos que el pronunciamiento de Dios de que «no es bueno» que el hombre esté solo tiene alguna relación con la iglesia hoy en día? ¿Por qué sí o por qué no?

CAPÍTULO 5

El valor de la mujer en la ley de Israel

«Mujer, ¿dónde están? ¿Ya nadie te condena?»

Juan 8:10

¿Has leído alguna vez algo en la Biblia que te haya hecho preguntarte si Moisés (o Dios) tenía algún problema con las mujeres? Yo (Elyse) admitiré que sí. Como hemos leído la Biblia muchas veces, nos hemos encontrado con pasajes que nos han hecho detenernos. ¿Alguna vez te has sentido así? Admito que sería fácil leer ciertos pasajes y preguntarse sobre la disposición de Dios hacia las mujeres. ¿Cree realmente que las mujeres tienen valor? ¿O son más bien una molestia desgraciadamente necesaria o la proverbial mosca en el perfume? Si ya sospechas que las mujeres son la causa de todo el malestar del mundo, entonces sería fácil leer partes del Antiguo Testamento, especialmente las que contienen sus leyes, y suponer que Dios se arrepiente de haberlas creado. Por ejemplo, hay reglas sobre cosas incómodas como la impureza menstrual, cómo solo los varones son llamados al sacerdocio, y una regla muy extraña sobre los maridos que están celosos de sus esposas. Hay profecías sobre las prostitutas y advertencias sobre las adúlteras. Incluso aparentemente hay instrucciones sobre cómo un marido puede dejar fácilmente a su mujer. Realmente parece que las mujeres son señaladas como inútiles o incluso peligrosas, y excepto por esa promesa a Eva sobre un libertador, podríamos ser tentados a preguntarnos si el mundo que Dios tanto amó (Juan 3:16) incluía solo un género. ¿Tienen las mujeres valor a los ojos de Dios?

Como seguro ya has observado, la premisa de este libro es que Dios ve a las mujeres como dignas, como una parte esencial de Su plan para redimir a la gente. Su plan de salvación comenzó antes de crear el mundo, cuando eligió a las mujeres y a los hombres para que fueran Sus hijos predilectos (Ef. 1:4). Reveló este plan en forma de simiente a Eva (Gén. 3:15) y luego, a lo largo de muchos siglos, se fue dando a conocer a sí mismo, Su naturaleza, Su santidad y Su gracia. El plan de Dios nos llega como una historia y como un mandato. Los relatos sobre el pueblo de Dios, sus fracasos y éxitos, y las normas sobre cómo deben vivir, tienen por objeto revelar el plan de salvación de Dios a través del Mesías venidero. Tanto las historias como las leyes son necesarias para mostrarnos quién es Él, lo que ha hecho y lo que debemos creer para vivir para Él.

Mujeres impuras

Según la ley mosaica, las mujeres eran consideradas impuras durante su ciclo menstrual (véase Lev. 15). ¿Cómo deberíamos tomar esto?

Para empezar, es importante señalar que, dado que tanto las mujeres como los hombres se consideraban ceremonialmente impuros después de un flujo corporal (Lev. 15:32),[1] esta norma no está dirigida solo a las mujeres. Además, esta no es la única regla sobre la sangre. Las reglas sobre la sangre, ya sea de la menstruación o del sacrificio de un animal para comer, se encuentran en toda la Biblia. ¿Por qué crees que esto es así? Porque Dios valora mucho la vida. La sangre tiene un gran significado para Él, como dice Levítico 17:11, «la vida de toda criatura está en la sangre». Como la sangre transmite vida, no debe ser tratada como algo trivial. El eslogan de mi banco de sangre local, «Regala la vida», hace referencia a este punto. Como Dios valora tanto la vida, no quiere que pensemos que algo tan importante es intrascendente. Así que esta ley sobre la impureza no se refiere a la impureza inherente de la mujer *per se*, sino al valor de toda la sangre y la vida, sí, incluso la de las mujeres.

Además, a Israel se le enseñó que la sangre tenía valor para limpiar del pecado. Normalmente, cuando el pueblo de Israel pecaba, la parte culpable tenía que ofrecer la sangre derramada de un animal para limpiarse de la culpa. De hecho, la conexión entre la sangre y la limpieza del pecado es algo que los cristianos seguimos reconociendo. Cantamos: «¿Qué me puede dar perdón?», y respondemos: «Solo de Jesús la sangre». Eso es porque la sangre de Jesús sigue limpiándonos «de todo pecado» (1 Jn. 1:7). Las reglas sobre el contacto con cualquier fluido corporal, incluyendo la sangre, estaban destinadas a dirigirnos hacia la Simiente de la mujer cuya sangre derramada nos limpiaría. «En él tenemos la redención mediante su sangre, el perdón de nuestros pecados, conforme a las riquezas de la gracia» (Ef. 1:7). La sangre no es trivial, y no debemos acostumbrarnos a verla.

Además, no olvides que Israel acababa de salir de Egipto y que pronto estaría rodeado de otras culturas violentas que no valoraban la vida, sino que disfrutaban de la visión de la sangre. Estas culturas estaban muy acostumbradas a ver sangre en prácticas corruptas como parte de su culto.

> Al igual que las otras regulaciones ceremoniales, estas leyes de pureza personal con respecto a las descargas genitales distinguían

> a Israel de las otras naciones. La obediencia a estas leyes funcionaría especialmente como un elemento disuasorio para los matrimonios mixtos con otros pueblos que no deseaban suscribir estos dictados sexuales [...] estas regulaciones excluirían los ritos de fertilidad y la prostitución cultual (prácticas características de los vecinos de Israel).[2]

Por lo tanto, las normas sobre la impureza ceremonial de las mujeres no pretenden degradar a las mujeres, sus ciclos reproductivos o sus cuerpos, sino más bien recordarnos el carácter sagrado y único de toda la vida, incluidas las mujeres.

Una mujer impura se encuentra con Jesús

Ahora que tienes una perspectiva más positiva de esta extraña ley, veamos si podemos encontrar que el ministerio de Jesús la sustituye. Para empezar, en Marcos 7, Jesús eliminó las normas sobre la impureza ritual al declarar que solo el pecado que se origina en el corazón puede contaminar a una persona (Mar. 7:20). En Marcos 5 nos encontramos con una mujer que tenía un flujo de sangre desde hacía doce años. No sabemos qué edad tenía ni si era casada o soltera. Todo lo que sabemos es que había «sufrido mucho a manos de varios médicos, y se había gastado todo lo que tenía sin que le hubiera servido de nada, pues en vez de mejorar, iba de mal en peor» (Mar. 5:25-26). Esta mujer había sido condenada a una vida de vergüenza y censura. Todos sabían que era impura, todos la evitaban. La sangre era sagrada y estaba reservada para un uso sagrado, pero su problema la hacía común y repugnante.

¿Alguna vez has tenido que pasar un tiempo en la cama, alejado de los amigos y la familia? Sé que las pocas veces que he tenido que hacerlo, el tiempo parecía alargarse interminablemente. No hay muchos castigos peores que no estar comunicado, pero así fue la existencia de esta pobre mujer durante una docena de años. Pensemos por un momento en su vida. Había intentado desesperadamente curarse. Había agotado todos los recursos que tenía y, sin duda, había soportado los peores dolores y humillaciones a manos de los antiguos médicos.

Aparte del dolor físico que pudiera haber sufrido, anhelaba profundamente considerarse normal, no alguien a quien la gente diera la espalda con asco. *Impura, vergonzosa, indigente, sola.* Sin duda se preguntaba por qué Dios la castigaba así, o tal vez creía saberlo. Como era ceremonialmente impura, no había sentido un toque, un abrazo, un beso durante doce años, ni se le había permitido entrar en el templo. No podía entrar en el culto, ni siquiera para ofrecer un sacrificio, ni para intentar volver a quedar bien con el Señor. Estaba completamente sin opciones. Pero entonces oyó hablar de un rabino que acogía a mujeres impuras, así que se armó de valor y, en un acto de fe extremo, se acercó a Él. Lo tocó. Y entonces... se sintió bien. Sabía que al tocarlo debería hacerlo impuro, pero estaba dispuesta a arriesgarse a Su ira. *¿Qué le dirían todos los hombres (y mujeres) santos si la descubrieran? ¿Qué censura y vergüenza le caerían encima por este acto tan audaz?* Estaba dispuesta a afrontarlo todo. Estaba así de desesperada.

Si quieres saber cuál es el corazón de Dios hacia las mujeres que son ceremonialmente impuras, aquí está: Jesús no solo no la rechazó ni la censuró por tocarlo, sino que hizo algo más que sanar su cuerpo. *La limpió.* La obligó a venir a Él desde la sombra de su vergüenza y a admitir su condición y su desesperada necesidad de Él. ¿Cómo respondió él? La llamó «hija». No te pierdas la importancia de esto: ella es la única a la que se refirió de esta manera. Este hermoso término de afecto, *mi querida hija*,[3] debió de asombrar y derretir su corazón. Por fin estaba curada, pero más que eso, estaba limpia, era bienvenida, estaba hecha nueva. «Vino como marginada de los hombres y Cristo la llamó hija».[4] Se habría conformado con que Él fuera simplemente su sanador, un médico mejor que el que había conocido. Y Él sería eso para ella, pero también mucho más: Él quería que conociera Su amor.

Por favor, fíjate en que esta mujer se salió de los límites del decoro social al tocar a un hombre, especialmente en su estado impuro. Pero no pidió permiso. Ciertamente sabía que estaba haciendo algo que habría causado repulsión y censura. Y sin embargo, por fe, perseveró. Y fue recompensada por ello. Fue casi como si hubiera robado su sanidad y Jesús no solo estaba de acuerdo con eso, sino que la honró.

Mujeres, ¿qué nos dice esto? Nos dice que Jesús acepta la fe audaz. Nos dice que podemos suponer Su amor y recurrir a Su bondad sin temor a Su censura. Nos dice que se siente cómodo con nosotras, incluso con las que el mundo o la Iglesia consideran indignas o impuras. Mujeres, vengan a Él con fe. Son bienvenidas.

Hermanos, ¿qué aprenden de esto? Pueden saber que también ustedes son acogidos por el Señor. A Él no le molesta tu impureza o tu reputación de fracaso. Jesús nunca se preocupó por ser impuro por nosotros porque tiene suficiente santidad para limpiarnos a todos. Así que corre hacia Él y anima a las mujeres que conoces a que se unan a ti y corran hacia Él. No las alejes.

Los maridos infieles y el Dios que protege a las esposas

Cuando Moisés entregó las leyes de Dios a los israelitas, el divorcio era ya tan común que hubo que dictar normas para regular el comportamiento de los maridos hacia sus esposas y frenar su abuso de poder. Para evitar que los hombres se divorciaran a la ligera de sus esposas, se dictó esta ley:

> Si un hombre se casa con una mujer, pero luego deja de quererla por haber encontrado en ella algo indecoroso, solo podrá despedirla si le entrega un certificado de divorcio. Una vez que ella salga de la casa, podrá casarse con otro hombre.
>
> Si ocurre que el segundo esposo le toma aversión, y también le extiende un certificado de divorcio y la despide de su casa, o si

el segundo esposo muere, el primer esposo no podrá casarse con ella de nuevo, pues habrá quedado impura. Eso sería abominable a los ojos del Señor.

No perviertas la tierra que el Señor tu Dios te da como herencia.

Deuteronomio 24:1-4

Esta regla estaba destinada a gobernar y frenar el abuso de poder que era común en Israel. Los maridos tenían el poder de divorciarse de sus esposas y lo hacían regularmente. Ahora bien, entendemos que lees esto y supones que denigra a las mujeres, que las despoja de sus derechos y las trata como simples muebles. En realidad, es todo lo contrario. Debido a que la estructura de esa sociedad se inclinaba tan fuertemente a favor del hombre, y solo los hombres podían iniciar un divorcio, el Señor le dio a Moisés esta regla para proteger a las mujeres. «El certificado de divorcio protegía los derechos de la mujer, proporcionando una prueba de su libertad y asegurando que su marido no pudiera reclamar su dote».[5] Además, debemos recordar que las historias y prácticas que leemos en la Biblia no son necesariamente para ser copiadas, sino más bien una descripción de cómo eran las cosas en un mundo roto.

Es cierto que esta ley permitía al marido divorciarse de su mujer por una razón aparentemente insignificante, como encontrar algo «indecoroso» en ella. Nadie sabe lo que esto podría haber sido. En hebreo solo significa algún tipo de vergüenza o desnudez. Esto, por supuesto, es una barra muy baja que cualquier hombre podría reclamar, pero aun así, no es nada. El propósito de esta ley era evitar que los maridos enviaran a sus esposas a cualquier lado, o que las calumniaran diciendo que habían abandonado a la familia. El marido tenía que dar a su mujer un documento legal, un «certificado de divorcio», que la liberaría para casarse con otra persona. También le impediría enviarla lejos y luego cambiar de opinión y hacerla volver una y otra vez. Evitaría que la amenazara con el abandono o que la echara a la calle. Si iba a poner fin al matrimonio, tendría que escribirlo para que todo el mundo lo viera. Esta ley estaba destinada a proteger a las mujeres en una sociedad patriarcal doblegada por el pecado y el abuso de poder, en la que tenían muy pocos derechos. Se pretendía darles derechos legales en el matrimonio.

Jesús y el divorcio

Sabiendo lo que sabes sobre Jesús y Su trato con las mujeres, ¿qué crees que pensaba de esta ley? ¿Crees que pensaba que era aceptable simplemente desechar a una esposa, exponiéndola a la vergüenza y la indigencia, si su marido la encontraba desagradable? Cuando consideres esto, no olvides que Jesús sabía que el divorcio era algo a lo que se habría enfrentado su madre, María,[6] si no hubiera intervenido un ángel.

Jesús dijo que Moisés se había visto obligado a dar esta ley a causa de la dureza, la terquedad y la obstinación[7] inherentes al corazón de los hombres. En otras palabras, en lugar de que esta norma diera carta blanca para que los hombres se divorciaran de sus esposas a voluntad, era una forma de juzgar a los maridos que ya estaban maltratando a sus esposas al divorciarse de ellas: «Moisés les permitió a ustedes divorciarse de sus esposas por lo obstinados que son —respondió Jesús—. Pero no fue así desde el principio» (Mat. 19:8). En el principio, Adán habría amado, protegido a su mujer y se hubiera aferrado a ella. Pero ahora que los corazones de los hombres se habían endurecido hacia sus esposas, Dios tenía que protegerlas de quienes deberían haberlas protegido.

Que este tipo de protección del matrimonio, y por extensión, de la mujer, era algo fuera de lo común, lo demuestra la respuesta casi risible de los discípulos: «Si tal es la situación entre esposo y esposa, es mejor no casarse» (Mat. 19:10). En otras palabras, estaban tan acostumbrados a que los maridos tuvieran todo el poder en la relación matrimonial que no podían concebir un escenario en el que el matrimonio fuera permanente y no pudieran deshacerse de cualquier mujer que les resultara desagradable. Si el divorcio y las segundas nupcias (excepto en ciertas circunstancias) hacían que uno cometiera adulterio, entonces su práctica de adquirir y desechar esposas a voluntad tendría que terminar. En su mundo patriarcal, esto era un pensamiento absurdo. *Entonces, tal vez debamos permanecer solteros*, pensaron.

Estas reglas sobre el divorcio estaban destinadas a proteger y honrar a las mujeres. Ni Moisés ni Jesús estaban animando a los hombres a abusar, abandonar a sus esposas o divorciarse de ellas. Estaban deteniendo a los hombres que usaban a las mujeres con displicencia y luego las abandonaban. La práctica moderna de cambiar a su antigua esposa por una nueva «esposa trofeo» nos muestra que esta práctica no terminó en los tiempos antiguos. Algunos maridos siguen siendo tercos, obstinados y de corazón duro y necesitan ser llamados al arrepentimiento.

Maridos celosos

Otra extraña ley ceremonial se encuentra en Números 5, donde se dan instrucciones a un marido que sospecha que su esposa es infiel pero no tiene pruebas. En ese caso, se instruye al esposo para que lleve a su esposa al sacerdote junto con algo llamado «ofrenda por causa de celos». La esposa entonces haría un juramento de inocencia ante el sacerdote y bebería agua que contenía tinta de las palabras de la maldición y tierra del suelo del tabernáculo. Si era inocente, no le pasaría nada, pero si era culpable sufriría. Esto era algo así como la primera prueba del detector de mentiras y, sí, realmente parece extraño.

¿Cómo demuestra esta extraña ley que Dios ama y valora a las mujeres? Lo demuestra porque, al igual que el certificado de divorcio, obligaba al hombre a actuar y declarar en lugar de acusar o acosar a su mujer en privado. También lo obligaba a llevar sus sospechas al Señor, y no simplemente a hablar mal de ella con sus amigos. Y lo más importante, lo obligaba a dejar el juicio de la mujer en manos de Dios. El Señor conocía su corazón y sus acciones y también conocía el corazón del marido. Si la mujer era inocente, podía confiar en que el Señor sería un juez justo y bondadoso y protegería su honor. Y si era culpable, podía recurrir a la misericordia y la gracia de Dios. Pero lo que no le ocurriría sería quedar en el limbo, bajo una nube de sospecha.

Jesús y una adúltera culpable

¿Qué pensaba Jesús de las mujeres acusadas de adulterio? Observemos Su interacción con una mujer que no solo era sospechosa o acusada. En Juan 8 leemos la historia de una mujer culpable que es llevada a Jesús para ser juzgada y ejecutada. ¿Cómo respondería el Señor al deseo de los fariseos de apedrearla?[8] ¿Cómo respondería Jesús, el único Hombre santo que nunca había cometido adulterio ni de pensamiento ni de obra? Extrañamente, respondió escribiendo en la tierra. ¿Qué escribió? Tal vez estaba escribiendo los Diez Mandamientos, tal vez nombró los adulterios de los acusadores. No lo sabemos. Lo que sí sabemos es que una vez que dijo: «Aquel de ustedes que esté libre de pecado, que tire la primera piedra» (Juan 8:7), los hombres oyeron Sus palabras y se fueron.

> Al oír esto, se fueron retirando uno tras otro, comenzando por los más viejos, hasta dejar a Jesús solo con la mujer, que aún seguía allí. Entonces él se incorporó y le preguntó:
>
> —Mujer, ¿dónde están? ¿Ya nadie te condena?
>
> —Nadie, Señor.
>
> —Tampoco yo te condeno. Ahora vete, y no vuelvas a pecar.
>
> Juan 8:9-11

¿Qué dice Jesús a las mujeres que han sido condenadas por sus propias acciones o por las acusaciones de otros? Recuerda que el único que tiene derecho a condenar a alguien por infidelidad es Aquel que declaró: «Yo tampoco te condeno».

Hermanas mías, Jesús nunca les dirige una palabra de condena, no importa si otros lo han hecho. Pueden venir a Él con humildad y necesidad, admitir ante Él su quebrantamiento, y Él nunca las expulsará ni las avergonzará.

Fijémonos en cómo la élite religiosa, los principales hombres de la época, habían tergiversado esta ley para adaptarla a su machismo. Dijeron que eran solo las mujeres, no las mujeres y los hombres, los que debían ser castigados: «En la ley Moisés nos ordenó apedrear a tales mujeres. ¿Tú qué dices?» (Juan 8:5). Por supuesto, Jesús sabía lo que la ley realmente decía, que tanto hombres como mujeres debían ser castigados (Deut. 22:22). Estos fariseos santurrones se condenaron a sí mismos cuando dijeron que la pareja había sido «sorprendida en el acto», lo que significa que también sabían quién era el hombre. Pero parecían estar perfectamente contentos de dejar libre al hombre mientras pedían la ejecución de la mujer. ¿Cómo respondió Jesús? «Yo tampoco te condeno». Se negó a dejar que los hombres pecadores condenaran a una mujer pecadora. Jesús se negó a unirse a la misoginia de la ley.

Tristemente, esta es una de las formas en que la misoginia se muestra en la Iglesia hoy en día. No es que las mujeres sean apedreadas por adulterio, sino que las mujeres son frecuentemente disciplinadas en formas que los hombres no. Las reglas sobre el amor mutuo y la sumisión se tergiversan regularmente para que recaigan principalmente sobre las mujeres. Por ejemplo, yo (Elyse) sé personalmente de un número de circunstancias en las que una esposa vino a los ancianos para pedir ayuda con un marido abusivo, solo para que los ancianos terminaran disciplinándola por no ser lo suficientemente sumisa. Sé de una mujer cuyo marido era adicto a la pornografía y que fue culpada por los ancianos a los que acudió en busca de ayuda porque no era lo suficientemente *sexy*. Sé de mujeres cuyos maridos hacen trampa en sus impuestos y se niegan a dejarles ver las finanzas y a quienes se les ha dicho que solo oren por ellos y busquen ganarlos en una sumisión silenciosa. Conozco a otras mujeres que están casadas con alcohólicos, que insisten en que no se lo digan a nadie porque eso sería ser desobedientes. Que, cuando finalmente se lo contaron a los ancianos, les dijeron que siguieran en la relación y trataran de hacer feliz a su marido, y que no hicieran más escándalo.

Basta decir que no debemos confundir la forma en que los hombres aplicaban la ley con el propósito de Dios al darla, que era mantener la santidad, proteger a las mujeres, a los hombres y a la familia, y demostrar el carácter de Dios. Por ejemplo, si un hombre sabe que se enfrentará a la ejecución si intenta seducir a la mujer de otro, probablemente lo pensará con más cuidado. Si el rey David hubiera sabido que probablemente habría sido apedreado por violar a Betsabé, tal vez no lo habría hecho.[9] También podríamos preguntarnos cuántos hombres y mujeres han sido arruinados por la arrogante creencia de un hombre de que es libre de hacer lo que quiera sin temor a ser castigado, mientras que las mujeres que son su presa sufren con frecuencia la vergüenza de un embarazo no planificado, la devastación del aborto o la carga de cuidar a un niño solas.

Incluso en la Iglesia de hoy, ¿cuántos hombres han herido a sus esposas con sus hábitos adúlteros de pornografía, sin mucho miedo a ser disciplinados? Son comunes los casos en los que el adulterio de un hombre con la pornografía fue excusado porque su esposa no era tan delgada como él quería o no estaba tan disponible sexualmente como le gustaba. Las mujeres sufren al ser denigradas por su marido y en segundo lugar por su pastor que debería pastorearlas.

Jesús continúa oponiéndose a esta odiosa tergiversación de las buenas leyes de Dios, destinadas a proteger tanto a las mujeres como a los hombres.

El sacerdocio masculino

Dediquemos ahora un tiempo a ver un caso más de aparente misoginia en la ley. El Antiguo Testamento es claro en que solo los hijos de una familia particular, Leví, debían servir en el sacerdocio (Ex. 28; Núm. 3, 18). Aunque las mujeres eran llamadas como líderes (Miq. 6:4; Jue. 4:4), profetisas (2 Rey. 22:14; Ex. 15:20; Jue. 4:4) y consejeras sabias (2 Sam. 20:16; 14:2), el sacerdocio solo se otorgaba a los hijos de Leví. Solo se permitía a los hombres.

Aunque esto parece injusto para las mujeres, no olvidemos que la elección de Dios de una determinada familia podría parecer injusta también para la mayoría de los hombres. Nadie que estuviera fuera de la familia de Aarón y Leví podría servir como sacerdote tampoco. Aceptémoslo: la soberanía de Dios al elegir a ciertas personas y pasar por encima de otras no tiene sentido en nuestras mentes democráticas. Pensamos que cualquiera que quiera tener una determinada vocación debería poder tenerla. Les decimos a nuestros hijos: «Puedes ser lo que quieras». Pero el reino de Dios no es así. No es una democracia; es una teocracia. Eso significa que Él tiene el derecho de elegir a los que pueden servirle como sacerdotes. Por supuesto, eso no significa que otros hombres y mujeres estén impedidos de amarlo y servirlo o que no puedan ser parte de su familia. Solo que no se les encargaba el trabajo del sacerdocio, que consistía principalmente en cuidar y transportar los objetos de culto.

Nuestro gran Sumo Sacerdote

¿Por qué se eligieron hombres de una determinada familia para el sacerdocio? Al considerar esta pregunta es útil recordar que el punto de toda la historia y la ley a lo largo de la Biblia es el Hijo prometido, Jesucristo, el Mesías. Como dijo que Moisés escribió sobre Él (Juan 5:38, 46), podemos suponer que la composición del sacerdocio nos habla de Él, y así es. Jesús es el Hijo elegido

(Luc. 9:35). No se apoderó de esta vocación por sí mismo, sino que se la dio Su Padre soberanamente (Juan 5:37; Heb. 7:21).

Pero aquí es donde nuestro estudio se vuelve realmente interesante. De la misma manera que hemos visto a Jesús refundir la ley relativa a las mujeres impuras o inmorales, demostrando Su superioridad sobre el código escrito, no se limitó a mejorar esta norma, sino que la remodeló por completo. Este decreto había restringido el sacerdocio a los hijos de Leví. Pero Jesús no era un levita. Era de la tribu de Judá. Ciertamente, si fuera el plan mantener esta regla en juego, habría sido fácil para Dios haber enviado a Su Hijo como parte de la tribu de Leví, pero ese no era Su plan. Y hay una razón para ello: la ascendencia judaica de Jesús pretende mostrar que el antiguo sacerdocio levítico y la propia ley de Moisés fueron dejados de lado por ser «inútil e ineficaz» (Heb. 7:18). Todas las normas sobre los sacerdotes que solo procedían de una determinada familia quedaban anuladas. Jesús era un sacerdote diferente, que inauguraba y garantizaba un «pacto superior», una ley nueva y mejor (Heb. 7:22). Jesús vino a cumplir toda la ley, incluso la que llama a los varones elegidos a servir (Mat. 5:17). Jesús es la encarnación de todas las facetas del mejor sacerdocio: se ofrece a sí mismo como sacrificio, vive una vida perfecta, otorga limpieza y justicia a Su pueblo, al tiempo que intercede ante el Padre en nuestro favor. Este pacto superior está ahora abierto a todos, tanto a las mujeres como a los hombres, ya que todos los creyentes, hombres y mujeres, son ahora miembros del «linaje escogido», el «real sacerdocio» (1 Ped. 2:9).

El fin de la ley

Lo que esto significa es que todas esas leyes sobre la comida y la bebida, los festivales o los sábados, y que solo los levitas fueran llamados a servir a Dios, ya no están en vigor (véase Col. 2:16). Estas leyes eran solo «una sombra de las cosas que están por venir» (Col. 2:17) y «apuntaban a una realidad futura que se cumplió en el Señor Jesucristo».[10]

La ley mosaica recordaba continuamente al pueblo su pecado, pero no ofrecía una limpieza duradera. Aunque uno se esforzara mucho por complacer a Dios y evitar cualquier cosa que lo hiciera impuro, al final fracasaría: su cuerpo lo traicionaría. No importaba el cuidado que tuvieras para comer de una manera determinada o celebrar las fiestas anuales, nadie era capaz de hacerlo de manera impecable. Los sacrificios y las ofrendas para cubrir el pecado tenían que ofrecerse una y otra vez, y sin embargo el pueblo nunca estaba libre de culpa porque tan pronto como se hacía una ofrenda, se necesitaba otra. Todos los cristianos, tanto mujeres como hombres, pueden alegrarse de que ya no están bajo el pacto mosaico. De hecho, tenemos algo mucho mejor. Se nos ha dado la perfección, y todo ello sin que tengamos que cumplir la ley.

> La ley es solo una sombra de los bienes venideros, y no la presencia misma de estas realidades. Por eso nunca puede, mediante los mismos sacrificios que se ofrecen sin cesar año tras año, hacer perfectos a los que adoran. [...] Porque con un solo sacrificio ha hecho perfectos para siempre a los que está santificando.
>
> Hebreos 10:1, 14

Los cristianos están ahora liberados de la ley como una forma de apaciguar o ganar méritos de Dios. Somos completamente perdonados y contados como justos debido a la perfecta observancia de la ley y a la muerte sustitutiva de Jesús. Esta verdad se aplica tanto a las mujeres como a los hombres. De la misma manera que hemos sido igualmente creados a la imagen de Dios, ahora somos igualmente salvados, perdonados y adoptados en Su familia. Esta es una gran noticia. Somos hermanos y hermanas iguales ante Él, herederos «del grato don de la vida» (1 Ped. 3:7).

Hermanas, espero que hayan aprendido a leer el Antiguo Testamento a la luz de lo que ha hecho Jesús. Las normas que contiene no pretenden confundirte ni condenarte. Más bien, están ahí para ayudarte a ver lo que Jesús ha hecho por ti. Están ahí para ayudarte a ver lo amada y protegida que eres y cómo, como un fuerte hermano mayor, Jesús protegió a las mujeres de toda forma de misoginia. Él es el verdadero israelita, el que cumplió todo lo que la ley llamaba a ser al pueblo de Dios. Sí, nos llama a vivir vidas dedicadas a Su servicio, pero también comprende nuestras debilidades y pecados. Puedes regocijarte en Él y confiar en Su amor.

Hermanos míos, confío en que hayan llegado a ver cómo se preocupaba Jesús por las mujeres de Su tiempo, mujeres impotentes y necesitadas de protección. Jesús creció bajo la ley, aprendió la ley, encarnó la ley y eso significa que protegió y cuidó a las mujeres (como lo hacía la ley). La prueba definitiva de que la ley no era misógina es el hecho de que Jesús, que cumplía la ley, no era misógino. Espero que hayas visto cómo consoló a una mujer impura e inmoral, y cómo no apoyó automáticamente a los líderes religiosos en su intento de torcer la ley y avergonzar a la mujer. Y espero que hayan visto cómo el ministerio de nuestro fiel Sumo Sacerdote ha abrogado toda la ley mosaica y ha abierto las puertas para que las mujeres sirvan a su lado en la proclamación de esta gran buena noticia. ¿Cómo responderás?

DESCUBRAMOS EL VALOR DE LA MUJER

1. ¿Te has sentido alguna vez confundido o incómodo con la ley mosaica? Si es así, ¿cómo?

2. ¿Qué te enseña la historia de la mujer con el flujo de sangre? ¿Cómo defendió Jesús la ley al tiempo que nos mostraba su verdadero propósito?

3. ¿Qué te enseña la ley sobre los celos sobre Dios? ¿Puedes ver cómo esto es en realidad algo positivo?

4. ¿Qué te enseña la historia de la mujer adúltera? ¿Cómo defendió Jesús la ley al tiempo que nos mostraba su verdadero propósito?

5. ¿Cómo nos enseña la genealogía de Jesús la mejor alianza que Dios ha hecho con nosotros? ¿En qué sentido es una buena noticia?

6. Resume lo que has aprendido en este capítulo en tres o cuatro frases.

PARA PROFUNDIZAR

1. Lee Levítico 27:3-4. ¿Te parece que esto denigra el valor de la mujer? ¿Por qué sí o por qué no?

2. Lee Éxodo 21:7-11. Explica cómo esta ley protege realmente a las mujeres.

3. Lee Deuteronomio 24:1-4. ¿Cómo protegen estas leyes sobre el divorcio a las mujeres?

4. Lee Ezequiel 16. Aunque se trata de un capítulo sobre una mujer adúltera, ¿cómo debemos leerlo hoy? ¿Realmente estaba dirigido a difamar a las mujeres en general? ¿A quién iba dirigido?

CAPÍTULO 6

El valor de la mujer en la alabanza de Israel

«Miriam les cantaba así: Canten al Señor, que se ha coronado de triunfo arrojando al mar caballos y jinetes»

Éxodo 15:21

Ah, por fin. Mi momento favorito (de Elyse) en el servicio de adoración. La hora del pan y del vino. El pastor partió el pan y derramó el vino y nos recordó que, dado que el cuerpo y la sangre de Jesús fueron partidos y derramados por nosotros, éramos bienvenidos a Su mesa. El líder de cantos empezó a tocar el himno de Sandra McCracken, «*We Will Feast in the House of Zion*» [Festejaremos en la casa de Sion],[1] y empecé a llorar. «Este es su cuerpo partido por ustedes». Toma la copa. Vuelve a tu asiento y espera mientras todos se sirven. Observé cómo la congregación, joven y rota, se alineaba para recibir el mejor de los regalos y no pude controlar mi alegría. *Sí, yo también festejaré en la casa de Sion. Cantaré con mi corazón restaurado. «Él ha hecho grandes cosas [...]. Cantaremos y no lloraremos más»*. Soy de Él. Soy suya. Él es mío.

En las casi cinco décadas que llevo como cristiana, ha habido muchas ocasiones en las que me he sentido abrumada por la cercanía y el amor de Cristo. Con frecuencia levanto las manos en señal de adoración, porque no puedo volar por la habitación... todavía. Sé lo que es regocijarse y asombrarse ante la verdad de que estoy invitada a esa mesa, en la que festejaré con hermanas y hermanos —y con un Hermano en particular— para siempre. Sé lo que es bailar (al menos en mi corazón) porque me ha liberado de los enemigos de mi alma. Apuesto a que tú también lo sabes.

Durante milenios, las mujeres se han alegrado de la bondad de Dios. No somos las primeras ni seremos las últimas. En la tierra nueva, nos pasaremos la vida bailando y cantando de alegría. Sí, ¡cantaremos y no lloraremos más! ¡Imagínate! Estamos a salvo. Nuestra liberación se ha cumplido. ¡Está hecha!

Las mujeres adoradoras

Pero la vida era diferente para los israelitas en Egipto. Habían pasado siglos desde que conocieron un día sin amo ni látigo. Habían experimentado décadas de necesidad, dolor y desesperación. Eran esclavos que habían visto cómo sus hijos pequeños eran devorados por cocodrilos. Habían sentido los latigazos que mutilaban la carne de sus duros amos. La liberación era una quimera. Nada había cambiado. La promesa de un libertador seguía sin cumplirse. Nacieron esclavos. Esclavos morirían. No había esperanza. Parecía que Dios se había olvidado de ellos. Sus gritos de ayuda no llegaban a ninguna parte. Estaban solos.

Entonces, tras 400 años de silencio, llegó por fin un libertador proclamando que Dios los había escuchado. Estarían a salvo. Serían libres. Siguieron a Moisés mientras los guiaba hacia su nueva vida. Pero entonces se vieron acorralados contra el Mar

Rojo. Lo que había parecido una oración contestada empezó a parecer más bien un truco cruel. ¿Su esperanza había sido en vano? ¿Se había olvidado Dios de ellos otra vez? ¿Desesperarían para siempre? Tras una noche aterradora atrapados entre su enemigo y el mar, se abrió una vía de escape y «los israelitas, sin embargo, cruzaron el mar sobre tierra seca, pues para ellos el mar formó una muralla de agua a la derecha y otra a la izquierda» (Ex. 14:29). El agua, que era la fuente misma de su terror, se convirtió en un elemento de liberación. Después de todo, habían sido recordados.

Y desde la orilla observaron con incrédula alegría cómo su Salvador los liberaba y aniquilaba a su enemigo (Jud. 1:5). Cuando los cuerpos de los egipcios llegaron a sus pies, las mujeres no pudieron controlar su emoción. Después de todo, habían sollozado por sus hijos perdidos y las heridas de sus maridos cada noche. Sus días oscuros se habían convertido en años mientras generaciones enteras de mujeres oraban y suplicaban por el cumplimiento de la promesa y ahora, finalmente, el Señor les había respondido. Dios había escuchado sus gritos de auxilio (Ex. 3:7-9). ¡Eran libres! Las cosas habían cambiado. Su enemigo estaba muerto a sus pies. En respuesta, Moisés dirigió a todo el pueblo en un canto de alabanza:

> Cantaré al Señor, que se ha coronado de triunfo
> arrojando al mar caballos y jinetes.
> El Señor es mi fuerza y mi cántico;
> él es mi salvación.
> Él es mi Dios, y lo alabaré;
> es el Dios de mi padre, y lo enalteceré.
> El Señor es un guerrero;
> su nombre es el Señor.
>
> Éxodo 15:1-3

Y entonces, con gran alegría y abrumadora gratitud, Miriam tomó una pandereta y comenzó a danzar.

> Entonces Miriam la profetisa, hermana de Aarón, tomó una pandereta, y mientras todas las mujeres la seguían danzando y tocando panderetas, Miriam les cantaba así:
>
> Canten al Señor, que se ha coronado de triunfo arrojando al mar caballos y jinetes.
>
> Éxodo 15:20-21

Miriam, una mujer que había cuidado a su hermanito en el Nilo, que lo había perdido en la corte del Faraón y en el desierto, y que había permanecido mientras sus padres y todos los que ella amaba se quebraban bajo el brutal dominio de los egipcios, hizo algo de lo que no tenemos constancia antes de este tiempo. Estaba tan rebosante de alegría que no podía quedarse quieta. El canto de Moisés era bueno, pero el canto, incluso el canto alegre, no podía captar su exuberancia. Así que dirigió a sus hermanas recién liberadas en una danza. Por supuesto que lo hizo. ¿Quién podría quedarse quieto y limitarse a cantar piadosamente en un momento así? Dios no las había olvidado. ¡El libertador había llegado! ¡Por fin eran libres!

Esta es la primera danza de adoración en la Biblia.

Y fue dirigida por una mujer.

¿Te sorprende la muestra de alegría y gratitud de Miriam? A mí no. A lo largo de los años, he visto a mujeres declarar su devoción y amor a través de algo más que palabras suaves porque las palabras simplemente no eran suficientes. Las he visto llorar de alegría mientras cantaban palabras de alabanza. Otras veces han levantado sus manos y han cantado audazmente con todo su corazón. Leemos de otras mujeres que ungieron con besos y perfume al que amaban (Mat. 26:6-13; Luc. 7:36-38; Juan 12:1-3). Tal vez porque sienten su devoción tan intensamente o tal vez porque no intentan demostrar que tienen el control (y no las emociones), las mujeres tanto en el Antiguo como en el Nuevo

Testamento son conocidas por sus extravagantes actos de adoración. Por ejemplo, Ana.

Una mujer que se destacó en la oración y el canto

El primer libro de Samuel comienza con la conocida historia de Ana. Al igual que otras mujeres de las que hemos hablado, la identidad de Ana estaba ligada a su capacidad de dar a luz al hijo prometido. Y como Sara antes que ella, había fracasado. Por supuesto, también anhelaba dar a luz a los hijos que llevarían el nombre de su marido y así asegurar la herencia de la familia. Así que, ante la necesidad de la familia, el marido de Ana, Elcaná, había tomado otra esposa. El matrimonio ilícito de Elcaná[2] con Penina, aunque pragmático, no pretendía herirla, pero cada vez que veía a uno de los hijos de Penina jugando con su marido, se sentía profundamente lastimada. Elcaná la amaba, aunque sobrevaloró neciamente el valor de su amor y subestimó su devastación (1 Sam. 1:8). Penina pudo dar a luz a muchos hijos, y por si eso no fuera suficiente para destrozar el corazón de Ana, le encantaba restregárselo en la cara (vv. 6-7). Tal vez Penina se lamentaba de su matrimonio sin amor y arremetía contra Ana por ello. En cualquier caso, el corazón de Ana estaba roto, pero aun así perseveró en la fe.

En su viaje anual para adorar en Siló, llegamos a ver el corazón de adoración de Ana. A diferencia de los sacerdotes que ministraban allí, Ana había llegado a entregarse por completo a la oración y al sacrificio voluntario. Elí, el sacerdote principal de la época, había entregado el servicio del templo a sus dos hijos glotones y borrachos, que abusaban sexualmente de las mujeres que iban a servir a las puertas de la casa de Dios. La Biblia nos dice que «eran unos perversos que no tomaban en cuenta al SEÑOR» (1 Sam. 2:12). A este pozo negro de inmoralidad religiosa externa llegó una mujer de fe quebrantada y estéril. Ana estaba

> con gran angustia [y] comenzó a orar al Señor y a llorar desconsoladamente. Entonces hizo este voto: «SEÑOR Todopoderoso, si te dignas mirar la desdicha de esta sierva tuya, y si en vez de olvidarme te acuerdas de mí y me concedes un hijo varón, yo te lo entregaré para toda su vida, y nunca se le cortará el cabello».
>
> 1 Samuel 1:10-11

Es importante señalar que Ana se dirije a Dios como «SEÑOR Todopoderoso» (1:11), la «primera vez que este título particular se encuentra en una oración en las Escrituras».[3] Al hacerlo, está indicando su confianza en el poder y el dominio de Dios sobre toda fuerza creada.

La piadosa oración de Ana fue observada y malinterpretada por Elí, que vio que su boca se movía pero no escuchó sus palabras. Supuso que estaba borracha y la reprendió. Pero a diferencia de sus hijos, ella no estaba borracha.

> —No, mi señor; no he bebido ni vino ni cerveza. Soy solo una mujer angustiada que ha venido a desahogarse delante del Señor. No me tome usted por una mala mujer. He pasado este tiempo orando debido a mi angustia y aflicción.
>
> 1 Samuel 1:15-16

La devoción de Ana contrasta con el fracaso de Elí. Se negó a reprender a sus hijos y los honró por encima del Señor, buscando más bien complacerlos y mantener su buena voluntad. Ana, desde su quebranto y devastación, estuvo dispuesta a renunciar a lo que más deseaba por amor a Dios y confianza en Él. La oración de Ana fue respondida «y el Señor se acordó de ella. Ana concibió y, pasado un año, dio a luz un hijo y le puso por nombre Samuel...» (1 Sam. 1:19-20), cuyo nombre significa «escuchado por Dios».[4] Dios escuchó la oración de esta digna mujer. También escucha nuestra oración.

La canción de Ana

Ana no solo brilla como ejemplo de oración en una época de oscuridad religiosa, sino que su canto es un bello ejemplo del llamado de una mujer a adorar a Dios por Su bondad al exaltarla a ella y a Su reino. Al igual que el canto de alegría de María por la concepción de su Mesías (Luc. 1:46-55), Ana adora al «Dios que invierte la suerte de los hombres con Su poder [...] que protege a los fieles».[5] Y junto con la oración de David, que cierran 1 y 2 Samuel, la letra de alabanza de Ana se regocija en Dios por Su santidad, fidelidad, protección y fuerza. Ana se alegra, sin duda, en la respuesta a su oración y del levantamiento de su vergüenza, pero también demuestra una profunda perspicacia teológica y sus dotes como escritora de poesía. Utiliza la respuesta a su oración personal para «regocijarse en el triunfo de Dios para todo su pueblo».[6] Y su canción fue inscrita para que tanto hombres como mujeres la leyeran y aprendieran de ella. Como escribe Jerram Barrs, «no hay ninguna nota en el encabezamiento de la canción: para mujeres y niños solamente».[7] Las mujeres deberían sentirse animadas a utilizar todas las bondades de Dios como estímulo para la adoración pública y privada.

Hermanos, ¿piden al Señor que ayude a las mujeres a su cargo a expresar públicamente su fe en el Señor y los cantos que les ha dado? Que nunca se diga que algún pastor o anciano denigre el canto o el testimonio de una mujer cuando lo ofrece con fe. ¿Das lugar para que las mujeres oren públicamente?

El canto de Débora

Al igual que Miriam antes que ella, la profetisa Débora dirigió a Barac y probablemente a otros guerreros en un canto de liberación después de la guerra (ver Jue. 5). Ella cantó: «¡Así perezcan todos tus enemigos, oh SEÑOR! Pero los que te aman sean como el sol cuando sale en todo su esplendor» (Jue. 5:31). Débora sabía que el Señor era su amigo poderoso, y por eso cantaba.

Que Débora dirigiera este momento de adoración se demuestra en que la palabra hebrea para «entonar» aquí es una «forma femenina singular».[8] Eso significa que la canción era suya, y que Barac (y probablemente otros guerreros) simplemente se unieron a ella. Esta mujer es la primera persona que emplea un lenguaje profético sobre las estrellas que luchan por Israel. Débora dirigió este momento de adoración porque no pudo contener su alegría y alivio por la liberación de su nación. La Biblia no dice que Débora danzara, como Miriam, pero no me sorprendería que lo hiciera. ¿Lo harías tú? Cantar y danzar ante el Señor es parte de la respuesta profetizada por Jeremías a la salvación de Dios,

> Porque el Señor rescató a Jacob;
> lo redimió de una mano más poderosa.
> Vendrán y cantarán jubilosos en las alturas de Sión;
> disfrutarán de las bondades del Señor:
> [...]
> Serán como un jardín bien regado,
> y no volverán a desmayar.
> *Entonces las jóvenes danzarán con alegría,*
> y los jóvenes junto con los ancianos.
> Convertiré su duelo en gozo, y los consolaré;
> transformaré su dolor en alegría.
>
> Jeremías 31:11-13, *énfasis añadido*

Las mujeres siempre han adorado

Sería fácil leer la Biblia, especialmente el Antiguo Testamento, y pasar por alto el impacto que tuvieron las mujeres en la vida de adoración del pueblo elegido por Dios. ¿Alguna vez has recibido una noticia tan buena que te hizo saltar de alegría? ¿Alguna vez has prorrumpido en una canción porque el acontecimiento que esperabas finalmente ocurrió, o la liberación fue tuya por fin? Yo sí. He tenido momentos de adoración en los que estaba tan abrumada por alguna verdad preciosa o por la cercanía del Señor que he levantado mis manos y llorado de alegría. He escuchado lo mismo de mujeres que adoran a su Señor en el camino al trabajo —algunas de ellas a un trabajo que aman, otras a uno que no fue su elección—. Y sin embargo, Él está allí con ellas, atascadas en el tráfico, atascadas en la mundanidad o en el propósito, mientras se sienten consignadas a una vida que puede ser algo diferente de la que soñaron cuando eran jóvenes o quizás es todo lo que siempre han deseado.

He hablado con hermanas que acuden fielmente a la escuela todos los días, que enseñan, aprenden y oran entre clase y clase para que sus corazones sean liberados y alimentados por Aquel que las ama, mientras siguen adelante en la fe, confiando en que el Señor las está guiando también en esto. Y he escuchado a mujeres que lloraron de alegría cuando el Señor las encontró en la clínica de quimioterapia, mientras el tratamiento era bombeado en su torrente sanguíneo y la vida les era impartida a través de Su Espíritu y de las canciones que cantaban con fe. He estado con viudas que estaban descubriendo que el Señor era realmente su Esposo y con otras mujeres solteras que anhelaban servirle en su llamado y estaban encontrando la intimidad que anhelaban en Él. Todas ellas conocieron tiempos de adoración extravagante, tanto si conocían la liberación que anhelaban como si no. Todos sus corazones derramaban palabras de gratitud y confianza. A veces en las vocaciones en casa con los bebés. Muchas veces, en el metro o en el asiento del avión mientras intentaban encontrar al Señor en su ajetreada vida. Y a veces danzaban.

Las mujeres han adorado y adorarán hasta la eternidad. Y, por supuesto, el canto de la mujer se escuchará en la tierra nueva cuando la Iglesia, *la novia*, dé voz a la salvación que finalmente le corresponde (Apoc. 7:9-10). Nadie las censurará entonces. Nadie las reprenderá por su extravagante devoción (Juan 12:5). Nadie les dirá: «Cálmense, señoras. Tienen que ser más respetuosas. A Dios no le interesan sus respuestas emocionales». De hecho, al recorrer la Biblia buscando a las mujeres y su adoración, no he encontrado ningún lugar donde las mujeres fueran regañadas por el Señor por sus respuestas emotivas a Su gracia. No, siempre fueron invitadas a entrar, siempre fueron alentadas, siempre fueron bienvenidas. He oído palabras de censura, pero nunca pronunciadas por el Señor. Nunca un: «Señoras, cálmense y sean más respetuosas».

Adorar a través de los Salmos

Los Salmos son el himnario del pueblo de Dios. Son una colección de oraciones, lamentos y canciones escritas por hombres, pero habladas y cantadas por mujeres y hombres. Incluso en los tiempos del Antiguo Testamento, ambos géneros eran bienvenidos como aquellos que proclamaban con cantos, percusión y danza la gran liberación de Dios. Eran adoradores.

> El Señor ha emitido la palabra,
> y millares de *mensajeras* la proclaman:
> «Van huyendo los reyes y sus tropas;
> en las casas, las mujeres se reparten el botín.
> [...]
> En el santuario pueden verse
> las procesiones de mi Dios,
> las procesiones de mi Dios y Rey.
> Los cantores van al frente,
> seguidos de los músicos de cuerda,
> entre *doncellas* que tocan panderetas.
> Bendigan a Dios en la gran congregación;
> alaben al Señor, descendientes de Israel.
>
> Salmo 68:11-12, 24-26, *énfasis añadido*

Tal vez seas una mujer a la que le gusta tocar la batería, danzar o escribir letras y música. Tengo una buena amiga que ha enseñado y tomado clases de baile toda su vida. Ella siente el placer de Dios cuando mueve su cuerpo y utiliza la danza como una forma de adoración. Tal vez tu iglesia desaprueba toda forma de adoración demostrativa, pero no dejes que eso te detenga. Sube el volumen de la música de alabanza en el coche o en casa y mueve tu cuerpo en una alegre celebración. No pasa nada. Toca la pandereta, aplaude o salta de alegría. Si es una ofrenda a Él, le encanta.

Aunque no formaban parte del sacerdocio oficial en el Antiguo Testamento, las mujeres eran conocidas por la adoración y el servicio en el templo. Éxodo 38:8 y 1 Samuel 2:22 hablan de mujeres que ministraban o servían a la entrada de la tienda y del templo. ¿Qué hacían estas mujeres? La palabra hebrea traducida como «servían» se utiliza en otros lugares para referirse al trabajo de los levitas. Esta práctica se trasladó a los tiempos del Nuevo Testamento, donde encontramos a una sirvienta haciendo guardia en la puerta cuando Jesús es interrogado (Juan 18:16). No debería sorprendernos esto; después de todo, tanto Eva como Adán tenían la tarea de vigilar y proteger el jardín. ¿Por qué iba a ser diferente la vigilancia del templo?

Aunque podemos suponer que su servicio y ministerio incluía el cuidado de las necesidades físicas de los edificios, sabemos que eso no es todo lo que hicieron. Muchas mujeres contribuyeron económicamente a la obra. Éxodo nos dice que donaron sus espejos para la construcción de la pila de bronce en el tabernáculo donde servían. Las mujeres siempre han estado involucradas en dar a la Iglesia. De hecho, cuando Moisés dio la orden de que el pueblo contribuyera a la congregación en el desierto:

> Así mismo, todos los que se sintieron movidos a hacerlo, tanto hombres como *mujeres*, llevaron como ofrenda toda clase de joyas de oro: broches, pendientes, anillos, y otros adornos de oro. Todos ellos presentaron su oro como ofrenda mecida al Señor, [...]. Todos los israelitas que se sintieron movidos a hacerlo, lo mismo hombres que *mujeres*, presentaron al Señor ofrendas voluntarias para toda la obra que el Señor, por medio de Moisés, les había mandado hacer.
>
> Éxodo 35:22, 29, *énfasis añadido*

De hecho, sus ofrendas excedían tanto la necesidad que Moisés tuvo que restringir al pueblo de dar. Dios los había liberado milagrosamente. Ellos respondieron dando con generosidad. Tanto las mujeres como los hombres hicieron esto en la adoración. Tanto si tienes acceso a grandes sumas de dinero como si solo tienes la blanca de la viuda, tus dones son vistos y acogidos por el Señor. Tengo una amiga que ha heredado una riqueza importante. Ha utilizado la mayor parte en la obra del Señor y tiene un hermoso albergue que atiende a personas que necesitan un respiro. Ya sea una donación a una iglesia o el trabajo en tu honorable vocación, todo esto es adoración al Señor.

¿Te gusta hacer cosas bonitas? A algunas mujeres les encanta hacer colchas, mientras que a otras les gusta hacer bellas fotos y poesías en Instagram. A mí me encantaba pintar, pero ahora dedico la mayor parte de mi tiempo a pintar con palabras. Mi querida amiga Julie diseña y fabrica vitrales. A veces se hacen para iglesias, pero muchas veces van a la casa o al negocio de alguien. Sé que cada vez que termina un proyecto, ofrenda en agradecimiento al Señor. Ella está embelleciendo el mundo, haciéndolo un lugar mejor.

A muchas mujeres les gusta hacer álbumes de recortes y crear registros de la vida de su familia. Otras mujeres se deleitan preparando una hermosa comida, mezclando colores y sabores para bendecir a sus seres queridos. De la misma manera, las mujeres de antaño usaban sus manos para crear telas para embellecer el tabernáculo: «Y todas las *mujeres* cuyo corazón las llenó de habilidad, hilaron pelo de cabra» (Ex. 35:26, LBLA, *énfasis añadido*). Bueno, no conozco a nadie que hile pelo de cabra, pero sí conozco a mujeres que escriben música y embellecen los espacios que habitan en sus ciudades.

Yo (Elyse) tengo el maravilloso privilegio de asistir a conferencias de mujeres varias veces al año. Me encanta ver todas las formas en que las mujeres expresan su amor por sus hermanas preparando deliciosa comida, organizando música, escribiendo comedietas y dando la bienvenida a los visitantes, ¡incluida yo!

Sinceramente, puedo decir cuán involucradas estuvieron las mujeres en la planificación y en la preparación de la conferencia por lo hermoso y acogedor que es el espacio. ¿Son estas cosas necesarias para el ministerio de la Palabra que hago? No. Pero tampoco lo eran las granadas azules, púrpuras y escarlatas, ni las campanillas de oro que decoraban el borde de las túnicas de los sacerdotes (Ex. 28:33-34). A Dios le gusta que nos regocijemos en embellecer los espacios que ha creado. Está bien usar nuestra imaginación, y todo es para Su gloria. La forma en que las mujeres expresan su amor por Cristo y el cumplimiento de su llamado no tiene que ocurrir en la iglesia. Puede ocurrir en las oficinas de las empresas, en los consultorios dentales, en las obras de construcción, y lo hace.

Pero tampoco es solo la decoración lo que hacemos. Tengo numerosas amigas que aconsejan en la iglesia y en sus oficinas, aportando la sabiduría de Cristo en el quebrantamiento que las rodea. Mientras todas estas mujeres derraman sus vidas, están adorando. Tengo otra amiga que es contadora pública durante el día y líder del estudio bíblico de nuestra iglesia en otras ocasiones. Su trabajo en nuestra iglesia es importante —es como aquellas mujeres que ministraban a la puerta del templo en el Antiguo Testamento—, pero ese trabajo en la iglesia no es más importante que el buen trabajo que hace como contadora pública. Nuestras vocaciones, si se ofrecen «como para el Señor», son un culto sagrado (ver Ef. 6:5-7 y Rom. 12:1).

Y, para algunas, puede ocurrir en el hogar. Mientras escribo esto, es casi Navidad, y mi madre, Rosemary, está próxima a morir. Está muy frágil y débil y ha perdido casi toda su memoria. No recuerda de un día para otro que es diciembre, pero el otro día, cuando fui a verla y le puse unos cascabeles brillantes, comentó lo mucho que le gustaba mirarlos. Así que, con la ayuda de mi hermano, Rick, preparamos algunos adornos festivos para alegrarla y recordarle esta feliz estación. Como cualquier otro acto de adoración, creo que nuestros esfuerzos fueron un aroma dulce para el Señor. Cada vez que una mujer ama a su prójimo porque ella ha sido amada, está adorando. No importa cómo se vea. Una mujer creyente que sirve comida en la cafetería de una escuela o prepara mantas para los refugiados en nuestras fronteras está sirviendo a Cristo. Es una adoradora.

La adoración es mucho más que el servicio en el templo. Sí, es eso, pero es más. Como *ezers* oramos, cantamos, damos, creamos, archivamos, dirigimos, limpiamos, enseñamos, conducimos, hablamos, hilamos pelo de cabra, y sí, incluso danzamos, y recordamos a nuestros hermanos que toda la vida es santa y debe ser vivida en amor para la gloria de Dios. Estamos preparando el mundo para la nueva tierra.

Esto me hace pensar en el tercer verso de *Brethren, We Have Met to Worship* [Hermanos, nos hemos reunido para adorar]:

> Hermanas, ¿quieren uniros y ayudarnos?
> La hermana de Moisés le ayudó;
> ¿Ayudarán a los temblorosos dolientes
> que luchan duramente contra el pecado?
> Háblenles del Salvador,
> Díganles que Él será encontrado;
> Hermanas, oren, y el maná sagrado
> será derramado por todas partes.[9]

Las mujeres eran la columna vertebral del culto familiar de Israel

En el antiguo Israel, las mujeres preparaban el hogar para la celebración del sábado. Su expresión de adoración se centraba en la forma en que planificaban el descanso sabático. Si no estaban preparadas, su familia sufriría; así que no podían decidir tomarse los viernes libres para ir a dar un paseo por los campos o comprobar lo que ocurría a las puertas de la ciudad. La mujer adoradora «está atenta a la marcha de su hogar, y el pan que come no es fruto del ocio» (Prov. 31:27). Ella ministra a las puertas de su casa preparando a la familia para el culto.

Además, las mujeres también se preparaban para cada celebración anual, desde la Pascua hasta Pentecostés. Sus hijos, las generaciones venideras, aprenderían sobre la salvación y la gracia sustentadora del Señor a través del trabajo aparentemente mundano de limpiar la levadura, preparar las hierbas, recitar la historia. Cuando amasaban la masa para el pan que cocinaban, presentaban la primera parte como contribución al Señor (Núm. 15:19). La cocción del pan era un acto de culto. La vida cotidiana se articulaba en torno al culto al Señor, y las mujeres lo supervisaban.

El principio y el fin de la vida también estaban en sus manos. Desde dar a luz y nombrar a la siguiente generación de adoradores,[10] hasta cuidar de ellos durante toda su vida, y luego enterrar a sus seres queridos, las mujeres expresaban su adoración cada día en formas cotidianas. Como se encargaban de recoger y preparar hierbas y especias para los entierros de sus seres queridos, tenían que estar dispuestas a volverse ceremonialmente impuras al tratar de embellecer la fea realidad de la muerte y la decadencia.

Aunque las mujeres judías no estaban llamadas al signo físico de la alianza, la circuncisión, las mujeres estaban igualmente consagradas y dedicadas al servicio del Señor. Formaban parte de la comunidad de la alianza y estaban tan integradas en el culto y la vida de la nación como cualquier hombre. El éxito de la religión nacional dependía de ellas tanto como de cualquier hombre.

A lo largo de toda la literatura del Antiguo Testamento, encontramos a las mujeres como coherederas del pacto de salvación de Dios. Son bienvenidas en el culto del tabernáculo y del templo. Saben dirigir el canto y la oración. Saben dar, y sus dones son tan importantes como los de cualquier hombre, ya sea un espejo egipcio o la blanca de una viuda.

Me encanta que vivamos en una época en la que se abren muchas vocaciones para las mujeres, vocaciones que amplían los roles estereotipados a los que hemos sido llamadas. Phil y yo llevamos casados más de 40 años, y durante ese tiempo he desempeñado muchas funciones diferentes. Cuando nuestros hijos eran pequeños, a veces trabajaba como conserje por la noche para ayudar a complementar nuestros ingresos. También eduqué a los niños en casa durante varios años. Antes de eso, enseñé en las escuelas cristianas a las que asistían porque no podíamos permitírnoslo de otro modo. Luego, cuando se hicieron mayores, me formé en consejería bíblica y comencé mi carrera de escritora. En este momento he escrito y publicado unas dos docenas de libros y viajo unos quince fines de semana al año llevando el mensaje del evangelio de la gracia por todo el mundo. Estos no son los llamados típicos para una mujer, pero es el llamado del Señor. Me alegro de hacerlo, y es mi expresión de adoración a Él.

Hermanos, oramos para que este capítulo les haya ayudado a pensar en cómo incluir a sus hermanas y alegrarse de sus dones y contribuciones. Oramos para que comiencen a ver a las mujeres que tal vez han desvalorizado dando un paso al frente y utilizando sus dones, con su invitación y estímulo. Ora para que tu corazón y tus ojos se abran a los dones que Dios ha provisto para ti y tu iglesia.

Mujeres, todo esto es para decir que no deben ver su fe como una camisa de fuerza que las obliga a un llamado particular o una forma particular de adoración. Hombres, ¿cómo los ha bendecido el Señor a ustedes y a su iglesia con mujeres gozosas? ¿Alguna vez has tomado tiempo para escuchar sus historias de fe o les has pedido que las compartan con la congregación? Si alguien escogiera a diez mujeres líderes de tu congregación, ¿sabrías por qué están orando? Has sido llamada y acogida en la familia de Dios: una familia que está llena de mujeres que adoran y que trabajan para la gloria de Dios de todas las maneras posibles. Así que abre tu boca, extiende tu mano, habla, canta y, sí, danza.

DESCUBRAMOS EL VALOR DE LA MUJER

1. ¿Quién fue la primera persona registrada en la Biblia que danzó en adoración a Dios? ¿Cuál crees que es el significado de esto?

2. ¿Quién fue la primera persona registrada en la Biblia que oró a Dios como el «SEÑOR Todopoderoso»? ¿Crees que tiene algún significado?

3. Débora fue una mujer que dirigió un canto de victoria después de guiar a los guerreros en la derrota de sus enemigos. ¿Crees que eso es significativo? ¿Por qué sí o por qué no?

4. El Antiguo Testamento menciona a algunas mujeres que trabajaban en la puerta del santuario y a otras que tocaban instrumentos de percusión y cantaban. ¿Qué piensas de que las mujeres se empleaban en estas tareas? ¿Te anima esto?

5. Resume lo que has aprendido en este capítulo en cuatro o cinco frases.

PARA PROFUNDIZAR

1. El primer canto registrado en el Nuevo Testamento es el de María (Luc. 1:46-55). ¿Por qué crees que es significativo? Lee su canto y compáralo con los de Miriam (Ex. 15) y Débora (Jue. 5).

2. ¿Cuál es tu canción de adoración favorita? Escribe la letra que sea especialmente significativa para ti. ¿Qué hay en esas palabras que hablan profundamente a tu alma?

3. Dedica un tiempo a considerar las formas en que Dios te ha liberado o protegido en tu vida. Aunque no te consideres un escritor o un poeta, intenta escribir una canción de victoria al Señor.

CAPÍTULO 7

El valor de la mujer en la sabiduría de Israel

«¿Acaso no está llamando la sabiduría?
¿No está elevando su voz la inteligencia?»
Proverbios 8:1

El libro de 2016 de Margot Lee Shetterly, *Hidden Figures* [Figuras ocultas], relata «la historia no contada de las mujeres negras que ayudaron a ganar la carrera espacial». Presenta a mujeres afroamericanas —como Katherine Johnson, Dorothy Vaughan y Mary Jackson—, que trabajaron como «computadoras humanas» en la NASA entre 1940 y los años 60. Estas mujeres resultaron esenciales en varias misiones, como la misión *Mercury*, la órbita de John Glenn alrededor de la Tierra y el vuelo del Apolo 11 a la Luna. A pesar de ello, a menudo fueron segregadas de los hombres y de las mujeres blancas. Hasta la publicación del libro de Shetterly en 2016, la contribución femenina negra a la carrera espacial era, en gran medida, desconocida y pasada por alto.[1]

Del mismo modo, es fácil leer la Escritura y pasar por alto las sorprendentes formas en que las mujeres sabias contribuyeron a la historia de nuestra redención.

Las mujeres sabias de Proverbios

El rey Salomón, conocido como el rey más sabio de Israel, nos cuenta que de niño había aprendido la sabiduría de su madre (Prov. 1:8; 6:20-22). ¿Quién era esa mujer? Betsabé. Era una mujer que, como mínimo, había sido agredida sexualmente por el rey David, que había sufrido la pérdida de su amado esposo, Urías, y que, sin embargo, perseveró como una voz principal de la sabiduría en la vida de su hijo. Ella buscó prepararlo para su vida como gobernante, algo que había negociado con su padre, David.[2] ¿Vivió Salomón siempre con sabiduría? No, por supuesto que no. Pero sí admitió que valoraba las enseñanzas de su madre:

- «Hijo mío, escucha las correcciones de tu padre y no abandones las enseñanzas de tu madre» (Prov. 1:8).
- «Hijo mío, obedece el mandamiento de tu padre y no abandones la enseñanza de tu madre. Grábatelos en el corazón; cuélgatelos al cuello. Cuando camines, te servirán de guía; cuando duermas, vigilarán tu sueño; cuando despiertes, hablarán contigo» (Prov. 6:20-22).

La sabiduría que Betsabé quería inculcar a su hijo era la «habilidad de elegir el curso de acción correcto para el resultado deseado. En [...] Proverbios, denota habilidad en el arte de vivir piadosamente».[3] En otras palabras, la sabiduría es el deseo y la capacidad de vivir los compromisos fundamentales con el Señor en las circunstancias cotidianas; es la habilidad para elegir el curso de acción correcto que mejor se traduzca en una demostración de amor y compromiso con Dios. Así, Betsabé y otras mujeres sabias que amaban al Señor observaban continuamente el funcionamiento de las cosas, la corriente general del mundo, y aprendían a entender cómo ciertas acciones afectan a los que aman y a su camino con Dios. Las mujeres sabias ven la vida a través de la red de la bendición que el Señor otorga a quienes buscan caminar en la piedad y que están comprometidos con Su voluntad, y piensan en las formas en que aquellos a quienes aman, ya sean familiares o amigos, puedan vivir una vida bendecida, sin importar el costo.

¿Tenía Salomón una mujer o esposa sabia a la que escuchaba y que lo guiaba mientras gobernaba? No sabemos de ninguna. Y así, en muchos sentidos podemos ver cómo el que tenía suficiente sabiduría para recitar las enseñanzas de su madre y de su padre, no las aplicó en su corazón. Aun así, desde el principio de Proverbios, el libro de sabiduría práctica que escribió, hasta el final, la sabiduría de las mujeres ocupa un lugar destacado. De hecho, los Proverbios están encabezados por elogios a las mujeres sabias. Comienza con Salomón exaltando las enseñanzas de su madre y termina con otro rey desconocido, Lemuel, recitando el oráculo sobre las mujeres sabias que le enseñó su madre. De ella aprendió cómo gobernar con sabiduría y elegir a una mujer con criterio como su reina. Como las mujeres del último capítulo, esta reina prudente es conocida por su adoración:

> Engañoso es el encanto y pasajera la belleza;
> la mujer que teme al Señor es digna de alabanza.
> ¡Sean reconocidos sus logros,
> y públicamente alabadas sus obras!
>
> Proverbios 31:30-31

¡Oh, no! ¡Otra vez Proverbios 31 no!

Si esa fue tu respuesta cuando viste hacia dónde nos dirigíamos, no te culpamos. Sabemos que muchas mujeres se sienten intimidadas por esta descripción de la mujer sabia, pero realmente no deberías. En lugar de verlo como una agotadora lista de tareas de un día, deberíamos verlo como un retrato de las relaciones que esta mujer de valor trabaja en su vida.[4] No tiene miedo de ser fuerte y mira los días venideros y se ríe con confianza por su fe en Dios. Sus palabras están llenas de sabiduría, y con su bondad y trabajo muestra la bondad de Dios. Aunque es una reina que ayuda a su marido mientras gobierna, su objetivo principal es la expansión del reino de Dios. Esta mujer sabia no debería intimidarnos, sino que debería animarnos. Nos muestra que la mujer sabia tiene muchas puertas abiertas y puede atravesarlas con valentía. Aunque este oráculo está dirigido a un hijo que hace una sabia elección de su reina, eso no significa que el matrimonio sea la única forma en que una mujer puede vivir una vida de valor. Tal vez no tenga marido ni familia, tal vez sea camarera o limpie oficinas por la noche. Esas cosas no la definen. Más bien, es una mujer que es alabada porque teme al Señor y tiene habilidades que utiliza para el progreso del reino de Dios y el beneficio de sus seres queridos. Por ejemplo, tengo una valiente amiga que es citotecnóloga. Se levanta temprano, trabaja hasta mediodía observando células bajo un microscopio, y da asesorías por las noches. Está trabajando en un doctorado en consejería bíblica en su «tiempo libre». Todo su trabajo es adoración, es una excelente esposa, que vale más que las joyas preciosas, aunque no está casada —al menos no con un simple humano—. Es sabia y adoradora, aunque sirva al Señor de formas que podrían considerarse no tradicionales.

Proverbios 31:10-31 es en realidad un hermoso poema acróstico compuesto por una madre que se lo enseñó a su hijo para que pudiera recitarlo de memoria para los demás. ¿Cómo es la mujer valiosa? Ella cuida de su hogar y lo convierte en un centro de ministerio para los pobres como recomienda Rosaria Butterfield en *El evangelio viene con la llave de la casa: La práctica de la hospitalidad radicalmente ordinaria en nuestro mundo poscristiano*. O puede ser una sabia mujer que negocia con bienes y propiedades inmobiliarias y que supervisa a los trabajadores de su casa con cuidado y diligencia. Recuerda que esta descripción de cómo es una excelente esposa es autoría de una madre que busca proteger a su hijo de la necedad y proveer para sus nietos y su nación. Desgraciadamente, Salomón ignoró este sabio y piadoso consejo (si es que lo conocía) y al hacerlo, hundió a la nación (1 Rey. 11:1-8).

La señora Sabiduría

Otra mujer presentada en Proverbios es la señora Sabiduría. A los hombres y mujeres dice:

> Ustedes los inexpertos, ¡adquieran prudencia!
> Ustedes los necios, ¡obtengan discernimiento!
> [...]
> Opten por mi instrucción, no por la plata;
> por el conocimiento, no por el oro refinado.
> Vale más la sabiduría que las piedras preciosas,
> y ni lo más deseable se le compara.
>
> Proverbios 8:5, 10-11

«Míos son el consejo y el buen juicio», dice ella, «míos son el entendimiento y el poder» (Prov. 8:14). La señora Sabiduría llama a los jóvenes a que la escuchen: «... dichosos los que van por mis caminos» (8:32). Nosotros a menudo oímos que se equipara a las mujeres con la insensatez y la credulidad, como si las mujeres fueran más susceptibles al engaño que los hombres, pero no es así como la Biblia las describe. «El Antiguo Testamento no enseña la inferioridad racional, emocional y espiritual de las mujeres. Por el contrario, enseña la igualdad de las mujeres y los hombres como personas hechas para reflejar la semejanza de Dios».[5] Por supuesto, eso no significa que no haya mujeres necias. Por supuesto que las hay. Igual que hay hombres necios.

Pero la necedad y la credulidad no son los principales adjetivos que la Biblia utiliza para hablar de las mujeres.[6]

Mujeres de sorprendente sabiduría

Sería fácil pensar que ser una mujer de sabiduría por necesidad significa adoptar ciertos roles y acciones tradicionales. Pero ahora vamos a ver las vidas de tres mujeres sabias que no se ajustan a las expectativas tradicionales: Tamar, Abigaíl y Jael. Por supuesto, podríamos haber visto a la reina Ester, quien sabiamente superó al enemigo de su pueblo y su plan de genocidio, o a Rut, que eligió sabiamente un marido para criar un hijo en nombre de su difunto esposo, pero queremos que veas que la sabiduría de una mujer a veces aparece de maneras muy inesperadas. Tamar, Abigaíl y Jael deben ser recordadas por su sabiduría, por su habilidad para discernir la forma correcta de actuar, y por su decisión de arriesgar sus vidas al servicio de esto. Cada una de ellas fue valiente, capaz de discernir y seguir el curso de acción correcto, y valoró la verdad y la bondad más que su propio bienestar.

Tamar

Si tuviéramos que hacer una lista de mujeres sabias de la Biblia suponemos que Tamar (de entre todas las personas) no estaría en ella. Recordemos su historia que se presenta en Génesis 38:6-30. Tamar era una cananea, nuera de Judá, uno de los doce hijos de Jacob. Su matrimonio con Er, el hijo de Judá fue un desastre. No sabemos mucho sobre él, pero sí sabemos que «al Señor no le agradó la conducta del primogénito de Judá». Era tan malvado, de hecho, que el Señor «le quitó la vida» (Gén. 38:7). Tamar no solo vivió un matrimonio horrible, sino también la muerte de Er y quedar viuda. Lo que significaba en aquella época era que, sin un heredero varón, el nombre de su marido dejaría de existir. Además, una viuda sin hijos no heredaría los bienes de su marido. Se quedaría desolada, y el nombre de su marido pronto sería olvidado. Además, su deseo de dar a luz al libertador prometido quedaría frustrado. Y así, por el nombre del marido y la esperanza de un libertador, el Señor ordenó lo que se conoce como la ley de levirato: una viuda sería entregada al hermano de su marido para que tuviera hijos de él, y el nombre del hombre continuaría. En vista de esto, Judá dio a Tamar a su segundo hijo, Onán, para que tuviera un hijo que ocupara el lugar del primogénito. Pero Onán también era malvado. Como hermano de Er, Onán compartía la responsabilidad de Tamar de rescatar el nombre de Er de quedar extinto, pero era tan malo como su hermano. Cada vez que tenía relaciones sexuales con ella «derramaba el semen en el suelo, y así evitaba que su hermano tuviera descendencia» (Gén. 38:9).

> Al parecer, la degradaba repetidamente utilizándola para su placer, y negándole la oportunidad de concebir. Uno solo puede imaginarse lo atroces y humillantes que fueron sus acciones para Tamar, sobre todo, teniendo en cuenta que había contraído este segundo matrimonio por honor y lealtad a la familia. Para empeorar las cosas, ella era impotente de hacer algo contra el encubrimiento de Onán.[7]

Utilizar a Tamar de esta manera «ofendió mucho al Señor», por lo que Dios le dio muerte también a él (Gén. 38:10).[8]

En ese momento, tras la pérdida de dos de sus tres hijos, Judá le dijo a Tamar que volviera a la casa de su padre y esperara hasta que su hijo menor, Selá, tuviera la edad suficiente para casarse. La vida de Tamar era un caos. Estar con el «pueblo elegido» de Dios le había traído solo dolor. Ella no tenía ningún recurso legal, ningún hijo, nadie para protegerla, y su experiencia de estar casada con Er y Onán tuvo que haber sido abusiva, por decir lo menos. Pero Tamar, una mujer cananea, era también una mujer sabia, que estaba decidida a hacer lo correcto y evitar que el nombre de su marido se extinguiera.

Una vez que vio que Judá no le daría a Selá, hizo un plan. Conociendo el carácter de Judá, se vistió de prostituta y salió a hacer lo justo: buscar preservar el nombre de su marido. ¿Cómo sabía Tamar que ese plan funcionaría? Era sabia y perspicaz. Tamar dejó su encuentro ilícito con Judá con las dos cosas que necesitaba: el material genético de su marido y la identificación de su suegro.

Ella necesitaba su esperma para salvar el nombre de su marido; necesitaba su sello, su cordón y su bastón para salvar su vida. Esto no era un tórrido encuentro para ella. Tampoco estaba simplemente tratando de conseguir un hijo por sus deseos egoístas. Ella sabiamente eligió hacer lo que era necesario para preservar la línea familiar, teniendo en mente la esperanza de un Mesías. Y al hacerlo, finalmente hizo que Judá volviera a sus cabales.

No pasó mucho tiempo hasta que Judá escuchó la noticia de la infidelidad de su nuera. ¿Su respuesta? La condenó (y a sus hijos no nacidos) a ser quemados. Su sentencia fue mucho más severa que la lapidación que la ley habría permitido. Tal vez él estaba secretamente tratando de librar a su familia de este inconveniente que su nuera representaba. Pero en este punto de la historia, una vez más Tamar demostró una valiente sabiduría. Esperó a que Judá pronunciara la sentencia contra ella y entonces invirtió los papeles. «El dueño de estas prendas fue quien me embarazó. A ver si reconoce usted de quién son este sello, el cordón del sello, y este bastón» (Gén. 38:25). Tamar esperó hábilmente a que Judá la condenara, porque era su esencia, antes de jugar su carta de triunfo. Como Natán después de ella, anunció: «¡Tú eres ese hombre!» (2 Sam. 12:7).

¿Cuál fue la respuesta de Judá cuando se dio cuenta de la verdad? Declaró: «Su conducta es más justa que la mía, pues yo no la di por esposa a mi hijo Selá» (Gén. 38:26). Sería fácil leer la respuesta de Judá como una declaración de comparación: «Ella es mejor persona que yo». Pero eso no es lo que significa. Lo que en realidad significa es: «Ella es justa, no yo».[9] O como se lee en la versión *The Message* [El mensaje]: «Ella está en lo correcto; yo estoy mal».[10] Judá no está diciendo que él es un poco justo y ella es un poco más. Después de todo, ¿cuál de las acciones de Judá podría clasificarse como justa? Tamar era más justa que Judá no simplemente porque él había buscado una prostituta y la condenó por lo mismo. Era culpable de vender a su hermano José como esclavo. Era culpable de no preocuparse por preservar el nombre de su hijo. Y era culpable de intentar ejecutarla de la forma más agónica por hacer lo mismo que él había hecho. Por otro lado, Tamar estaba dispuesta a enfrentar la desgracia y la muerte por hacer lo correcto, mientras él solo buscaba placer. Ella buscaba salvaguardar a la familia. Y milagrosamente, a través del nacimiento de sus gemelos, Fares y Zera, ambos hijos de Judá preservaron su legado.

¿Qué pensaba el pueblo de Israel de Tamar? Cuando Booz tomó a Rut como esposa (cumpliendo la ley del levirato), el pueblo dijo:

> Somos testigos [...] ¡Que por medio de esta joven el Señor te conceda una descendencia tal que tu familia sea como la de Fares, el hijo que Tamar le dio a Judá!
>
> Rut 4:11-12

El nombre de Tamar fue invocado para bendecir la casa de Rut y Booz. Al igual que Tamar, Rut encontraría la bendición de continuar el nombre de su marido muerto. Y, por supuesto, el linaje del rey David y del Mesías se preservó también a través de ella. Tamar «no fue llamada justa por su espíritu gentil y tranquilo. Ella fue justa por ser fuerte y asertiva. Era una líder piadosa».[11] Y era sabia.

La bella y la bestia

En 1 Samuel 25, se nos presenta otra mujer sabia, Abigaíl, que estaba casada con un hombre indudablemente desagradable, Nabal. Este era muy rico y tenía fama de ser duro y exigente. Sin duda, era tan abusivo con Abigaíl como lo era con todos sus siervos. Abigail era una mujer que se describe como «inteligente». Ella era rica en sabiduría; había aprendido a coexistir con una bestia como Nabal.

Un día en particular, los pastores de Nabal estaban esquilando sus ovejas cuando los hombres de David, que los habían estado protegiendo de un ataque, llegaron y pidieron algunas provisiones. Lo que pidieron no era mucho, solo «lo que tengas a la mano» (v. 8). Era razonable que pidieran y estaba dentro del poder de Nabal ofrecerles algo. Pero siendo el tipo de hombre que era, rechazó su petición y los insultó. «¿Y quién es ese tal David? ¿Quién es el hijo de Isaí?», preguntó. En otras palabras, él estaba diciendo: «¿Quién se cree este don nadie?». David, furioso por la respuesta de Nabal, decidió responder con violencia.

Afortunadamente, uno de los siervos de Nabal comunicó la historia a Abigaíl. Probablemente no era la primera vez que le pedían que interviniera por la insensatez de su marido. Abigaíl inmediatamente entró en acción. Preparó una ofrenda de comida y bebida. Sin el conocimiento o el permiso de su marido, se apresuró a interceptar a David y se puso en peligro para evitar que David cometiera un error costoso. Arrojándose al suelo ante él, dijo:

> ... Señor mío, yo tengo la culpa [...]. No haga usted caso de ese grosero de Nabal, pues le hace honor a su nombre, que significa «necio» [...]. Yo, por mi parte, no vi a los mensajeros que usted, mi señor, envió [...]. Yo le ruego que perdone el atrevimiento de esta servidora suya [...] no tendrá usted que sufrir la pena y el remordimiento de haberse vengado por sí mismo...
>
> 1 Samuel 25:24-25, 28, 31

Al igual que Tamar, Abigaíl estaba dispuesta a arriesgarlo todo para evitar un mal. Como Ana, su testimonio está en contraste con los hombres inútiles que la rodeaban. Ella estaba dispuesta a enfrentar la ira de su marido. Y estaba dispuesta a declarar la sabiduría a un hombre que pretendía acabar con todos los de su casa. Ella fue valiente, fuerte y perspicaz. Juan Calvino escribe que ella es como la «mujer valiente de Proverbios 31».[12]

David ve que Abigaíl es una mujer sabia, que emplea habilidades de evaluación, acción y percepción. Él declara: «¡Bendito sea el Señor, Dios de Israel, que te ha enviado hoy a mi encuentro! ¡Y bendita seas tú por tu buen juicio, pues me has impedido derramar sangre y vengarme con mis propias manos!» (1 Sam. 25:32-33).

Así que David recibió sus regalos y se arrepintió de su decisión de acabar con Nabal y sus siervos. «Vuelve tranquila a tu casa —le dijo—. Como puedes ver, te he hecho caso: te concedo lo que me has pedido» (1 Sam. 25:35). En esta situación, David eligió sabiamente escuchar y obedecer el consejo de una mujer sabia. Él y su ejército se retiraron.

Cuando Abigail regresó a casa, Nabal estaba celebrando y estaba muy borracho. Con sabiduría, decidió no decirle lo que había hecho en ese momento. Comprendió que no era el momento oportuno, pero cuando se despertó al día siguiente, «cuando a Nabal ya se le había pasado la borrachera» (v. 37), lo hizo. Abigaíl estaba dispuesta a enfrentar su ira, posiblemente con la esperanza de que su sabiduría sirviera para cambiar su carácter. En cambio, debió de enfadarse tanto con ella que su presión sanguínea se disparó porque «sufrió un ataque al corazón y quedó paralizado» (v. 37). Luego, «unos diez días después, el Señor hirió a Nabal, y así murió» (v. 38).

Como Tamar, Abigail se contentó con intentar hacer lo correcto a pesar de que su marido era un necio inútil. Cuando se trataba de dejar que alguien pecara y cortara su línea familiar, ella actuó. Con sabiduría, reunió todo lo necesario para apaciguar a su enemigo. Actuó sin el conocimiento ni el permiso de su marido. Dirigió a David por el camino de la justicia. La Biblia no la censura por sus acciones. Más bien, la llama una mujer de discernimiento. Y el rey David fue mejor por haber obedecido su voz.

¿Qué nos enseña la historia de Abigaíl? Nos enseña que, aunque las esposas cristianas están llamadas a someterse al liderazgo piadoso de su esposo, eso no significa que deban quedarse quietas y no hacer nada mientras su marido se destruye a sí mismo y destruye a los demás. Sin duda, Abigaíl sabía que Nabal no aprobaría sus acciones con David, pero había más en juego aquí que la aprobación o censura de Nabal. Había vidas en juego, así que ella actuó.

La guerrera sabia

¿Recuerdas la definición de sabiduría? Sugerimos que la sabiduría consiste en «la habilidad de elegir el curso de acción correcto para el resultado deseado; la habilidad en el arte de vivir piadosamente». Consideremos ahora a la sabia guerrera Jael. Conocemos a Jael en Jueces 4. Débora ha dirigido a Barac y a los guerreros de Israel en una exitosa lucha contra los cananeos, y en particular contra el comandante del ejército cananeo, Sísara. Este poderoso hombre que tenía el mando de 900 carros de hierro cayó ante una mujer y todas las fuerzas de Israel. Luego, al final de la batalla, cuando no quedaba ni uno de los guerreros de Sísara, huyó a pie hasta la tienda de Jael.

Jael sabía qué clase de hombre era Sísara, así que se enfrentó valientemente e incluso le dio la bienvenida a su tienda. «¡Adelante, mi señor! Entre usted por aquí. No tenga miedo», le dijo (Jue. 4:18). Agotado y desanimado, se alegró de tener un lugar donde descansar y esconderse. Se tumbó en el suelo y Jael lo cubrió con una manta. Estaba, sin duda, hambriento y deshidratado. «¿Podrías darme un poco de agua? —pidió—. Ella destapó un odre de leche, le dio de beber, y volvió a cubrirlo» (v. 19). Necesitaba algo de beber, pero ella le dio algo más, algo que satisfaría su hambre. Cuando empezó a relajarse bajo sus cuidados, le pidió otro favor: «Si alguien viene y te pregunta: "¿Hay alguien aquí?", contéstale que no». Este gran guerrero le pidió a una mujer que lo protegiera. Ella dijo que lo haría, pero mentía. Ella tenía otro plan para él, por supuesto. Esperó hasta estar segura de que él estaba dormido y

> Jael, esposa de Héber, tomó una estaca de la carpa y un martillo, y con todo sigilo se acercó a Sísara, quien agotado por el cansancio dormía profundamente. Entonces le clavó la estaca en la sien y se la atravesó, hasta clavarla en la tierra. Así murió Sísara.
>
> Jueces 4:21

Pronto Barac, que perseguía a Sísara, llegó a la tienda de Jael y ella lo invitó a venir a ver al hombre que perseguía. Su enemigo, Sísara, yacía muerto con una estaca de la tienda atravesada en el cráneo. Débora y sus guerreros celebraron la victoria de Jael ese día. Considera el valor y la astucia que necesitó para hacer lo que hizo. Ella no tenía ninguna garantía de que Sísara no se despertara y la matara. Pero actuó con valentía, por lo que Débora cantó esta canción sobre su heroísmo:

> ¡Sea Jael, esposa de Héber el quenita,
> la más bendita entre las mujeres,
> la más bendita entre las mujeres
> que habitan en carpas!
> Sísara pidió agua, Jael le dio leche;
> en taza de nobles le ofreció leche cuajada.
> Su mano izquierda tomó la estaca,
> su mano derecha, el mazo de trabajo.
> Golpeó a Sísara, le machacó la cabeza
> y lo remató atravesándole las sienes.
> A los pies de ella se desplomó;
> allí cayó y quedó tendido.
> Cayó desplomado a sus pies;
> allí donde cayó, quedó muerto.
>
> Jueces 5:24-27

Débora continuó su alabanza a la valentía de Jael burlándose de la madre de Sísara. Se la imaginó mirando por la ventana esperando el regreso de su hijo y preguntándose cuánto tiempo la batalla había tomado. Se consuela diciendo: «Seguramente se están repartiendo el botín arrebatado al enemigo: una muchacha o dos para cada guerrero» (Jue. 5:30). No pierdas el significado de esto. Sísara y sus hordas eran conocidos como hombres que no solo saqueaban los pueblos que conquistaban, sino que también violaban a las mujeres. «Una muchacha o dos». En efecto. Jael tenía una estaca con el nombre de Sísara.

Tal vez eres una mujer en el ejército y has escuchado que no es una ocupación adecuada para una mujer. Débora y Jael tienen una respuesta para eso. No digo que la vida militar no sea dura, y tal vez particularmente para las mujeres, pero eso no significa que las mujeres sean incapaces o innecesarias, o que a las mujeres piadosas se les prohíba trabajar allí. Si tu talento y vocación apuntan hacia la acción valiente, entonces persigue eso. Recuerda que Proverbios 31 es un himno como los que se cantaban sobre los hombres valientes de David. Puedes vivir como una mujer sabia mientras disciernes las amenazas desde tu oficina en Internet o en la cabina de tu avión de caza. Conozco a una mujer cristiana que trabaja para el FBI y que trata de proteger a su país de las amenazas terroristas. Las mujeres son libres de discernir a qué tipo de vocación las llama el Señor y Él las utilizará cuando trabajen con sabiduría para Su gloria.

A lo largo de toda la literatura del Antiguo Testamento, encontramos a las mujeres como coherederas del pacto de salvación de Dios. Muchas se definen por su capacidad de discernir el curso de acción correcto, de actuar correctamente y de llevar a cabo esa acción, incluso cuando se enfrentan a la censura, la ira o la muerte. Me encanta que haya muchas mujeres que disfrutan siendo amas de casa, que adoran quedarse en el hogar, y que buscan la sabiduría de Dios a diario mientras se esfuerzan por asegurar el bienestar de su familia. Pero también me encanta que vivamos en una época en la que otras vocaciones están abiertas para las mujeres, vocaciones que amplían los roles a los que hemos sido llamadas.

Has sido llamada y acogida en la familia de Dios: una familia que está llena de mujeres sabias que trabajan para la gloria de Dios de muchas formas. Recuerda que la mujer sabia recomendada por la madre de Lemuel en Proverbios 31 no es alabada por su belleza física. Este canto a la mujer valiente «glorifica las buenas obras de una mujer en los asuntos ordinarios de la familia, la comunidad y los negocios, buenas obras que, a pesar de ser terrenales, se basan en el temor del Señor».[13]

DESCUBRAMOS EL VALOR DE LA MUJER

1. Lee Proverbios 31:10-31. Si ya has leído este pasaje, ¿qué piensas de él? ¿Cómo lo ves ahora? ¿Te ayuda el analizarlo como un canto heroico de una mujer valiente a verlo como algo más alentador?

2. Hemos visto las vidas de tres mujeres sabias: Tamar, Abigaíl y Jael. ¿Has pensado alguna vez en ellas como sabias? ¿Qué hay en sus vidas que te desafía y te anima?

3. ¿Dónde estás tú personalmente llamado a vivir una vida de sabiduría? ¿Cuánto tiempo has dedicado a pedir al Señor que te dé sabiduría en tu vocación? ¿Cómo puede tu sabiduría en estos diferentes contextos ayudar a expandir el reino de Dios?

4. Resume lo que has aprendido en este capítulo en cuatro o cinco frases.

PARA PROFUNDIZAR

1. Hay mujeres que desempeñan el papel de consejeras en el Antiguo Testamento. Estas mujeres eran conocidas por su sabiduría, y los hombres confiaban en ellas. ¿Quiénes eran y qué sabemos de ellas? (Véase 2 Sam. 14; 20).

2. ¿De qué manera la discusión sobre Tamar, Abigaíl y Jael ha desafiado tu idea previa de lo que es una mujer sabia?

3. ¿Has pensado alguna vez que el libro de Proverbios es despectivo o insultante para las mujeres? ¿Ha cambiado tu opinión durante este estudio? ¿Por qué o por qué no?

CAPÍTULO 8

El valor de la mujer en el nacimiento de Jesús

«¡Dichosa tú que has creído, porque lo que el Señor te ha dicho se cumplirá!»

Lucas 1:45

En abril de 2009, el programa *Britain's Got Talent* presentó a la concursante Susan Boyle. La cantante se presentó como una mujer desempleada y soltera de 47 años. Vivía con su gato y nunca la habían besado. Aspiraba a ser una cantante profesional tan exitosa como Elaine Paige. Cuando apareció en el escenario, el público se rio y sintió pena por ella. Pusieron los ojos en blanco, sacudieron la cabeza y se taparon la cara. Se estremecieron ante el desastre que sabían que pronto se produciría. «Vieron a una mujer de gran complexión, de mediana edad con cejas de Frida Kahlo, y se podía ver a los miembros del público poner los ojos en blanco y reír. No podían concebir que alguien de apariencia tan sencilla y vieja pudiera contener una voz tan bonita».[1]

Apenas salieron las primeras notas de su boca, el público reconoció su talento y estalló en aplausos. Los jueces quedaron boquiabiertos al unísono. Simon sonrió. La juez Amanda Holden comentó: «Estoy tan emocionada porque sé que todo el mundo estaba en contra de ti. Sinceramente, creo que todos estábamos siendo muy cínicos, y creo que fue la mayor llamada de atención».[2]

Boyle no ganaría *Britain's Got Talent*, quedando en segundo lugar en la final. Aun así, siguió con su carrera discográfica y sus giras. Cantó para la realeza, cantó en una misa para el papa, y tuvo un musical basado en su vida.

La historia de Boyle llegó al corazón de millones de personas. También expuso los juicios superficiales de la cultura en general. Nadie esperaba mucho de alguien que parecía tan poco.

Piensa en el reino de Dios. ¿Qué aspecto tendrá? Cuando esté amenazado, ¿quién lo rescatará? ¿Quién estará en él? ¿Quién lo proclamará? ¿Cómo es servir en él? ¿Qué tipo de persona te viene a la mente cuando piensas en alguien que Dios usa para avanzar, proclamar y servir en Su reino?

Piensa en tu iglesia. ¿Qué aspecto tiene el crecimiento y la vitalidad espiritual? Cuando tu iglesia esté en peligro, ¿a quién utilizará Dios para rescatarla? ¿A quiénes incluiría tu iglesia ideal? ¿Quién habla a otros sobre Jesús? ¿Qué significa servir? ¿Qué tipo de persona te viene a la mente cuando piensas en alguien que Dios usa para avanzar, proclamar y servir en Su Iglesia? ¿Pensaste en mujeres? Deberías.

Si pensaste en mujeres, ¿qué viene a tu mente cuando piensas en una «mujer de Dios»? ¿Qué aspecto tiene? ¿De dónde viene? ¿Piensas en mujeres que han sido abusadas o violadas? ¿Involucradas en un incesto? ¿Prostitución? ¿Mujeres que han sido públicamente avergonzadas y estigmatizadas como impuras y pecadoras? ¿Que no tienen hijos, son estériles o viudas? ¿Que han sufrido un dolor horrible? Deberías.

Dios elige a mujeres con pasados dolorosos para avanzar, proclamar y servir en Su reino. No vemos esto más claramente que en los eventos que conducen y rodean el nacimiento de Jesucristo, el Rey.

En este capítulo, recorreremos el nacimiento de Jesús y los acontecimientos que lo precedieron. Veremos que Dios tiene un papel vital para las mujeres. Y no solo las mujeres, sino mujeres que el mundo nunca esperaría.

Dios utiliza a mujeres sorprendentes para que Su reino avance

Vimos en Génesis 3 que Dios prometió traer la redención a través de «la descendencia de la mujer». Mientras esperamos a este Redentor prometido, «observamos a la mujer». Cada una podría ser la madre del Mesías.

A medida que avanzaba el Antiguo Testamento, la promesa de Dios se estrechó. Le prometió a Abraham una «descendencia» que se convertiría en una gran nación. Esta descendencia bendeciría a todas las naciones de la tierra (Gén. 15, 17). Por lo tanto, esperamos que la descendencia de Abraham venga a través de Israel, descendiente de Abraham. Luego Dios prometió a David una «descendencia» que reinaría sobre su reino para siempre (2 Sam. 7:12-16). Por lo tanto, buscamos que la descendencia venga a través de la línea de David. Buscamos la «descendencia de la mujer»... y de Abraham... y de David.

Al comienzo del Nuevo Testamento, Mateo se esfuerza por mostrarnos que esta descendencia es Jesús. Lo hace relatando la genealogía de Jesús (Mat. 1:1-17). «Tabla genealógica de Jesucristo, hijo de David, hijo de Abraham». A medida que la lista de nombres se despliega, emerge un patrón. «X fue el padre de Y, e Y el padre de Z», cada vez pasando de padre a hijo.

Mateo interrumpe ese patrón cuatro veces antes de llegar a José y María. Cada variación es significativa, diseñada para revelar algo sobre el Rey y Su reino. Cada interrupción incluye una mujer. Cada mujer es sorprendente, asociada con escándalo y vergüenza. Cada una promueve el linaje de la prometida «descendencia de la mujer». Dios la utiliza para que Su reino avance.

La primera mujer es Tamar, cuya historia encontramos en Génesis 38 y que leímos en el capítulo 7. Viuda por la muerte de su malvado marido Er, la responsabilidad de darle un hijo recayó en su cuñado Onán. El Señor mató a Onán por negarse a engendrar un hijo con Tamar. Ella recurrió a Judá en busca de otro marido, pero él no le proporcionó un hijo para casarse con ella. Entonces, Tamar tomó el asunto en sus propias manos. Disfrazada de prostituta, tuvo sexo con su suegro y dio a luz a dos hijos gemelos: Fares y Zera. A pesar de la injusticia, la vergüenza y el estigma social del incesto, Tamar hace que el reino avance.

La segunda mujer que encontramos es Rajab (Jos. 2). Una prostituta que proporcionó alojamiento a los espías judíos en una misión de reconocimiento. El rey de Jericó envió un mensaje a Rajab exigiendo que sacara a los hombres. Pero Rajab conocía el poder redentor del Señor y creía que el Señor destruiría Jericó. Así que ella mintió al rey, escondió a los hombres y les proporcionó un escape seguro. En agradecimiento, los espías prometieron perdonarla a ella y a su familia cuando Israel invadiera. A través de su fe, las acciones de Rajab hicieron que el reino avanzara (Heb. 11:31).

La tercera mujer que conocemos es Rut, una gentil, cuya historia tiene lugar durante el período de los jueces. Rut se casó con un judío cuya familia huyó a Moab durante una hambruna (en lugar de confiar en el Señor). Pronto, su padre, su marido y su cuñado murieron. Cuando su suegra regresó a Belén, animó a Rut a quedarse en Moab. Noemí comprendió que regresar a Belén significaba que Rut no volvería a casarse. Después de una década de matrimonio, Rut no tenía hijos, lo que indicaba esterilidad. Además, la ley mosaica prohibía a los judíos casarse con mujeres amonitas o moabitas (Deut. 7:1-4). La ley prohibía a aquellos que lo hicieran (y su descendencia) de entrar en la asamblea del Señor (Deut. 23:2-3). Aun así, Rut confió en el Señor y regresó con Noemí a Belén.

Con una fe valiente, Rut entró en Belén, enfrentándose a la vida como una marginada no deseada. Fue una mujer valiente y fuerte que asumió la responsabilidad del liderazgo, la protección y la provisión en el hogar, saliendo al campo a espigar para alimentarse a sí misma y a su suegra. Por fe, durmió en la era y expresó su voluntad de casarse con Booz. A través de todo esto Rut rescata la línea de la descendencia y hace avanzar el reino.[3]

La cuarta mujer que conocemos es «la esposa de Urías». Con este título, Mateo destaca los detalles sórdidos de la unión de Betsabé con David. Dada la autoridad y el poder inherentes a un rey, las acciones de David se califican como violación. Recuerda, la violación no tiene que ser un asalto a punta de cuchillo. Es cualquier relación sexual que ocurre sin consentimiento. Al descubrir el embarazo de Betsabé, David intenta encubrirlo. Finalmente, asesina a su marido y se casa rápidamente con ella. Aunque este hijo moriría, tendrían otros hijos. Uno de ellos se convertiría en el rey más sabio de Israel, a través del cual el Mesías vendría. A través del dolor de Betsabé, el reino avanzó.

¿Qué nos enseña Mateo? El reino avanza a través de personas inesperadas e improbables. Dios trabaja a través de mujeres como estas. Maltratadas, acusadas injustamente, avergonzadas, estigmatizadas, con una reputación de maldad y sucias. Estériles y desconsoladas, no deseadas y abusadas. Y ellas son solo algunos ejemplos. Podríamos incluir a otras, como la indeseable y no amada Lea, que es dada por la fuerza a Jacob (que nunca la amó) pero da a luz a Judá, lo que le confiere la honrosa condición de abuela lejana del Mesías.

Estas mujeres señalan la verdad de que el reino llegaría a través de un Salvador como ellas. Inesperado e improbable. Maltratado, acusado injustamente y avergonzado. Estigmatizado (como hijo bastardo) y con fama de malhechor (borracho, glotón, pecador). Declarado impuro (colgado en un madero bajo la maldición de Dios; Gál. 3:13). Fue estéril, desconsolado, no deseado y maltratado (golpeado y crucificado).

Estas mujeres nos enseñan sobre las personas inesperadas e improbables con las que el Mesías se relacionaba. Jesús se identificó con los maltratados, los avergonzados y los estigmatizados. Era amigo de los pecadores, de los impuros, de los estériles, los afligidos, los no deseados y los maltratados, muchos de ellos, mujeres. Murió por los pecadores en la cruz para que pudieran ser perdonados. Resucitó de entre los muertos para que los avergonzados pudieran ser transformados y adoptados como hijos de Dios.

Nadie debe extrañarse de este Mesías ni de la gente que busca y acoge. Toda la Biblia nos ha preparado para ello. Los que se sorprenden de quiénes son sus amigos son los que no han prestado atención al Antiguo Testamento.

Mujeres, ¿se ven en alguna de estas mujeres? ¿Temen que sus elecciones pecaminosas y su pasado vergonzoso las incapaciten para el trabajo del reino? ¿Que tus secretos más oscuros o tu reputación pública impidan que Dios trabaje a través de ti? No deberías. Dios elige las cosas débiles y necias del mundo (como un Mesías crucificado) para avergonzar a los fuertes y a los sabios (1 Cor. 1:21-31). ¿Crees que Dios puede trabajar, y lo hace, a través de ti para hacer grandes cosas en Su reino? Deberías hacerlo. Él salva a través de la vergüenza de la cruz. Él transformó a un terrorista de Medio Oriente en el autor de la mitad del Nuevo Testamento. Puede utilizarte y lo hará.

Esposos, ¿cómo ven a su «esposa con un pasado»? ¿La ven a través de la lente de su historia, pecado sexual, embriaguez, promiscuidad, abuso, autojustificación? ¿Te impide valorarla en el presente? Su pasado es su *pasado*; no es ni su *presente* ni su *futuro*. Su pasado es lo que pasó; no es lo que está sucediendo; no es lo que sucederá. Si está en Cristo, es una nueva creación. «¡lo viejo ha pasado, ha llegado ya lo nuevo!» (2 Cor. 5:17).

Lector, ¿esperas que Dios utilice a las mujeres para que Su reino avance? ¿Buscas el tipo de mujeres a través de las cuales llegó Jesús? En un viaje misionero en la universidad, un amigo me animó a compartir el evangelio con un grupo de jóvenes de aspecto rudo en una banca del parque. Me resistí e inventé excusas. En realidad, dudaba que fuera probable que se salvaran. Quería buscar otro objetivo. Mi amigo se dio cuenta. «Eric —dijo—, el evangelio es para esas personas también. Dios *puede* salvarlos».

¿Qué tipo de mujeres persigues en tu evangelismo, discipulado y compañerismo? ¿Qué tipo de mujeres quieres en tu grupo pequeño o en el equipo de liderazgo de tu iglesia? ¿Qué tipo de mujer te imaginas leyendo las Escrituras durante el servicio? ¿Cómo es una profesora de estudios bíblicos para mujeres? ¿Qué tipo de mujer aparece en las fotos de la página web de tu iglesia? ¿Con qué tipo de mujer sueñas que tus hijos se casen? ¿Tienen un pasado vergonzoso? ¿Han sido pecadoras? ¿Han sufrido pruebas que siguen persiguiéndolas? ¿Tienen cicatrices que no pueden ocultar bajo la última tendencia de moda y un cambio de imagen? ¿El mundo (incluido el religioso) las desprecia, las ignora?

¿Sueñas con que tu iglesia, tu familia y tu círculo de amigos incluyan mujeres que se parezcan a Jesús? ¿Despreciadas y rechazadas por los hombres, mujeres conocedoras del dolor y como aquellas a las que los hombres ocultan su rostro?

Jesús valora a estas personas. Vino a buscarlas y a hacerlas suyas. Despreciarlas es despreciar nuestra Salvación.

Dios utiliza a las mujeres para anunciar la llegada del reino

Imagina que estás en un comité para anunciar la aparición de un rey tan esperado y famoso. Tu tarea es seleccionar a los heraldos para hacer los primeros anuncios de su llegada. ¿A quiénes elegirías? ¿Elegirías a alguien atractivo y contextualizado a los valores de su cultura? ¿Elegirías a alguien famoso, poderoso, influyente? ¿Alguien con influencia? ¿Alguien cuya palabra la cultura valorara, confiara y aceptara? ¿Elegirías personas que reflejen cómo es el rey, que tipifiquen su reino?

Dios muestra la naturaleza contracultural del reino en sus primeros heraldos. A menudo observamos que los humildes pastores fueron los primeros en recibir la noticia del nacimiento del Salvador. Los magos gentiles vinieron de lejos. El reino es para los pobres y una bendición para las naciones. Pero antes de los magos y los pastores que vigilaban sus rebaños por la noche, hubo alguien más. Hubo mujeres, improbables y humildes, receptoras de la gracia y creyentes de la promesa, valientes y anunciadoras del reino.

Dios proclamó Su reino a través de mujeres improbables y humildes. El Evangelio de Lucas comienza con el enfoque en dos mujeres improbables y humildes: la anciana Elisabet y la virgen María.

Lucas nos presenta a un sacerdote llamado Zacarías y a su esposa Elisabet. A pesar de su notable rectitud, no tenían ningún hijo. La perspectiva de un hijo parecía imposible; Elisabet era estéril, y ellos eran viejos.

Es difícil para nosotros, un público del siglo XXI, comprender la pequeñez de la situación de Elisabet. Ella dice que el Señor le dio un hijo para «quitarme la vergüenza que yo tenía ante los demás» (Luc. 1:25). Ella soportó la vergüenza, la desgracia e insultos por su esterilidad. Habría habido murmullos entre los vecinos. *¿Qué pecado habían cometido para que el Señor les negara tener hijos? ¡Pobre Zacarías, cargado con una esposa estéril!*

La siguiente mujer que conocemos es María. Según sus propias palabras, era una mujer de condición «humilde» (Luc. 1:48). No tenía una posición en la vida que la convirtiera en una mujer a la que la gente escuchara. Aunque tendría el honor de ser la madre del Mesías, no estaría exenta de una vida de vergüenza. Sin estar casada (pero sí comprometida), la virgen concebiría un hijo por el Espíritu Santo (Luc. 1:28-35). El Mesías nacería de una madre soltera, presumiblemente por inmoralidad. Las burlas sobre la inmoralidad y el «hijo ilegítimo» la perseguirían a ella y a su hijo durante décadas (Juan 8:41).

Este no es el tipo de mujer a la que el mundo suele escuchar. Pero este no era un Rey y un reino que el mundo pudiera recibir. ¿Estás dispuesto a dejar que la elección de estas mujeres por parte de Dios transforme lo que esperas que Él utilice hoy?

Dios proclamó Su reino a través de mujeres que recibieron la gracia y creyeron la promesa. Un ángel del Señor se le apareció a Zacarías en el templo. Declaró que Elisabet tendría un hijo, al que iban a llamar Juan. Este niño sería un poderoso profeta, que prepararía al pueblo de Dios para la llegada del Mesías. Zacarías, el justo y honrado sacerdote, respondió con incredulidad.

Pero Elisabet, humilde y estéril, respondió confesando gracia. «Esto —decía ella— es obra del Señor, que ahora ha mostrado su bondad al quitarme la vergüenza que yo tenía ante los demás» (Luc. 1:25). Ella sabía que él le había «mostrado», una frase que denota que se fijó en ella y le mostró Su gracia. No escuchamos ningún indicio de incredulidad en Elisabet. Pronto se alegraría, creyendo que María llevaba al bebé al que llamaba «mi Señor» (Luc. 1:42-45). Cuando los que circuncidaban a su hijo quisieron ponerle el nombre de Zacarías, Elisabet intervino. «¡No! —insistió—, tiene que llamarse Juan» (Luc. 1:60). Estas palabras son una confesión de fe. Ella creía que su hijo sería lo que Dios dijo que era: el precursor del Rey.

Asimismo, María confesó la gracia de Dios en el don de su hijo. El ángel la saludó como «tú que has recibido el favor de Dios [...]. Dios te ha concedido su favor» (Luc. 1:28, 30). Ella recibió este anuncio de gracia «Aquí tienes a la sierva del Señor» (1:38). Elisabet celebró la fe de María: «¡Bendita tú entre las mujeres, y bendito el hijo que darás a luz!».

Las dos primeras confesiones de fe registradas en el Antiguo Testamento salieron de los labios de Eva (Gén. 4:1, 25). Es apropiado que las dos primeras confesiones de fe registradas en el Nuevo Testamento sean de mujeres, hijas de Eva por la fe.

Dios le había prometido a Eva una descendencia para redimirla; ella creyó que lo estaba haciendo. Dios había prometido a María y Elisabet una descendencia: el Redentor y Su precursor. Estas mujeres recibieron la promesa con fe.

Lucas nos enseña el evangelio. La gracia de Dios nos ha visitado en la persona de Jesucristo, crucificado por nuestros pecados y resucitado de entre los muertos. Dios acoge en Su reino a todos los que reciben esta gracia por medio de la fe.

Amigo, esta oferta no está restringida a una clase: los fuertes, los bellos, los respetables, los ricos, los libres. No está limitada por el género o la raza. Está abierta a todos y cada uno de los que reciben la gracia de Cristo en la fe. Este es un mensaje para predicar y cantar a todos los que lo escuchen. Que nuestras vidas, nuestras iglesias, nuestros hogares y nuestro testimonio reflejen esta gloriosa verdad.

Dios proclamó Su reino a través de mujeres valientes y que proclamaron el reino. La valentía tanto de Elisabet como de María es admirable. Imagina el valor que requirió declarar que su hijo se llamaría «Juan». Como Zacarías no podía hablar, los reunidos iban a llamar al niño como su padre. Pero Elisabet habló, creyendo que su hijo sería quien el Señor dijo que sería, y le puso su nombre en obediencia.

Imagina el valor que requirió María para someterse a la noticia de un embarazo no planeado y al no estar casada. Probablemente había visto la exclusión de las madres solteras. Había escuchado los murmullos y comentarios. Pero confió en su Dios y se llamó a sí misma Su sierva.

Estas valientes mujeres se convirtieron en las primeras en proclamar la llegada del Mesías en la tierra. María fue a visitar a Elisabet (Luc. 1:39-56). Al oír la voz de María, el niño saltó en el vientre de Elisabet. El Espíritu Santo la llenó y exclamó:

«¡Bendita tú entre las mujeres, y bendito el hijo que darás a luz! Pero ¿cómo es esto, que la madre de mi Señor venga a verme?».

La de Elisabet es la primera declaración registrada que reconoce la llegada del Mesías a la tierra.

María responde con un canto (Luc. 1:46-55). Su poesía no solo es una pieza perspicaz de teología bíblica.

También es el primer himno del pueblo de la nueva alianza de Dios.

Debemos mencionar a otra mujer. Una viuda anciana. Ana «nunca salía del templo, sino que día y noche adoraba a Dios con ayunos y oraciones» (Luc. 2:36-37). Era una profetisa, a través de la cual Dios hablaba con expresiones espontáneas. En el momento que presentaron al niño Jesús en el templo, «Ana dio gracias a Dios y comenzó a hablar del niño a todos los que esperaban la redención de Jerusalén».

Ana, una mujer, se convierte en el primer ser humano que proclama el nacimiento del Rey en público.[4]

¡Qué apropiado es que las mujeres sean las primeras en proclamar al prometido que vendría a través de la mujer! Qué apropiado que Dios eligiera a mujeres que se parecieran a Su reino y a Su Hijo: humildes, inesperadas, con gracia, valientes y llenas de fe.

Amigo, Dios llama y utiliza a las mujeres para proclamar el evangelio. Sin importar las diferencias en la práctica, cada creyente debería celebrar esta verdad. Anunciar las buenas nuevas es un encargo que el Señor reinante ha dado a cada creyente (Mat. 28:18-20). No tenemos derecho a pasar por alto o excluir a ningún creyente de esta tarea.

Como joven pastor, yo (Eric) no sabía qué hacer con las mujeres que querían hablarme sobre nuestra fe. No me refiero a las mujeres que tenían preguntas. Me refiero a mujeres que tenían algo que decirme a partir de la Biblia. Mi teología me decía que esto era aceptable. Pero por dentro me sentía incómodo, receloso, resistente, tentativo.

Cuando pensaba en el desarrollo del liderazgo, pensaba en capacitar a hombres para ser pastores. Capacité a los hombres en la interpretación, la teología, la predicación y el liderazgo de la iglesia. Dejé la formación y la capacitación de las mujeres en manos de otras mujeres. (Después de todo, pensé, Tito 2 dice que la formación de las mujeres es tarea de las mujeres. No me di cuenta de que no limitaba ese trabajo solo a las mujeres).

Hermanos, no debemos sospechar de nuestras hermanas. Nosotros debemos celebrarlas. No debemos sentirnos incómodos cuando una mujer nos anime con el evangelio. Debemos estar agradecidos. No debemos resistirnos cuando una mujer corrige nuestra teología o práctica. Debemos dar gracias. No debemos ser reservados cuando las mujeres piden formación, capacitación y oportunidades para compartir sus dones y sabiduría. Deberíamos estar entusiasmados.

Estas hermanas no buscan usurpar el puesto de sus pastores. No desprecian a sus hermanos. No odian ni buscan destruirnos.[5] Son hijas del Padre y hermanas del Rey que quieren ayudarnos en la obra del reino. Son nuestras madres y hermanas, herederas con nosotros de la gracia de la vida. «De ellos hiciste un reino; los hiciste sacerdotes al servicio de nuestro Dios» (Apoc. 5:10). Cuando sus dones sirven, no estás fallando en la hombría bíblica, estás cumpliendo con ella.

Dios encargó a los primeros humanos que sometieran la tierra y ejercieran juntos el dominio sobre ella. Dios puso al primer hombre en el Jardín y le encomendó el servicio sacerdotal, un ministerio que no podía cumplir solo. Este trabajo requería una ayudante, la mujer, una *ezer*. Cuando invitamos a las mujeres a la labor del ministerio, estamos cumpliendo el diseño de Dios.

¿Ves a las mujeres como socias estratégicas en la proclamación del evangelio? ¿Sigues a Dios en la búsqueda de mujeres humildes e inesperadas? ¿Animas a las mujeres a compartir a Jesús con otros y enseñarles a seguirlo? ¿Buscas mujeres que reciban la gracia y que crean en la promesa para capacitar a las mujeres para el trabajo estratégico del reino?

¿Tienes un lugar para que las mujeres ejerzan sus dones para la edificación de tu iglesia? ¿Hay un lugar en tu iglesia para el cumplimiento de la promesa del nuevo pacto de Dios: «... derramaré mi Espíritu sobre todo el género humano. Los hijos y las hijas de ustedes profetizarán» (Joel 2:28)?[6] ¿Hay un lugar para que una mujer comparta sus ideas, preocupaciones, advertencias y correcciones? ¿Hay un lugar para que una mujer corrija a «un hombre ilustrado y convincente en el uso de las Escrituras», que haya sido «instruido en el camino del Señor», y que «con gran fervor hablaba y enseñaba con la mayor exactitud acerca de Jesús» (Hech. 18:24-25)?

Hermanos, ¿están dispuestos a escuchar a una Ana cuando les habla de la redención de Dios? Hermanas, ¿están dispuestas a dar un paso adelante y decir: «No, así es como debe ser», como hizo Elisabet?

¿Les das a las mujeres tareas difíciles que implican riesgo o peligro y que exigen valentía? Deberías hacerlo. Dios lo hace.

Dios llama a las mujeres a compartir el sufrimiento del reino

En la infancia de Jesús, Simeón le dijo a María: «una espada te atravesará el alma» (Luc. 2:34-35). Sin duda, su corazón fue traspasado metafóricamente al ver a su primogénito traspasado y muerto en una cruz. Pero su sufrimiento comenzó antes de eso. Aparte del estigma de su embarazo, se vería obligada a exiliarse para escapar de la ira del rey Herodes. Herodes, amenazado por la noticia de un rey recién nacido, ordenó el asesinato de todos los niños varones de la zona de Belén de dos años o menos. María y José huyeron con Jesús a Egipto. Cientos de otras madres no fueron tan afortunadas.

Mateo dijo que esto cumplió lo que se dijo a través del profeta Jeremías (Mat. 2:18): «Se oye un grito en Ramá, llanto y gran lamentación; es Raquel, que llora por sus hijos y no quiere ser consolada; ¡sus hijos ya no existen!».

Jeremías pronunció esas líneas en una profecía que proclamaba la intención del Señor de convertir el luto de Su pueblo en gozo. Sigue esa frase con estas palabras (Jer. 31:16-17):

> Así dice el Señor:
> «Reprime tu llanto,
> las lágrimas de tus ojos,
> pues tus obras tendrán su recompensa:
> tus hijos volverán del país enemigo
> —afirma el Señor—.
> Se vislumbra esperanza en tu futuro:
> tus hijos volverán a su patria
> —afirma el Señor—.

Las madres que lloran deben secar sus ojos, porque sus hijos volverán a casa. Jeremías comparó a los israelitas en el exilio con «Raquel que llora por sus hijos [...] ¡sus hijos ya no existen!». Esta es una referencia extraña ya que ninguno de los hijos de Raquel murió antes que ella. Ella murió después de dar a luz a su segundo hijo. Jacob la enterró en camino a Belén. Es después del relato de su muerte y entierro que Génesis pasa a la historia de su hijo, José. Este es vendido como esclavo en Egipto. Finalmente, Jacob y sus otros hijos se van a Egipto para escapar de la hambruna, dejando a Raquel en su tumba.

Jeremías ve a Raquel como un símbolo. Ella llora cuando sus hijos pasan por su tumba en su camino para vivir en una tierra extranjera. Pero un día, cuando regresen, será consolada. Dios llama a las mujeres a compartir el sufrimiento (y el consuelo) de Su reino.

Es notable que esto es precisamente lo que ocurre en Mateo 2:20-21. Cuando es seguro, un ángel ordena a José: «Levántate, toma al niño y a su madre». La verdadera descendencia de Abraham, Jesús, regresó a Su propio país. La promesa de consuelo comenzaba a cumplirse.

Pero hasta que ese consuelo se cumpla en el regreso de Jesús para resucitar de los muertos en un nuevo cielo y una nueva tierra, el llanto continúa. Las mujeres sufren para hacer avanzar el reino.

Piensa en las mujeres que hemos visto hasta ahora: Tamar, Rajab, Rut, Betsabé, Elisabet, María, Ana. Dios utilizó a cada una de ellas para hacer avanzar Su reino. Trabajó a través de ellas, específicamente, a través de sus sufrimientos. Cada mujer compartió el sufrimiento para el avance del reino. Cada una de ellas será consolada un día.

Mujeres, cuando se imaginan sirviendo al reino de Cristo, ¿contemplan el sufrimiento? ¿O tienen una visión depurada y romántica del servicio al reino? ¿Creen que seguir a Jesús en la soltería o en el matrimonio, en la maternidad o en la esterilidad, en ser esposa o viuda o divorciada será fácil? Ser mujer es un llamado a sangre, sudor y lágrimas.

Hombres, ¿les parece caballeroso excluir a las mujeres del doloroso trabajo misionero y del posible sufrimiento? No lo es. ¿Crees que la «hombría bíblica» significa excluir a las mujeres de posibles sufrimientos por el reino? No es así.

A todos nos gustaría evitar el sufrimiento. Pero no es así como trabaja Dios. Él llama a las mujeres a la obra de Su reino, a la dolorosa, sangrienta, sollozante y sufrida obra de Su reino. Las envía en misiones arriesgadas, peligrosas y mortales. Piensa en Amy Carmichael, Lottie Moon, Elisabeth Elliot y los miles de mujeres en la historia de la Iglesia que eligieron caminar hacia el peligro y la muerte por el evangelio y el servicio a los demás. Dios sigue haciendo esto.

Debemos incluir a las mujeres en las cosas difíciles, en las cosas peligrosas, en las cosas dolorosas. Hermanos, no teman que nuestras hermanas sean demasiado débiles para este sufrimiento. Son más fuertes de lo que pueden imaginar. Han estado sufriendo dificultades desde que Adán y Eva dejaron el Jardín.

Estas mujeres no están solas. El Rey, el Siervo sufriente, las ama y dio Su vida por ellas. Nunca las dejará ni las abandonará. Prometió estar siempre con ellas, incluso hasta el final. La promesa que sostuvo a nuestras hermanas en el pasado las sostendrá hoy, hermanos. Están en mejores manos que las nuestras.

DESCUBRAMOS EL VALOR DE LA MUJER

1. Discute la historia inicial sobre Susan Boyle.

   a. ¿De qué manera tus opiniones y expectativas sobre las mujeres son superficiales y estereotipadas?
   b. ¿Qué imaginas cuando piensas en una «mujer de Dios»? ¿Qué aspecto tiene? ¿De dónde viene?
   c. Piensa en tu iglesia:
      i. ¿Qué aspecto tiene el crecimiento espiritual y la vitalidad?
      ii. Cuando tu iglesia está en peligro, ¿a quién usará Dios para rescatarla?
      iii. ¿A quiénes incluiría tu iglesia ideal?
      iv. ¿Qué tipo de persona te viene a la mente cuando piensas en alguien que Dios usa para avanzar, proclamar y servir en Su iglesia?

2. Discute las mujeres en la genealogía de Jesús.

   a. Mujeres, ¿se ven en alguna de estas mujeres?
   b. ¿Temes que tus elecciones pecaminosas y tu pasado vergonzoso te hagan incapaz de trabajar en el reino? ¿Por qué sí o por qué no?

c. ¿Temes que tus secretos más oscuros o tu reputación pública impidan que Dios trabaje a través de ti? ¿Por qué sí o por qué no?
d. ¿Crees que Dios puede y quiere trabajar a través de ti para hacer grandes cosas en Su reino? ¿Por qué sí o por qué no?
e. ¿Qué tipo de mujeres persigues en tu evangelismo, discipulado y compañerismo?
f. ¿Qué tipo de mujeres quieres en tu grupo pequeño o en el equipo de liderazgo de tu iglesia?
g. ¿Qué tipo de mujer imaginas que participe en tu servicio dominical?
h. ¿Cómo es una profesora de estudios bíblicos para mujeres?
i. ¿Qué tipo de mujer aparece en las fotos de la página web de tu iglesia?
j. ¿Con qué tipo de mujer sueñas que se casen tus hijos?
k. En todas estas categorías:
    i. ¿Tienen un pasado vergonzoso?
    ii. ¿Fueron pecadoras notorias?
    iii. ¿Han sufrido pruebas que las siguen persiguiendo?
    iv. ¿Tienen cicatrices que no pueden ocultar bajo la última tendencia de moda y un cambio de imagen? ¿El mundo (incluido el religioso) las desprecia, las ignora?
l. ¿Busca tu iglesia el tipo de mujeres a través de las que llegó Jesús?

3. Resume lo que has aprendido en este capítulo en cuatro o cinco frases.

PARA PROFUNDIZAR

1. Discute las formas en que Elisabet, María y Ana anunciaron la llegada de Jesús.

    a. Hombres: ¿Cómo reaccionan cuando las mujeres los animan con la Palabra de Dios? ¿Cuándo los corrigen? ¿Lo aceptan? ¿Por qué o por qué no?
    b. Mujeres: ¿Están dispuestas a hablar de Jesús a los demás? ¿Se sienten libres de animar a sus hermanos en Cristo con lo que saben de Jesús? ¿Están dispuestas a corregir la teología y la práctica? ¿Por qué sí o por qué no?
    c. En la iglesia, ¿hay un lugar para que las mujeres
        i. ejerzan sus dones para la edificación de otros?
        ii. trabajen en los esfuerzos de evangelización y misiones de su iglesia?
        iii. En tu iglesia, ¿son las mujeres verdaderas compañeras y ayudantes en el servicio del reino? ¿Por qué sí o por qué no?

2. Discute las diversas formas de sufrimiento de las mujeres que hemos visto.

    a. Mujeres: ¿Ven el sufrimiento como una parte inevitable de servir a Jesús? ¿Por qué sí o por qué no?
    b. Hombres: ¿Están dispuestos a invitar a las mujeres a un ministerio difícil y peligroso? ¿Por qué sí o por qué no?
    c. ¿Acoge tu iglesia a las mujeres en las cosas difíciles? ¿Las cosas peligrosas? ¿Las cosas dolorosas? ¿Por qué sí o por qué no?

CAPÍTULO 9

El valor de la mujer en la vida y el ministerio de Jesús

«... se sorprendieron de verlo hablando con una mujer...»

Juan 4:27

El cargo de presidente de los Estados Unidos de América es a menudo considerado el más poderoso del mundo. Sin embargo, lamentablemente, su historia está plagada de malos tratos a las mujeres.

En el último mes de las elecciones presidenciales de Estados Unidos de 2016 salió a la luz un vídeo en el que al entonces candidato Donald Trump se lo escucha describir sus intentos de seducir a una mujer casada. Él continúa presumiendo de tomar a las mujeres por sus partes privadas. En su disculpa, Trump describió la charla como una simple «broma de vestidor».[1] Trump sería elegido el presidente número 45 de los Estados Unidos.

En enero de 1998, se denunció que Bill Clinton, el presidente de los Estados Unidos que tenía 49 años, había mantenido una relación sexual ilícita con una interna de la Casa Blanca de 22 años, Monica Lewinsky. Él lo negó, declarando: «No tuve relaciones sexuales con esa mujer [...]. Las acusaciones son falsas».[2] Con el transcurso de las consecuencias, el presidente admitió la relación sexual. Cumpliría el resto de su mandato y seguiría siendo una figura muy querida en el Partido Demócrata. La Srta. Lewinsky sería diagnosticada con estrés postraumático, resultante de la experiencia. El trauma de este «inapropiado abuso de autoridad, de posición y de privilegio» sigue afectándola 20 años después.[3]

La desvalorización de la mujer no se limita a la esfera política. Kathy Ireland saltó a la fama como modelo antes de convertirse en empresaria, sus empresas valen más de dos mil millones de dólares. A pesar de su éxito empresarial, se enfrentó a la oposición en sus esfuerzos para desarrollar y vender su línea de equipos de oficina. Le dijeron que nadie compraba muebles de oficina a las mujeres.[4] «Las empresas más grandes de Estados Unidos desarrollarían muebles para el hogar con nosotros, incluso para la oficina en casa. Pero no los muebles de oficina. Sentían que eso ofendería a los hombres».[5] Aunque fue bienvenida en 13 ediciones consecutivas de las ediciones de trajes de baño de *Sports Illustrated*, en el mundo de los negocios no se le permitía ni siquiera *diseñar* un asiento en la mesa, simplemente por ser mujer.

Más allá de la política y los negocios, no hay que buscar mucho para encontrar mujeres devaluadas en todos los ámbitos de la vida. Hollywood y el «sillón del reparto». Atletas profesionales que abusan de las mujeres. Músicos que materializan a las mujeres. Restaurantes conocidos por el tamaño del busto de sus camareras.

Tristemente, la iglesia no es inmune. En mayo de 2018, la autora y maestra de la Biblia Beth Moore publicó una entrada en su blog titulada «Carta a mis hermanos».[6] En ella detalla «cómo ha sido ser una líder femenina en el mundo evangélico conservador». Aquí una parte de lo que ella ha experimentado:

> He subido a elevadores en hoteles repletos de compañeros líderes que estaban sirviendo en el mismo evento y no me hablaban y, aún más incómodo, en los mismos vehículos en los que nunca me han reconocido. He asistido a reuniones de equipo en las que me ignoraban o se burlaban de mí, lo cual esperaban que entendiera que era parte de la diversión. Soy una persona que se ríe. Acepto bromas y hago bromas. Reconozco cuando me divierto y también sé cuándo me están despreciando y ridiculizando. Era el elefante en la habitación con una falda. Los estudiantes varones del seminario me hablaron con desprecio y me contuve cuando quise decir: «Hermano, me levantaba antes de que amaneciera para orar y repasar las Escrituras cuando tú aún estabas en pañales».

A continuación, expone sus experiencias con las acusaciones públicas:

> … hace varios años, cuando un grupo de fundamentalistas basados en fragmentos sacados de contexto me calumniaron públicamente diciendo que era una falsa maestra, pregunté si habían investigado alguno de mis estudios bíblicos para llegar a esas conclusiones sobre mi doctrina, especialmente los estudios de los últimos años. La respuesta fue no. ¿Por qué? Se negaron a estudiar lo que una mujer había enseñado.

Y sus experiencias con algunos teólogos y líderes de la iglesia:

> Hace aproximadamente un año tuve la oportunidad de conocer a un teólogo que había respetado durante mucho tiempo. Había leído prácticamente todos sus libros. Me ilusionaba compartir una comida con él y hablar de teología. En el momento que lo conocí, me miró de arriba abajo, sonrió con aprobación y dijo: «Eres más

guapa que _______________». No lo dejó sin nombre. Lo rellenó con el nombre de otra profesora de la Biblia.

Desde el trono de Israel hasta la oficina oval, desde el ejecutivo hasta el pastorado, ningún lugar, ningún cargo de autoridad es inmune a la misoginia y al sexismo, a la materialización, al abuso y a devaluar a las mujeres.

Jesucristo es el Hijo de Dios (Mar. 1:1). Nació como rey (Mat. 2:2). Se le dio toda la autoridad (Mat. 11:27; 28:18; Juan 3:35). Entonces, ¿cómo utilizará este rey Su posición, Su poder y Su autoridad con las mujeres? ¿Cómo les hablará y escuchará? ¿Cómo las tratará cuando esté a solas con ellas? ¿Cómo las tocará, las acogerá, las protegerá?

Más allá del Rey, Jesús es Dios hecho carne (Juan 1:1, 14). Es Dios con nosotros (Mat. 1:23). Ver a Jesús es ver a Dios Padre (Juan 14:9). ¿Qué podemos aprender, pues, sobre cómo ve y valora Dios a las mujeres al ver a Jesús?

En este capítulo, examinaremos la vida y el ministerio de Jesús, viendo cómo el hombre perfecto valoraba, amaba y honraba a las mujeres.

Lo que no vemos en Jesús

Empecemos por lo que *no* vemos. Admitimos que los argumentos del silencio pueden ser complicados, incluso engañosos. Sin embargo, es valioso lo que no se encuentra en la vida y el ministerio de Jesús, especialmente a la luz de lo que vemos en muchas personas en posiciones de poder.

No vemos ningún indicio de indecencia con las mujeres por parte de Jesús. No encontramos ningún indicio de que las mujeres se sintieran incómodas en Su presencia.

Jesús no muestra ninguna preocupación por cómo el amor y el compromiso con las mujeres afectaría Su reputación, obstaculizaría Su ministerio, sería malinterpretado (maliciosa o inocentemente), o causaría alarma en los demás (especialmente en los religiosos). No da ninguna indicación de que vea a las mujeres en general como trampas, objetos sexuales y seductoras.

No escuchamos a Jesús hacer una «broma de vestidor». Tampoco vemos toques realmente inapropiados o inoportunos (aunque no rechazó muestras de afecto que alarmaron a los religiosos de su época).

Tal vez por eso no leemos que hubiera enemigas, pero sí muchas devotas seguidoras. «En el contexto del fracaso de los discípulos varones, la devoción y el coraje de las mujeres brillan... permanecieron ahí hasta el final, demostrando con su presencia su continua lealtad a su Señor crucificado. Cabe destacar que no se menciona a ninguna mujer en ningún momento que actuara contra Jesús; todos sus enemigos eran hombres».[7]

Charles Spurgeon señala: «No tenemos registro de ninguna falta de amabilidad de ninguna mujer hacia nuestro Señor, aunque tenemos muchos relatos de mujeres en varios periodos de Su vida».[8] De hecho, en Su juicio, una mujer es la única que defiende Su justicia (Mat. 27:19). Todos sus oponentes registrados son hombres.

En la vida y el ministerio de Jesús no encontramos la desvalorización, la materialización, el abuso o la marginación de las mujeres. Si estas acciones y actitudes no tenían cabida en la vida del hombre perfecto y Rey de reyes, ciertamente no tienen lugar en nuestro liderazgo, nuestros lugares de trabajo, nuestras conversaciones en el vestidor, nuestros hogares, nuestras culturas, o en nuestras iglesias. El reinado de Cristo remueve y reemplaza todo esto con algo mejor.

¿Qué es eso mejor? ¿Qué es lo que vemos sobre el valor de las mujeres en la vida de Cristo?

Lo que vemos en Jesús

Jesús se fijó en las mujeres. En una ocasión, Jesús se sentó en el patio de las mujeres (el lugar más alejado en el que las mujeres podían entrar en el templo) y observó cómo la gente ponía sus donaciones en la caja de las ofrendas (Mar. 12:41-44; Luc. 21:1-4). Se fijó en una mujer que quizás era fácil de pasar por alto: una viuda pobre. No solo se fijó en ella, sino que también llamó a los demás a mirarla, y alabó su ejemplo como superior a todos los demás.

Jesús dignificó a las mujeres como seres humanos.[9] En otra ocasión, mientras Jesús enseñaba en la sinagoga, se fijó en una mujer que sufría posesión demoníaca con consecuencias físicas, una condición que había soportado durante 18 años (Luc. 13:10-17). Jesús la llamó, la tocó y la sanó. Cuando el jefe de la sinagoga reprendió a la gente por buscar curación en sábado, Jesús lo reprendió: «—¡Hipócritas! —le contestó el Señor—. ¿Acaso no desata cada uno de ustedes su buey o su burro en sábado, y lo saca del establo para llevarlo a tomar agua? Sin embargo, a esta mujer, que es hija de Abraham, y a quien Satanás tenía atada durante dieciocho largos años, ¿no se le debía quitar esta cadena en sábado?». Jesús no tiene paciencia con un hombre que valora más a un animal que a una mujer.

Observa cómo Jesús dignifica a esta mujer. La ve, le habla, la toca. Defiende su valor como ser humano y como miembro de la familia de Dios: «esta mujer, que es hija de Abraham». Avergüenza a los que valoran a sus animales más que a ella.

Jesús disfrutaba de la compañía de las mujeres. Las mujeres eran consideradas como compañeras de viaje desde los primeros momentos de Su ministerio público hasta la cruz (Luc. 23:49; Juan 2:12). Estas mujeres se encontraban en la escala social de María Magdalena (de quien Jesús exorcizó siete demonios) a Juana y a la esposa del jefe de la casa de Herodes (Luc. 8:1-3).

Cada evangelio señala un grupo de mujeres (algunas nombradas y otras desconocidas) presentes en la crucifixión de

Jesús, que «habían seguido a Jesús desde Galilea para servirle» (Mar. 15:40; comp. Mat. 27:55-56; Luc. 23:49; Juan 19:25). El erudito James Edwards comenta sobre la expresión de Marcos:

> Los tiempos imperfectos de ambos verbos en griego indican no un acompañamiento y servicio ocasionales o esporádicos, sino la presencia y el servicio continuos de Jesús a lo largo de Su ministerio. Estas y otras mujeres han hecho lo que Marcos a lo largo de su Evangelio define como discipulado: seguir y servir a Jesús. Solo los ángeles (1:13) y las mujeres (15:41) se dice que han servido a Jesús en Marcos [...]. Un centurión romano hace la primera confesión cristiana, y las mujeres, aunque no son las más notables seguidoras de Jesús, han estado entre sus más fieles seguidoras.[10]

Jesús no rehusaba pasar tiempo a solas con las mujeres, incluso mujeres escandalosas. Una vez, de paso por Samaria, se sentó junto a un pozo, cansado y sediento. Sus discípulos habían ido a la ciudad a buscar comida, y habían dejado a Jesús solo. Una mujer samaritana se acercó al pozo, y Él entabló inmediatamente una conversación. Cuando Sus discípulos regresaron algún tiempo después, «se sorprendieron de verlo hablando con una mujer» (Juan 4:27).

Jesús inició una conversación teológica con una samaritana en un pozo. En la época de Jesús, casi todas las palabras de esa frase eran escandalosas.

Primero, la iniciativa: Jesús *inició* la conversación. «El hecho de que tomara la iniciativa, permitía la acusación de que actuaba de forma seductora. Los hombres judíos no solían hablar con las mujeres en público».[11]

En segundo lugar, la locación: un *pozo*. Esto puede no parecer significativo para los lectores modernos, no mucho más que una conversación al lado de un bebedero. Andreas Köstenberger explica el significado cultural de la ubicación: «El hecho de que las futuras esposas de Isaac y Jacob se encontraran en pozos

(Gén. 24:17; 29:10) da precedentes que habrían advertido a los judíos devotos. Los precedentes sugieren que, a menos que uno busque pareja, debe evitar hablar con las mujeres en público, especialmente en los pozos, que eran conocidos como lugares donde los hombres podían encontrarse con las mujeres».[12]

En tercer lugar, el sujeto: estaba con *una mujer* en el pozo. Un dicho rabínico enseñaba: «Un hombre no debe estar a solas con una mujer en una posada, ni siquiera con su hermana o su hija, a causa de lo que puedan pensar los hombres. Un hombre no debe hablar con una mujer en la calle, ni siquiera con su propia esposa, y menos aún con otra mujer, por lo que los hombres pudieran pensar».[13] *Jesús, aparentemente, no rehusó la conversación con las mujeres por miedo a lo que otros hombres pudieran pensar o por lo que pudiera «destruir Su testimonio».*

En cuarto lugar, el origen étnico de la mujer: *una samaritana*. Los judíos evitaban a los samaritanos en general, por temor a la profanación ritual. «Probablemente este temor se intensificó cuando la samaritana era una mujer: en una generación los líderes judíos codificarían una ley (Mishnah *Niddah* 4:1) que reflejaba el antiguo sentimiento popular, en el sentido de que todas "las hijas de los samaritanos son menstruantes desde la cuna" y, por lo tanto, están en un estado de impureza ceremonial».[14]

En quinto lugar, la actividad: la conversación, *conversación teológica* con una mujer. La enseñanza rabínica desaconsejaba a los hombres, bajo la amenaza del infierno, de participar en una larga conversación con las mujeres. «El que prolonga la conversación con una mujer trae el mal sobre sí mismo, deja de cumplir las palabras de la ley, y al final hereda Gehanna».[15]

Además, la tradición rabínica consideraba la instrucción teológica de las mujeres como una pérdida de tiempo. «Algunos rabinos llegaron a sugerir que proporcionar a sus hijas un conocimiento de la Torá era tan inapropiado como enseñarles la lascivia, es decir, venderlas a la prostitución».[16]

Sin embargo, las tradiciones de los hombres no disuaden a Jesús. En *Through His Eyes: God's Perspective on Women in the Bible* [A través de sus ojos: La perspectiva de Dios sobre las mujeres en la Biblia], Jerram Barrs observa:

> Jesús trata a la samaritana como una persona racional y reflexiva. Él debería saberlo, por supuesto, ya que es el Creador de las mujeres, personas que son tanto la imagen de Dios como cualquier hombre que ha creado. Como Creador de la mujer, es plenamente consciente de su capacidad intelectual y su capacidad para aprender y discutir teología. Ningún maestro (y ningún hombre) le había hablado así antes. Pero Jesús entra en una discusión teológica con ella.[17]

Teniendo en cuenta este contexto, imaginemos lo que debió sentir esta mujer cuando un hombre inició una conversación con ella sobre la vida y la teología, tomándola en serio tanto al escucharla como en sus respuestas. «Ningún hombre se había dirigido a ella como un igual social».[18] Tal vez, ningún hombre (o mujer) se había dirigido a ella como un ser humano. Jesús fue a donde no iban las mujeres para buscar a la mujer que las mujeres no buscaban.

La mujer samaritana (cuyo origen étnico era judío y gentil) fue la primera persona a la que Jesús se reveló como el Mesías. También fue la primera persona a la que le encargó llevar el mensaje a un público no judío.

Jesús fue atendido por mujeres. Jesús reveló Su vulnerabilidad a las mujeres y les permitió atender sus necesidades. En el pozo, «Jesús muestra Su vulnerabilidad y necesidad a la mujer samaritana, él está cansado y sediento [...]. La dignifica reconociendo Su necesidad de algo que ella puede hacer por Él. Muestra Su vulnerabilidad ante ella. Está sediento y cansado, y ella puede ayudarle».[19] Al hacerlo, Jesús honra su humanidad al reconocer la suya.

Para que no pensemos que la petición de beber en el pozo fue simplemente una vulnerabilidad puntual destinada a evangelizar un alma más que a que saciar una sed real, debemos tener en cuenta la frecuencia con la que las mujeres sirven a Jesús. En el Evangelio de Marcos, «solo los ángeles (1:13) y las mujeres (15:41) se dice que sirvieron a Jesús».[20] En su Evangelio y en el libro de Hechos, «a Lucas le gustaba señalar el papel de las mujeres en el servicio a Jesús», con al menos nueve notas significativas de servicio (Luc. 1:5-80; 2:36-38; 8:1-3; 23:49, 55; Hech. 9:36-42; 12:12-17; 18:24-28; 21:9).[21]

Las mujeres que seguían continuamente a Jesús son la única fuente de ingresos para el ministerio itinerante de Jesús, ya que lo mantenían «con sus propios recursos» (Luc. 8:1-3). Ellas lo atendían (Mar.15:40-41) y le servían (Mat. 27:55-56), como hicieron otras mujeres en varias ocasiones (Mat. 8:15; Mar. 1:31; Luc. 4:39). Jesús incluso recibió la hospitalidad de una mujer dueña de una casa cuando «una mujer llamada Marta lo recibió en su casa» (Luc. 10:38-42). Esto es notable porque «en los días de Jesús, un rabino judío o un líder religioso nunca recibiría la hospitalidad de una mujer de esta manera».[22]

Algunos hombres pueden disfrutar de la compañía de las mujeres, pero solo como una ocasión para demostrar su fuerza y sabiduría, su capacidad de proteger y proveer. Jamás soñarían con ser atendidos por una mujer, mucho menos, depender de una mujer. La hombría de Jesús no era tan frágil.

Jesús tocó y fue tocado por mujeres. Si un saludo en el vestíbulo de la iglesia te hace sentir incómodo, tal vez quieras saltarte esto. Las interacciones de Jesús con las mujeres incluían a menudo el contacto. Él tocó a las mujeres. Jesús curó a la suegra de Pedro tocando su mano (Mat. 8:14-15, Mar. 1:29-31). ¿Qué importancia tiene esto? «El único punto que preocupa a Mateo es la compasión de Jesús por una tercera categoría de personas que se consideraban ciudadanos de segunda clase dentro del judaísmo, a saber, las mujeres [...]. Tocar a las mujeres de esta manera estaba prohibido por lo menos en algunas tradiciones judías».[23] Estas tradiciones prohibían que un hombre tocara la mano de una mujer, «ni siquiera para pasar el dinero de su mano a la de ella».[24]

Del mismo modo, Jesús permitía que las mujeres lo tocaran sin reprenderlas, a veces de forma bastante escandalosa (Mat. 9:18-26; Mar. 5:21-43; Luc. 8:40-56). Mientras Jesús cenaba en casa de un fariseo, una mujer entró (Luc. 7:36-50). Esto en sí mismo no era escandaloso, ya que tales comidas eran asuntos semipúblicos en los que los invitados no deseados podían estar en los alrededores para observar. Ella se puso a los pies de Jesús y, abrumada con la gracia que le había mostrado al perdonar sus pecados, comenzó a llorar.

Las lágrimas rodaban por sus mejillas y caían sobre Sus pies, mojándolos. Entonces la mujer se soltó el pelo y empezó a secar las lágrimas de los pies de Jesús. Este acto por sí solo habría provocado la reprimenda de la mayoría de los hombres judíos, ya que «una dama judía nunca se soltaba el pelo en público. Al parecer, esto se consideraba una marca de moral relajada».[25] «Aparentemente, que una mujer casada se suelte el pelo en público constituía un motivo de divorcio».[26] Cuánto más escandaloso para una «mujer de la ciudad», una «pecadora».

Yendo aún más lejos, besa los pies de Jesús antes de ungirlos con aceite. Considera la intimidad de este contacto cuando esta mujer se inclina para poner sus labios sobre los pies del Mesías. Jesús, para consternación de sus anfitriones, no reprende a la mujer. No solo recibe el contacto íntimo de la mujer, sino que lo alaba y lo pone como ejemplo de hospitalidad. Amonesta el fracaso de su anfitrión (varón) y la despide en paz.

En otra ocasión, su amiga María hizo algo parecido (Juan 12:1-8; ver también Mat. 26:6-13; Mar. 14:3-9). Un autor señala: «El hecho de que María (que probablemente era soltera, ya que no se menciona marido) actúe aquí de esa manera con Jesús, un conocido rabino (pero sin compromiso), seguro que levantó algunas cejas».[27] Pero a Jesús no le preocupa lo que recibir el cariño de esta mujer pueda parecer a los de afuera, que pueda provocar murmullos, o «arruinar Su testimonio». Se preocupa por ella.

Jesús siempre fue apropiado con las mujeres: gentil, amable y compasivo, aunque nunca condescendiente. Aunque era escandaloso, Jesús no mostró ninguna indecencia con la mujer del pozo o con las que le lavaron los pies. Mostró compasión hacia las mujeres en su sufrimiento. Él sanó a las mujeres enfermas (Mat. 8:14-15; Mar. 1:29-31; Luc. 4:38-39). Cuando el Señor vio a una viuda llorando a su único hijo «se compadeció de ella» y lo resucitó de entre los muertos (Luc. 7:11-17). Cuando una mujer cayó de rodillas, temerosa y temblorosa al ser descubierta por haber tocado Su manto, Él la tranquilizó con dulzura, «¡Hija, tu fe te ha sanado!» (Mat. 9:18-26; Mar. 5:21-43; Luc. 8:40-56). Al observar a una mujer en la sinagoga, afligida por un demonio durante 18 años, encorvada e incapaz de enderezarse, Jesús la llamó, la tocó y la sanó (Luc. 13:10-17). Cuando una mujer cananea suplicó misericordia, Jesús no solo liberó a su hija endemoniada, sino que alabó su fe (Mat. 15:21-28). Se adentró en el llanto de María por la muerte de su hermano Lázaro; se conmovió profundamente y lloró con ella, y luego resucitó a su hermano de entre los muertos (Juan 11:1-44). Al hablar de los últimos días, habló con conciencia y compasión de las exigencias de las mujeres embarazadas y las madres lactantes (Mat. 24:19; Mar. 13:17; Luc. 21:23).

Jesús tenía tiempo, tacto y lágrimas para las mujeres.

Jesús reprendió, discrepó, corrigió y perdonó a algunas mujeres. La delicadeza de Jesús con las mujeres no debe confundirse con condescendencia. No trataba a Sus amigas con desprecio. Jesús desafió con suavidad a Su propia madre (Juan 2:4). No concordó con la samaritana, y corrigió su teología (Juan 4:1-26). El Señor abordó la ansiedad de Marta y corrigió sus decisiones (Luc. 10:38-42). Cuando una mujer proclamó que la mayor bendición que podía desear una mujer era ser la madre del Mesías, Jesús la corrigió; la mayor bendición es escuchar y obedecerlo (Luc. 11:27-28).

Jesús también perdonó a las mujeres. Le dijo a la mujer pecadora que ungió Sus pies: «Tus pecados quedan perdonados» (Luc. 7:47-48). Aunque esta afirmación puede parecer poco llamativa para los que estamos familiarizados con el perdón de los pecados que se ofrece en el evangelio, consideremos lo que dice sobre su persona. Su posición ante Dios no está determinada por su relación con un hombre, ya sea un marido o un padre (o los hombres que la utilizaron). Ella es plenamente humana; se presenta ante Dios como persona, una vez pecadora, ahora perdonada.

Jesús incluyó a las mujeres en Sus parábolas e ilustraciones. Consideremos los personajes que encontramos en las enseñanzas de Jesús. Las mujeres en el molino (Mat. 24:41; Luc.17:35). Las vírgenes que esperan la llegada del novio (Mat. 25:1-13). Una mujer haciendo pan (Luc. 13:20-21). Una mujer buscando su moneda perdida (Luc. 15:8-10). Una viuda persistente en busca de justicia (Luc. 18:1-8). El Señor no limitó Sus ilustraciones a los hombres. Incluyó a las mujeres que realizaban las tareas que les eran comunes en aquella cultura, a menudo como ejemplo de las virtudes del reino.

Jesús incluso utilizó la idea de la maternidad protectora para ilustrarse a sí mismo y Su compasión hacia Israel (Mat. 23:37-39; Luc. 13:34-35). «Las palabras de Jesús revelan una gran ternura y emplean imágenes maternales. Dios trasciende el género y muestra atributos que los humanos suelen asociar con las mujeres, así como los que suelen asociar con los hombres. Aquí Jesús desearía poder reunir a todos los "hijos" recalcitrantes de Israel, para amarlos, protegerlos y cuidarlos como lo hace una gallina con sus pollitos».[28] Tal vez por eso Pablo y Timoteo se sientan cómodos comparando su ministerio con una madre lactante (1 Tes. 2:7).

Jesús utilizó Su plataforma para proteger y dignificar a las mujeres, oponiéndose a la misoginia y el sexismo. El Señor prohíbe tratar a las mujeres como objetos físicos de lujuria. De hecho, condena la materialización de la mujer como un mal digno del infierno (Mat. 5:27-30). Condena el abandono de las madres (Mat. 15:4-6; Mar. 7:8-13). Protege a las mujeres del divorcio injusto (Mat. 5:31-32; 19:3-12; Mar. 10:11-12; Luc. 16:18).

Jesús enseñó, discipuló y dialogó con las mujeres. Jesús no rehusó involucrar a las mujeres en importantes debates teológicos (ver Juan 4:1-26; 11:1-44). Se relacionaba con las mujeres como personas inteligentes, racionales e intelectuales.

Cuando Lucas señala que María «sentada a los pies del Señor, escuchaba lo que él decía», comunica algo más que el lugar en el que se sentó (Luc. 10:39). En Hechos 22:3 (RVR1960), Lucas registra a Pablo testificando que fue «instruido *a los pies* de Gamaliel». En su postura, María «toma el lugar de un discípulo al sentarse a los pies del maestro».[29] La disposición de Jesús a permitir que las mujeres escuchen Sus enseñanzas y formen parte de Su ministerio iba contra las prácticas rabínicas de Su tiempo.[30] «Nuestro Señor, desde el principio, ama e incluye a las mujeres entre sus discípulos y en su comunión».[31]

Este discipulado se extendió a un ministerio significativo, como la tarea de proclamar Su resurrección a los demás (Mat. 28:10). «Muchos en la iglesia de hoy necesitan recuperar más el testimonio bíblico sobre el trato de Dios con las mujeres. Él es un dispensador de oportunidades tanto de Su gracia como de contextos para servirle».[32]

Al principio del capítulo, nos preguntamos cómo Jesús, el hombre perfecto, el Rey de todo, utilizaría Su posición, Su poder y Su autoridad con las mujeres. Este breve repaso de Su vida y ministerio pretendía responder esa pregunta, que Dorothy Sayers resume de forma conmovedora:

> Tal vez no sea de extrañar que las mujeres fueran las primeras en la cuna y las últimas en la cruz. Nunca habían conocido a un hombre como este, nunca ha habido otro igual. Un profeta y maestro que nunca las regañó, nunca las aduló, ni las engatusó, ni las trató con condescendencia; que nunca hizo bromas

sobre ellas, nunca las trató como «Las mujeres, ¡que Dios nos ayude!» o «Las damas, ¡que Dios las bendiga!»; que reprendía sin quejarse y alababa sin condescendencia; que nunca les planeaba su ámbito, nunca las exhortaba a ser femeninas ni se burlaba de ellas por serlo; que se tomaba en serio sus preguntas y argumentos; que no tenía ninguna dignidad masculina incómoda que defender; que las tomaba como las encontró y que no tuvo ningún reparo en hacerlo. No hay acto, sermón, parábola en todo el evangelio que tome prestada la aspereza de la perversidad femenina; nadie podría adivinar, a partir de las palabras y los hechos de Jesús, que había algo «gracioso» en la naturaleza de las mujeres.[33]

Lo que vemos en la vida de Jesús, Sus enseñanzas, acciones y actitudes, es lo que se supone que es la verdadera humanidad. Es lo que es el reino de Dios. En la medida en que esto falte en nuestras ciudades, lugares de trabajo y familias, en ese grado el reino de Cristo todavía no ha tenido Su pleno efecto. Además, si la Iglesia es el cuerpo de Cristo, entonces estas cosas deben ser incluidas en las características de una Iglesia sana. En la medida en que tales cosas falten en la cultura de la Iglesia local, tal vez entonces, también falte Cristo.

DESCUBRAMOS EL VALOR DE LA MUJER

1. Aparentemente, Jesús no tenía ningún reparo en reunirse con mujeres o hablar con ellas. ¿Cómo se concilia esto con la creencia común hoy en día de que los hombres deben evitar tales encuentros?

2. Enumera algunas de las cosas que hemos dicho que no vemos en la vida y ministerio de Jesús. ¿Cuáles son las más significativas para ti? ¿Por qué?

3. Enumeramos once cosas que podemos ver en el ministerio de Jesús con las mujeres. Enumera las tres más significativas para ti. ¿Por qué las has elegido?

4. Mujeres: ¿De qué manera estos elementos han fortalecido su fe en el amor y la acogida de Dios? Hombres: ¿De qué manera se han abierto tus ojos a las formas en que puedes ministrar a las mujeres?

5. Resume lo que has aprendido en este capítulo en cuatro o cinco frases.

PARA PROFUNDIZAR

1. Aunque sea prudente tener cuidado al reunirse con personas con las que no estamos casados, ¿se te ocurre alguna razón por la que una regla rígida al respecto puede ser perjudicial? ¿Denigrante? ¿Puedes pensar en alguna forma de emplear esta regla sin que sea perjudicial?

2. En Génesis, la mujer fue creada para ser la ayudante, una que modelara la naturaleza de ayuda de Dios. ¿De qué manera vemos a las mujeres en los Evangelios ayudando al segundo Adán, Jesús?

3. ¿Qué mujeres del evangelio han tenido una mala reputación? Después de considerar la forma en que Jesús se relacionó con ellas, ¿cómo podría cambiarse esto?

CAPÍTULO 10

El valor de la mujer en la muerte y resurrección de Jesús

«Les aseguro que en cualquier parte del mundo donde se predique el evangelio, se contará también, en memoria de esta mujer, lo que ella hizo».

Marcos 14:9

Entre los terroristas de Medio Oriente, este joven sobresalía por encima de sus compañeros. Se enorgullecía de un noble linaje. Aprendió de los mejores, un estimado maestro en la más estricta de las escuelas. Su celo no tenía límites y lo impulsaba a convertirse en el principal fanático religioso de su época.

Observó con aprobación cómo una turba se reunía en torno a un cristiano y le lanzaba grandes piedras hasta que murió. Exhaló amenazas y asesinatos contra la iglesia de su región.

Acosó a los cristianos mientras capturaba a hombres y mujeres, los encadenaba y los entregaba a las autoridades para que los castigaran. Odiaba a Cristo. Odiaba a la Iglesia. Hizo que la ambición de su vida fuera borrar el cristianismo de la faz de la tierra. Este hombre, Saulo de Tarso, pasaría a escribir la mayoría de las cartas del Nuevo Testamento.

El apóstol Pablo (como firmaría sus cartas) dijo de sí mismo, «Anteriormente, yo era un blasfemo, un perseguidor y un insolente [del Señor]» (1 Tim. 1:13). Dejado a su voluntad, habría continuado con gusto por ese camino. Pero mientras lo recorría, el Señor intervino y lo puso en una nueva trayectoria. «... pero Dios tuvo misericordia de mí...», escribió Pablo, «pero la gracia de nuestro Señor se derramó sobre mí con abundancia, junto con la fe y el amor que hay en Cristo Jesús. Este mensaje es digno de crédito y merece ser aceptado por todos: que Cristo Jesús vino al mundo a salvar a los pecadores, de los cuales yo soy el primero» (1 Tim. 1:13-15).

A estas alturas del libro, tanto si eres hombre como mujer, esperamos que hayas llegado a comprender mejor el valor de las mujeres. Pero también esperamos que hayas empezado a entender cómo has fallado en valorar a las mujeres, algo de lo que tanto los hombres como las mujeres pueden ser culpables. El ejemplo y la perfección de Jesús deberían convencernos a todos.

Para algunos, el fracaso puede ser atroz. Pueden ser culpables de los actos más viles y deshumanizados contra las mujeres. Pueden haber abusado sexualmente, violado, agredido física o emocionalmente, traficado o asesinado a mujeres o niñas. Quizás permanecieron en silencio mientras estas cosas le ocurrían a una mujer o a una niña.[1]

Para otros, el fracaso puede ser más aceptable socialmente. Pueden haber materializado el cuerpo femenino, utilizándolo u ofreciéndolo como un objeto de placer, divorciado de un ser humano valioso. Pueden haber discriminado, degradado, condescendido o estereotipado a las mujeres, todo ello en nombre del «sentido común», la tradición o «solo una broma». Pueden haber permanecido en silencio mientras veían cómo se maltrataba a las mujeres.

Para otros, el problema puede ser el orgullo. Saben que han hecho estas cosas. Pero admitirlo y cambiar parece demasiado costoso. Al igual que Saulo, han construido su reputación sobre ese comportamiento. Quizás es un pastor, gerente, entrenador, o padre cuyas palabras, acciones o pasividad han sido hirientes para las mujeres. Teme que admitirlo arruinaría su reputación o le costaría su trabajo. Se arrepiente de cómo ha sido, pero busca la autojustificación y la autoconservación luchando contra el deseo de arrepentirse. Y por eso no lo hace.

Si somos sinceros con nosotros mismos, debemos admitir que todos hemos fallado en glorificar a Dios en la forma en que hemos tratado a las mujeres. Estos actos de maldad espiritual y a veces criminal (junto con algunos más que no tenemos tiempo de enumerar) pueden ser cometidos tanto por un hombre como por una mujer. La misoginia no es un problema de un solo sexo. Nosotros, Elyse y Eric, podemos atestiguar nuestra propia culpa en devaluar y dañar a las mujeres en nuestros pensamientos, palabras y actos, tanto hechos como no hechos.

¿Existe una solución? ¿Hay justicia para las víctimas? ¿Pueden los peores delincuentes encontrar la redención? ¿Podemos encontrar la libertad para la sinceridad y el arrepentimiento? ¿Hay alguna disposición para el perdón? ¿Podemos ver esperanza de transformación y cambio? La respuesta a cada una de estas preguntas es un rotundo sí. Porque, como escribió Pablo, «Este mensaje es digno de crédito y merece ser aceptado por todos: que Cristo Jesús vino al mundo a salvar a los pecadores, de los cuales yo soy el primero».

En este capítulo, seguimos al Señor Jesucristo por un camino notablemente diferente al que siguió Saulo de Tarso. El camino de la cruz era un camino de vergüenza, sufrimiento, servicio y sacrificio. Lo recorrió por los pecadores: los sexistas, los machistas y los misóginos. Lo recorrió por los que sufren, por los marginados, los maltratados y los oprimidos. Se convirtió en lo que ellos son para que ellos pudieran llegar a ser lo que Él es. Llegados a este punto, no debería sorprendernos que las mujeres, mujeres pecadoras y que sufren, estuvieran presentes en todo momento del camino, representantes de los que vino a buscar y a salvar.

El camino de la cruz

«Como ya saben, faltan dos días para la Pascua, y el Hijo del hombre será entregado para que lo crucifiquen», dijo Jesús a Sus discípulos (Mat. 26:2). La Pascua a la que se refería Jesús era la fiesta anual que Israel celebraba para recordar su rescate de Egipto. Los israelitas habían sido esclavizados durante cientos de años y el Señor levantó a Moisés para liberarlos. Después de una serie de plagas, un golpe final convencería al faraón de dejar ir al pueblo del Señor. El ángel del Señor visitaría la tierra, matando a los primogénitos de todos los hogares, tanto israelitas como egipcios. Los israelitas fueron instruidos para sacrificar un cordero, uno para cada casa y pintar las puertas de sus casas con su sangre. Cuando el Señor visitara la tierra esa noche y viera la sangre en la puerta, «pasaría de largo» de esa casa. El primogénito se salvaría por la sangre del cordero. Ahora Jesús marchó a Jerusalén para ser crucificado durante la Pascua, para ser sacrificado como «el Cordero de Dios, que quita el pecado del mundo» (Juan 1:29).

Tras el Cordero iban las mujeres. Pasadas por alto e inesperadas, estas mujeres ven quién es Él, lo siguen fielmente, reciben Su compasión, declaran Su justicia, son testigos de Su muerte y sepultura, ven, escuchan y tocan Su cuerpo resucitado, proclaman Su resurrección y lo adoran. Recorramos los últimos capítulos de los cuatro Evangelios y veamos el papel que desempeñan estas sorprendentes figuras en las horas finales del ministerio terrenal del Mesías.

Una mujer preparó a Jesús para Su entierro mientras los hombres tramaban Su asesinato.

En Mateo 26 somos testigos de tres reuniones consecutivas, escenarios y acciones que no podrían ser más diferentes. En la primera escena: «Se reunieron entonces los jefes de los sacerdotes y los ancianos del pueblo en el palacio de Caifás, el sumo sacerdote, y con artimañas buscaban cómo arrestar a Jesús para matarlo» (Mat. 26:3-4).

En la segunda escena, encontramos a Jesús en Betania, cenando en casa de Simón el leproso (a quien, se supone, Jesús curó). Mientras se reclinaba a la mesa, se acercó una mujer (en Juan 12 sabemos que es María, la hermana de Marta). Llevaba un frasco de ungüento de alabastro, nardo puro (Mar. 14:3), valuado en el salario de un año. Un ungüento tan extravagante se «utilizaba para actos solemnes de devoción. Para ungir a los invitados se utilizaban aceites domésticos más comunes».[2] Sin embargo, María lo derramó sobre la cabeza de Jesús y le ungió los pies, limpiándolos con sus cabellos (Mat. 26:7; Juan 12:3).

Este acto enfureció a los discípulos y los hizo preguntar: «—¿Para qué este desperdicio? —dijeron—. Podía haberse vendido este perfume por mucho dinero para darlo a los pobres» (Mat. 26:8-9). Jesús, conociendo la murmuración de los discípulos defiende sus acciones:

> Consciente de ello, Jesús les dijo:
>
> —¿Por qué molestan a esta mujer? Ella ha hecho una obra hermosa conmigo. A los pobres siempre los tendrán con ustedes, pero a mí no me van a tener siempre. Al derramar ella este perfume sobre mi cuerpo, lo hizo a fin de prepararme para la sepultura. Les aseguro que en cualquier parte del mundo donde se predique este evangelio, se contará también, en memoria de esta mujer, lo que ella hizo.
>
> Mateo 26:10-13

Los discípulos siempre podrán atender a los pobres; no siempre podrán atender a Jesús en esta hora crítica. Esta mujer hizo algo que solo podía hacerse en ese momento: preparó el cuerpo de Jesús para la sepultura. El Señor alabó sus acciones como un modelo de devoción por la que será recordada siempre que se predique el evangelio en todo el mundo.

Nuestra tercera escena se desarrolla cuando Judas va a los jefes de los sacerdotes y les pregunta qué pago podría recibir por entregarles a Jesús. María preparó a Jesús para la sepultura con ungüento por valor de 300 denarios (el salario de un año). Judas se preparó para traicionar a Jesús a cambio de treinta piezas de plata.

¿Por qué es importante la presencia de esta mujer en el relato? Fíjate en los finales de estas escenas. En la primera, un grupo de hombres, distinguidos de Israel, se reúnen en la comodidad de un palacio para planear el asesinato de Jesús. En la última, un hombre busca a esos hombres para beneficiarse de su causa. Estas espantosas acciones ponen fin a lo que Jesús llama «una obra hermosa» (Mar. 14:6). En la casa de un antiguo leproso, una humilde mujer demuestra un amor pródigo por Jesús. Es ella, y no los sumos sacerdotes, los ancianos o el apóstol, quien entiende y modela el verdadero discipulado.

¿Cuál es el significado de la presencia de las mujeres a lo largo del ministerio de Jesús y especialmente en las últimas horas de Su vida? Las mujeres eran una clase social marginada. La fe se esperaría de uno de los doce, como Judas y Pedro. Pero son las mujeres quienes lo siguieron sin traición ni negación. Los jefes de los sacerdotes, los ancianos y el sumo sacerdote de Israel deberían haber reconocido a su Mesías. Pero una mujer unge al Rey. El inesperado, despreciado y rechazado Mesías es seguido por los inesperados, despreciados y rechazados.

Pero Jesús no desprecia ni rechaza a estos discípulos inesperados. Los ve, los recibe, los afirma y les promete que nunca serán olvidados.

Una mujer declaró la justicia de Jesús.

La siguiente vez que vemos a Jesús, está en Jerusalén celebrando la Pascua con Sus discípulos. Durante la cena, Judas partió para organizar la traición de Jesús. Después de la cena, Jesús fue con Sus discípulos al Monte de los Olivos, donde imploró al Padre que le quitara la copa de Su crucifixión. Ninguno de los discípulos de Jesús pudo quedarse despierto para orar con Él, aunque les pidió que lo hicieran. Entonces se acercó una gran multitud, armada con palos y espadas, enviada por los jefes de los sacerdotes y los ancianos. Judas identificó a Jesús ante la multitud con un saludo y un beso. Cuando la muchedumbre apresó a Jesús, «todos los discípulos lo abandonaron y huyeron» (Mat. 26:56). La multitud lo llevó para que fuera juzgado ante el sumo sacerdote. Mientras Jesús hablaba la verdad ante los más altos funcionarios de Israel, Pedro, uno de sus más cercanos, se acobardó ante una sirvienta y negó tres veces que lo conocía (Mat. 26:57-75).

Por la mañana, los líderes religiosos entregaron a Jesús a Poncio Pilato, que trató de liberar a Jesús porque comprendió que el motivo del arresto era la envidia. Es ahora cuando leemos: «Mientras Pilato estaba sentado en el tribunal, su esposa le envió el siguiente recado: "No te metas con ese justo, pues, por causa de él, hoy he sufrido mucho en un sueño"» (Mat. 27:19). Dios le dio a la esposa de Pilato una señal perturbadora en su sueño para comunicarle la inocencia de Jesús.

Esta proclamación de una improbable profetisa no debe pasarse por alto. Aunque ella habla con un significado que no puede entender, expresa una verdad central para el evangelio: Jesús es un hombre «justo». Mientras los líderes religiosos claman por su ejecución, una mujer gentil advierte que Él es el justo.

La justicia es la conformidad con el carácter y las normas de Dios en todos los sentidos. El Nuevo Testamento confirma que Jesús era «sin pecado» (Heb. 4:15); es el «Justo» (Hech. 7:52; 22:14), «Jesucristo el justo» (1 Jn. 2:1). Jesús nunca pecó; nunca desobedeció a Dios; siempre hizo lo que agradaba al Padre (Juan 8:29).

¿Por qué importa que esta mujer declarara Su justicia? De nuevo, de un lugar inesperado, una mujer no judía y la esposa del hombre que va a condenar a muerte a Jesús se revela la verdad sobre Jesús. Incluso los paganos sabían que era inocente. Por eso, cuando los jefes de los sacerdotes buscaron falsos testimonios contra Jesús, no pudieron encontrar ninguno (Mat. 26:59-60). Él era justo, no era condenable.

¿Por qué importa que Jesús sea justo? En la fiesta de la Pascua, Jesús es llevado como un cordero al matadero (Isa. 53:7). El cordero de la Pascua tenía que ser «sin defecto» (Ex. 12:5). En la muerte de Cristo, Dios compraría a Su pueblo «con la preciosa sangre de Cristo, como de un cordero sin mancha y sin defecto» (1 Ped. 1:19).

Cristo fue a morir como sacrificio por los pecados, como sustituto de Su pueblo. Esto requería que fuera perfecto. «Porque Cristo murió por los pecados una vez por todas, el justo por los injustos, a fin de llevarlos a ustedes a Dios...» (1 Ped. 3:18).

En la cruz, Dios declaró que el Justo era culpable pecador, para poder reivindicar a los pecadores culpables como justos. «Al que no cometió pecado alguno, por nosotros Dios lo trató como pecador, para que en él recibiéramos la justicia de Dios» (2 Cor. 5:21). En la cruz, nuestro pecado es considerado como perteneciente a Jesús, que es condenado y muerto bajo la ira de Dios por Él.

Cuando un pecador se arrepiente y confía en Jesús, la justicia de Cristo es imputada a ese pecador, que es justificado (o «declarado justo») a los ojos de Dios. Como dice Hebreos:

> Si esto es así, ¡cuánto más la sangre de Cristo, quien por medio del Espíritu eterno se ofreció sin mancha a Dios, purificará nuestra conciencia de las obras que conducen a la muerte, a fin de que sirvamos al Dios viviente!
>
> Hebreos 9:14

Esta justicia es la base por la que Dios recibe y muestra misericordia a toda clase de mujeres (¡y hombres!) a los que Jesús amó. La adúltera, la prostituta, el santurrón, los endemoniados, los afligidos, los pobres, los desamparados. No importa la grandeza de su pecado y vergüenza, ni la insignificancia de su clase o posición, todos pueden ser perdonados y justificados con una justicia «que se obtiene mediante la fe en Cristo» (Fil. 3:9). ¡Alabado sea Dios por Jesús, «el justo»!

Las mujeres recibieron la compasión de Jesús, incluso mientras era ejecutado.

En Su ejecución, nadie le mostró compasión a Jesús (ver Mat. 27:26-49). Poncio Pilato mandó azotar a Jesús.

> Los condenados a esto eran atados a un poste y golpeados con un látigo de cuero entretejido con trozos de hueso y metal, que desgarraban la piel y los tejidos, dejando a menudo al descubierto huesos e intestinos. En muchos casos, la propia flagelación era mortal.[3]

Después de la flagelación, Pilato entregó a Jesús para que fuera crucificado. Los soldados no tuvieron piedad de Jesús. Lo desnudaron y lo vistieron con un manto escarlata, le pusieron una corona de espinas en la cabeza, y le pusieron una caña en la mano derecha como cetro en forma de burla. Ellos se arrodillaron ante Él y se burlaron: «¡Salve! ¡Rey de los judíos!». Luego lo escupieron y lo golpearon en la cabeza.

Después de burlarse, lo obligaron a llevar el madero de la cruz a la que sería clavado, una viga que sería izada en el aire, de la que colgaría como un criminal condenado hasta que muriera. Mientras lo observaban, se jugaban Su ropa, Sus únicas posesiones mundanas. Clavaron un cartel sobre Su cabeza, que declaraba el crimen por el que había sido condenado: «Rey de los judíos».

Los jefes de los sacerdotes, los escribas y los ancianos de Israel no le mostraron piedad. Por el contrario, se burlaron de Él. Los ladrones entre los que murió no mostraron ninguna bondad, sino que se unieron a las injurias. Sin embargo, en medio de la humillación y el dolor agonizante, Jesús permaneció compasivo. Mientras lo crucificaban, oró: «Padre, perdónalos, porque no saben lo que hacen» (Luc. 23:34).

Lucas registra una imagen sorprendente de la compasión de Jesús camino a la cruz (Luc. 23:27-31). «Lo seguía mucha gente del pueblo, incluso mujeres que se golpeaban el pecho, lamentándose por él». Jesús reúne la fuerza y el ánimo para volverse y dirigirse a estas mujeres con ternura, compasión y una consideración ejemplar del prójimo sobre uno mismo (Luc. 23:28-31).

Les dice: «Hijas de Jerusalén, no lloren por mí; lloren más bien por ustedes y por sus hijos». Después de la cruz, Jesús irá a la gloria. Pero está a punto de ponerse mucho peor para Israel. Se acerca el día en que la ira de Dios derramada sobre Jesús a través de estos soldados romanos se volverá contra la nación. Jesús pregunta: «Porque, si esto se hace cuando el árbol está verde, ¿qué no sucederá cuando esté seco?». Con esto quiere decir que si hacen estas cosas al Rey, ¿cómo tratarán a Su pueblo?[4]

Cuando llegue ese día, la gente huirá a las montañas y las colinas para protegerse. Pero esa huida es lenta cuando se está embarazada o amamantando o con niños pequeños, por lo que las familias son una presa fácil. Por eso, dice: «va a llegar el tiempo en que se dirá: "¡Dichosas las estériles, que nunca dieron a luz ni amamantaron!"». Los que no tienen hijos no tienen que verlos sufrir.

Incluso en medio de Su agonía, la compasión de Jesús por Su pueblo, por las «hijas de Jerusalén», se desborda. No ve a estas mujeres como sirvientas que atienden sus dolores mientras Él muere. Más bien, tomando nota de los aspectos singulares de la mujer, las ama, las compadece y las sirve de palabra y de obra.

Juan registra la que quizás sea la escena más conmovedora de toda la vida de Cristo (Juan 19:26-27). Colgado en la cruz, Jesús vio a Su madre y a Juan que estaban cerca. María es probablemente viuda, de unos 40 años, sin riqueza ni fuente de ingresos. Ella ve cómo muere Su hijo mayor. Jesús dijo a Su madre: «Mujer, ahí tienes a tu hijo». Y luego a Juan: «Ahí tienes a tu madre». Con estas palabras, transfiere el cuidado de Su madre a Su discípulo, proveyendo para ella en la hora de Su muerte. Juan cuidaría de ella a partir de entonces.

¿Por qué son importantes estas muestras de compasión? Demuestran la extraordinaria fidelidad de Jesús hacia Su pueblo, la insondable profundidad de Su compasión. En ningún momento el amor de Cristo falla. Su propio dolor no puede apartarlo del cuidado de Su rebaño. A pesar de la angustia, Él sabe lo que es definitivo y busca su bien supremo a pesar de Su propia pérdida.

En Sus palabras a las «hijas de Jerusalén», Jesús apunta más allá de las circunstancias inmediatas a lo que está por venir. Ellas lloran porque ha muerto un hombre al que admiraban. Jesús se preocupa lo suficiente por ellas como para advertirles de algo peor: la ira venidera que caerá sobre ellos. Todos hemos pecado. Todos merecemos la ira de Dios. Por ello, Jesús va a la cruz para salvarnos de la ira venidera y recibirla en nuestro lugar (Rom. 5:8-10):

> Pero Dios demuestra su amor por nosotros en esto: en que cuando todavía éramos pecadores, Cristo murió por nosotros. Y ahora que hemos sido justificados por su sangre, ¡con cuánta más razón, por medio de él, seremos salvados del castigo de Dios! Porque si, cuando éramos enemigos de Dios, fuimos reconciliados con él mediante la muerte de su Hijo, ¡con cuánta más razón, habiendo sido reconciliados, seremos salvados por su vida!

¡Qué esperanza deberían darnos ahora estas historias! Si Jesús tuvo presente la carga única de las madres mientras caminaba hacia la cruz, ¿las olvidará ahora que ha resucitado a la gloria? Si el Señor proveyó a una viuda mientras colgaba de una cruz,

¿dejará de atenderlas ahora que está sentado a la derecha del Padre? Si el Siervo sufriente demostró tal compasión hacia los demás en la hora de Su propia necesidad, ¿te la negará en la tuya?

Las mujeres fueron testigos del sufrimiento, la muerte y la sepultura de Jesús.

De los discípulos registrados en los Evangelios que siguieron a Jesús fielmente hasta el final, los escritores toman nota especialmente de las mujeres. «Pero todos los conocidos de Jesús, *incluso las mujeres* que lo habían seguido desde Galilea, se quedaron mirando desde lejos» (Luc. 23:49, énfasis añadido). Lo siguieron hasta Galilea, en el norte, mientras continuaba Su camino hacia el sur, hacia Su muerte en Jerusalén, aparentemente sin dejarlo (a menos que se los impidiera un lugar, por ejemplo, como el palacio donde lo juzgaron).

La madre de Jesús, la hermana de Su madre (posiblemente Salomé, la madre de los hijos de Zebedeo), María Magdalena, María la madre de Santiago y José, María la mujer de Cleofas, se nombran, se hace notar personalmente su presencia, se les da un lugar de honor al pie de la cruz (Mat. 27:55-56; Mar. 15:40-41; Juan 19:25). Estas devotas y valientes discípulas no lo traicionaron, ni lo negaron, ni huyeron de Él. Lo amaron, incluso hasta el final. Estas discípulas sirven como ejemplo de aquellos que toman su cruz y lo siguen.

Además, la presencia de las mujeres en la crucifixión habla de la fuerza de las mujeres en general, contradiciendo todos los estereotipos. Al leer un borrador de este capítulo, nuestra amiga Emily Jensen, comentó:

> ... estas escenas afirman la fuerza femenina frente a lo sangriento. Jesús no «protegió al sexo débil» haciéndolas entrar en la casa donde no tenían que ver la sangre y las vísceras. Ellas estaban en primera línea de esta épica escena de batalla en la que su amado maestro y Salvador recibió los golpes más brutales.[5]

En efecto. Es sorprendente que, por designio de Dios, dos de las actividades «exclusivamente femeninas» (es decir, lo que una mujer puede hacer que un hombre no) implican sangre: la menstruación y el nacimiento. Las mujeres tienen que lidiar con la sangre de forma regular durante casi toda su vida. Los padres son los que a menudo se desmayan durante el parto. Cuando yo (Eric) tenía rotación de custodia en mi trabajo en el seminario, solo los hombres se quejaban de tener que ocuparse de los botes de basura de productos femeninos en los vestidores de las mujeres.

De igual forma, después de la muerte de Jesús, las mujeres acompañaron Su cuerpo a la tumba y fueron testigos de Su sepultura. José de Arimatea fue un discípulo de Jesús, un miembro disidente del consejo que lo condenó, y posiblemente el hijo de «María la madre de José» que fue testigo de estos hechos (Mar. 15:43-47). Pidió a Pilato el cuerpo de Jesús y, una vez concedido el permiso, tomó el cadáver, lo preparó para la sepultura y lo colocó en su propio sepulcro nuevo, que cerró con una gran piedra (Mat. 27:60-61). «Las mujeres que habían acompañado a Jesús desde Galilea siguieron a José para ver el sepulcro y cómo colocaban el cuerpo» (Luc. 23:55; ver también Mat. 27:61; Mar. 15:47).

¿Por qué importa que estas mujeres fueran testigos del sufrimiento de Jesús, de Su muerte y sepultura? Su testimonio verifica la realidad de Su muerte. Jesús no estaba enfermo ni desmayado. Estaba muerto. *Muerto*, muerto. Muerto como un clavo, como diría Dickens. Fueron testigos de la sangre y el agua fluyendo de Su costado atravesado, lo que verificó Su muerte para los verdugos (Juan 19:34). Vieron a José bajar el cadáver de la cruz (Mar. 15:45-46). Fueron testigos de cómo José y Nicodemo «… tomaron el cuerpo de Jesús y, conforme a la costumbre judía de dar sepultura, lo envolvieron en vendas con las especias aromáticas» (Juan 19:40). Fueron testigos de cómo José depositó el cuerpo en un sepulcro e «… hizo rodar una piedra a la entrada del sepulcro» (Mar. 15:46). Vieron, y supieron la verdad: Jesús había muerto. Se nombra a estas mujeres y así se permite que cualquiera pueda entrevistarlas sobre la realidad de Su muerte.

Su testimonio de Su muerte da credibilidad a su testimonio de Su resurrección. Varias de estas mujeres serán nombradas los primeros testigos de la resurrección de Jesús. A algunas se les encargará incluso volver a contar la buena nueva a Sus discípulos. El hecho de que ellas lo vieron muerto, *realmente muerto*, las hace testigos perfectos del hecho de que está vivo, *realmente vivo*.

Su testimonio también da el toque de verdad al testimonio de los Evangelios en general. En el siglo I, las mujeres no eran valoradas como testigos creíbles, sobre todo en asuntos de importancia. Si los autores de los Evangelios estaban interesados en fabricar un mito, mintiendo sobre la muerte y la resurrección de su líder, ¿por qué dar a las mujeres el papel central como testigos? ¿Por qué no utilizar personajes más valorados y de confianza en su cultura? ¿Por qué mujeres? Porque los autores no estaban hilando una fábula; estaban registrando la historia real. Esta historia no era suya para idearla. Dios, en Su soberana sabiduría, ordenó que estas mujeres fueran los testigos, y están registradas como tales.

¿Por qué importa que Jesús *muriera realmente*? ¿Por qué es tan importante Su muerte, verificada por estos testigos?

La muerte de Jesús es un componente indispensable del evangelio. El apóstol Pablo escribiría:

> Ahora, hermanos, quiero recordarles el evangelio que les prediqué, el mismo que recibieron y en el cual se mantienen firmes. Mediante este evangelio son salvos, si se aferran a la palabra que les prediqué. De otro modo, habrán creído en vano. Porque ante todo les transmití a ustedes lo que yo mismo recibí: que Cristo murió por nuestros pecados según las Escrituras.
>
> 1 Corintios 15:1-3

«Cristo murió *por nuestros pecados*». Esta muerte real es necesaria porque «la paga del pecado es muerte» (Rom. 6:23), y «Todo el que peque merece la muerte» (Ezeq. 18:20). Pero «... Cristo murió por los malvados [...]. Pero Dios demuestra su amor por nosotros en esto: en que cuando todavía éramos pecadores, Cristo murió por nosotros» (Rom. 5:6, 8). «Fue arrancado de la tierra de los vivientes, y golpeado por la transgresión de [los] pueblos» (Isa. 53:8). A través de esta muerte, los que confiamos en Cristo vemos que Dios «nos dio vida en unión con Cristo, al perdonarnos todos los pecados y anular la deuda que teníamos pendiente por los requisitos de la ley. Él anuló esa deuda que nos era adversa, clavándola en la cruz» (Col. 2:13-14).

Si Cristo no murió, entonces seguimos en nuestros pecados, porque «... sin derramamiento de sangre no hay perdón» (Heb. 9:22). Pero Cristo sí murió y «se ha presentado una sola vez y para siempre a fin de acabar con el pecado mediante el sacrificio de sí mismo» (Heb. 9:26).

Recuerda los primeros capítulos, donde vimos al hombre y la mujer en la tierra para ejercer dominio, colocados en el Jardín en una función sacerdotal. Piensa en cómo fallan como reyes y sacerdotes para nuestro Dios. Piensa en la trágica frase: «Porque polvo eres, y al polvo volverás» (Gén. 3:19). Piensa en la forma en que vimos a las mujeres desvalorizadas y maltratadas mientras el pecado y sus consecuencias se extienden por el mundo. Y ahora, piensa en la promesa: la semilla de la mujer aplastaría la cabeza de la serpiente, poniendo fin a la maldición, restaurando la creación y redimiendo a Su pueblo.

En esta muerte, vemos a la semilla de la mujer, Jesús, que compartió nuestra carne y nuestra sangre «para anular, mediante la muerte, al que tiene el dominio de la muerte —es decir, al diablo—, y librar a todos los que por temor a la muerte estaban sometidos a esclavitud durante toda la vida» (Heb. 2:14-15). Y así lo ha hecho.

Que el recuerdo de Su muerte nos haga cantar el verso de Apocalipsis 5:9-10, 12:

> Digno eres [...]
> porque fuiste sacrificado,
> y con tu sangre compraste para Dios
> gente de toda raza, lengua, pueblo y nación.
> De ellos hiciste un reino;
> los hiciste sacerdotes al servicio de nuestro Dios,
> y reinarán sobre la tierra [...].
> ¡Digno es el Cordero, que ha sido sacrificado,
> de recibir el poder,
> la riqueza y la sabiduría,
> la fortaleza y la honra,
> la gloria y la alabanza!

Las mujeres fueron los primeros testigos de la resurrección de Jesús.

En consonancia con la devoción de las mujeres desde la salida de Jesús de Galilea hasta Su sepultura en la tumba, los cuatro Evangelios registran que las mujeres fueron las primeras en visitar la tumba el primer día de la semana (Mat. 28:1; Mar. 16:1-2; Luc. 24:1; Juan 20:1). Fueron temprano en la mañana, algunas cuando todavía estaba oscuro, con las especias que habían preparado para terminar de sepultar a su Señor. Llegaron para encontrar el sepulcro abierto y vacío, con la piedra removida de la entrada (Mar. 16:3-4; Luc. 24:2-3).

Al entrar, *estas mujeres fueron las primeras en ver la tumba vacía.* Los ángeles las saludaron, e invitaron a las mujeres a examinar la tumba y ver que Jesús no estaba allí (Mat. 28:6; Mar. 16:5-6; Luc. 24:2-4).

Las mujeres se convirtieron entonces en *las primeras en escuchar las buenas noticias de la resurrección.* «El ángel dijo a las mujeres: —No tengan miedo; sé que ustedes buscan a Jesús, el que fue crucificado. No está aquí, pues ha resucitado, tal como dijo. Vengan a ver el lugar donde lo pusieron» (Mat. 28:5-6; ver también Mar. 16:6-7). «... Recuerden lo que les dijo cuando todavía estaba con ustedes en Galilea: "El Hijo del hombre tiene que ser entregado en manos de hombres pecadores, y ser crucificado, pero al tercer día resucitará"» (Luc. 24:6-7).

Las mujeres se convierten en las primeras en ver, oír, tocar y adorar al Señor resucitado.

Mateo relata que las mujeres, al salir del sepulcro para avisar a Sus discípulos, se encontraron con Jesús, que las saludó; y ellas «le abrazaron los pies y lo adoraron» (Mat. 28:9).

Juan recoge la tierna historia en la que María Magdalena encuentra a Jesús (Juan 20:14-15). Llorando y convencida de que el cuerpo de Jesús ha sido trasladado, ella se volvió para ver a Jesús en el jardín. Al principio no lo reconoce. Tal vez porque está conmocionada y llorando, o porque Él le da la espalda. En cualquier caso, supone que es el jardinero. Así que le pregunta a dónde han trasladado el cuerpo. Volviéndose hacia ella, Jesús pronuncia el primer nombre registrado después de la resurrección, un nombre de mujer: «María».

¡Qué apropiado es el encuentro de Jesús con María en el jardín! En Génesis 3, una serpiente habló a la mujer, engañándola, lo que llevó a ella y a su marido a pecar y a ser exiliados del Jardín. La mujer escuchó la promesa de que la semilla de la mujer aplastaría la cabeza de la serpiente. Ahora, en otro jardín, encontramos a una mujer de la que Jesús había expulsado siete demonios (Luc. 8:2). Ella escucha la voz de la semilla de la mujer, el Señor resucitado, que ha aplastado la cabeza del pecado, de la muerte y del poder del diablo.

¿Por qué importa que estas mujeres fueran testigos tempranos de la resurrección? Importa porque estas mujeres conocían bien a Jesús. Viajaron con Él, comieron con Él, lo apoyaron económicamente, cuidaron de Él, aprendieron a Sus pies. Estas mujeres lo conocían. Lo vieron morir, vieron Su cuerpo preparado para la sepultura y puesto en la tumba. Un impostor no las engañaría. Ellas conocían a su Señor y este hombre, resucitado de entre los muertos, era su Jesús.

¿Por qué importa que Jesús haya resucitado de entre los muertos?

La resurrección declara la realeza de Jesús. Dios el Padre declaró de Jesús «según el Espíritu de santidad fue designado con poder Hijo de Dios por la resurrección. Él es Jesucristo nuestro Señor» (Rom. 1:4). Ser el «Hijo de Dios» era ser el Rey elegido por Dios, designado para reinar sobre los enemigos de Dios para siempre (2 Sam. 7:4-16; Sal. 2). Al resucitar de la muerte, Dios declaró a Jesús como el Señor y Cristo todopoderoso que otorga el Espíritu Santo prometido (Mat. 28:18; Hech. 2:29-36).

La resurrección reivindica a Jesús, es decir, demuestra que está en derecho (1 Tim. 3:16). El antiguo pacto declaraba que cualquiera colgado en un árbol estaba bajo maldición (Deut. 21:23). Si Cristo murió en la cruz y permaneció muerto, era razonable suponer que merecía Su muerte, que la maldición pesaba sobre Él por Sus pecados. Si la maldición permanece sobre Él, entonces continúa sobre nosotros.

La resurrección es para la justificación de los creyentes. El evangelio declara que «Cristo nos rescató de la maldición de la ley al hacerse maldición por nosotros...» (Gál. 3:13). Su resurrección demuestra que la maldición ha terminado, nuestro pecado y nuestra culpa han sido eliminados. Pablo también escribe: «... Dios tomará en cuenta nuestra fe como justicia, pues creemos en aquel que levantó de entre los muertos a Jesús nuestro Señor. Él fue entregado a la muerte por nuestros pecados, y *resucitó para nuestra justificación*» (Rom. 4:24-25, énfasis añadido). Por la fe, los creyentes en Jesús gozan de la unión con Él, de modo que lo que es verdad de Él, es verdad de nosotros. Si Él fue entregado por delitos, entonces hemos muerto con Él. Si fue reivindicado en la resurrección, entonces somos declarados justos con Él.

La resurrección garantiza nuestra resurrección. Como la muerte de Jesús, Su resurrección es una parte no negociable del evangelio: Él murió por el pecado y resucitó de entre los muertos (1 Cor. 15:1-5). «Y, si Cristo no ha resucitado, la fe de ustedes es ilusoria y todavía están en sus pecados» (15:17).

Si la resurrección de Jesús es una farsa, entonces también lo es nuestra esperanza.

Pero no es así, porque «Lo cierto es que Cristo ha sido levantado de entre los muertos, como primicias de los que murieron» (15:20). Las «primicias» son la porción inicial de la cosecha, que da un anticipo del resto de la cosecha. Como Él es, nosotros también seremos.

Cristo ha resucitado. Ha resucitado, en efecto. ¡Aleluya!

Las mujeres fueron las primeras en proclamar que Jesús había resucitado de entre los muertos.

Es apropiado que estas mujeres, las primeras en ver, oír, tocar y adorar al Señor resucitado, *sean las primeras en ser comisionadas por el Señor para declarar las buenas noticias*. El ángel del sepulcro las envía primero: «... vayan pronto a decirles a sus discípulos: "Él se ha levantado de entre los muertos..."» (Mat. 28:7; ver también Mar. 16:7). Mientras van, se encuentran con Jesús, que les encarga en persona: «—No tengan miedo —les dijo Jesús—. Vayan a decirles a mis hermanos que se dirijan a Galilea, y allí me verán» (Mat. 28:10). Jesús le dice a María Magdalena: «...Ve más bien a mis hermanos y diles: "Vuelvo a mi Padre, que es Padre de ustedes; a mi Dios, que es Dios de ustedes"» (Juan 20:17).

Las mujeres son heraldos obedientes del evangelio, *convirtiéndose en los primeros seres humanos en declarar la resurrección de Jesús* a otros (Luc. 24:10). «María Magdalena fue a darles la noticia a los discípulos. «¡He visto al Señor!», exclamaba, y les contaba lo que él le había dicho» (Juan 20:18).

Las mujeres también se convierten en *las primeras a quienes no se les cree cuando proclaman al Señor resucitado*. Las mujeres «les contaron todas estas cosas a los once y a todos los demás [...]. Pero a los discípulos el relato les pareció una tontería, así que no les creyeron» (Luc. 24:9, 11).

¿Por qué es importante que las mujeres proclamen la resurrección de Jesús? Como hemos dicho antes, la elección de ellas es sorprendente. «El informe de Marcos de que las mujeres fueron los primeros testigos de la resurrección de Cristo fue valiente, ya que al testimonio de las mujeres como testigos no siempre se le dio credibilidad en el contexto del primer siglo, especialmente en un tribunal de justicia».[6] Sin embargo, Marcos lo registró porque hizo constar lo que era cierto, no lo que era probable que se vendiera o creyera.

La elección de estas mujeres por parte de Jesús nos recuerda la naturaleza de Su reino. No es de este mundo. El primer siglo consideraba el testimonio de las mujeres como débil, simple, bajo y despreciado, «un cuento ocioso». Pero Dios no salvó a Su pueblo mediante la sabiduría y la fuerza. Lo salvó por medio de la cruz de Cristo, «motivo de tropiezo para los judíos, y es locura para los gentiles» (1 Cor. 1:23). Aquellos a los que Cristo llama a Su reino y envía en misión coinciden con el mensaje. Son piedra de tropiezo y locura para el mundo (1 Cor. 1:26-29):

> Hermanos, consideren su propio llamamiento: No muchos de ustedes son sabios, según criterios meramente humanos; ni son muchos los poderosos ni muchos los de noble cuna. Pero Dios escogió lo insensato del mundo para avergonzar a los sabios, y escogió lo débil del mundo para avergonzar a los poderosos. También escogió Dios lo más bajo y despreciado, y lo que no es nada, para anular lo que es, a fin de que en su presencia nadie pueda jactarse.

Hermanas, no duden de la verdad de lo que han leído y aprendido de Jesús. Él es el justo que murió por los pecados y resucitó de entre los muertos. A Él se le ha dado toda la autoridad. Él te ha encomendado, como a todo seguidor, ir y hacer discípulos a todas las naciones (Mat. 28:18-19). Puede que te sientas como una figura oculta, pasada por alto, infravalorada, sin ser vista. Puedes ser despreciada por los hombres y rechazada por el mundo. Sin embargo, el Rey está siempre contigo, hasta el final (Mat. 28:20).

Amigos, no duden del poder de Cristo crucificado y resucitado. Él vino a salvar a los pecadores, a los peores. Vino a rescatar a los que sufren, de los peores lugares. Acércate a Él. Confiesa tu pecado. Deshazte de tu vergüenza. Revístete de Su justicia, sé lavado por Su sangre, perdonado por Su muerte y transformado por Su resurrección. «Este mensaje es digno de crédito y merece ser aceptado por todos: que Cristo Jesús vino al mundo a salvar a los pecadores, de los cuales yo soy el primero». ¡Aleluya! ¡Amén! (1 Tim. 1:15).

DESCUBRAMOS EL VALOR DE LA MUJER

1. ¿De qué manera has pecado activa o pasivamente contra las mujeres? ¿Te has arrepentido de ello? Si no es así, ¿qué te impide admitirlo? ¿En qué aspectos tienes que cambiar todavía? ¿Crees que Jesús puede perdonarte y cambiarte en estas áreas?

2. ¿Qué te dice el reconocimiento y el aprecio de Jesús por las mujeres, especialmente a Su madre, María, y a María, la hermana de Marta, sobre Su valoración de las mujeres?

3. ¿Por qué crees que Jesús dijo que la unción de María se contaría en todas partes como parte de la historia del evangelio?

4. ¿Quiénes fueron las últimas personas que estuvieron con Jesús en el Calvario? ¿Por qué es importante?

5. ¿Quiénes fueron las primeras personas que estuvieron con Jesús el domingo de Pascua? ¿Por qué es importante?

6. Resume lo que has aprendido en este capítulo en cuatro o cinco frases.

PARA PROFUNDIZAR

1. En Su camino al Calvario, Jesús se detuvo para atender a las mujeres y advertirles. ¿Qué te dice eso sobre Su atención por ellas?

2. Mientras estaba en la cruz, Jesús pone a Su madre al cuidado de Su amigo. ¿Por qué es esto importante? ¿Qué te dice esto sobre Su cuidado de ti?

3. Las primeras personas a las que los ángeles y Jesús encargan anunciar Su resurrección son mujeres. De nuevo, ¿por qué es importante? ¿Y por qué es importante para ti?

4. ¿Qué significa para las mujeres ser «heraldos del evangelio» hoy en día? Para la tarea de anunciar el evangelio, ¿crees que damos a las mujeres:

    a. una preparación adecuada?
    b. amplias oportunidades?
    c. una credibilidad adecuada?

CAPÍTULO 11

El valor de la mujer en la Iglesia

«Por tanto, vayan y hagan discípulos de todas las naciones [...], enseñándoles a obedecer todo lo que les he mandado a ustedes. Y les aseguro que estaré con ustedes siempre, hasta el fin del mundo»

Mateo 28:19-20

En un reciente alboroto en Internet, una mujer, sin duda pensando que estaba amando a sus hermanas y defendiendo la verdad, dijo que lo mejor que puede hacer una mujer soltera para conseguir un marido (y así cumplir la voluntad de Dios para su vida) es evitar los tatuajes, las deudas y el sexo fuera del matrimonio. No hace falta decir que fue duramente criticada en Internet. No estamos aquí para echarle la culpa. Estamos de acuerdo que estar libre de deudas y no tener relaciones sexuales antes del matrimonio es algo bueno tanto para las mujeres como para los hombres. Cuando se trata de los tatuajes, somos ambivalentes. Los vemos como algo indistinto (espiritualmente neutro). La razón por la que mencionamos esta publicación es porque parece suponer que la principal (¿única?) vocación en la vida de una mujer cristiana es casarse y tener muchos hijos. Reconocemos el valor que tuvo esta mujer para escribir sus opiniones. Pero nos preguntamos qué tienen que ver con la iglesia del Nuevo Testamento. Aunque refleja la enseñanza mayoritaria que escuchan las mujeres cristianas, deja de lado la verdad de que, desde el nacimiento del Mesías, las mujeres creyentes han recibido un nuevo llamado. Ser esposa y madre es encantador, pero es secundario para el evangelio.

Nuestro nuevo llamado

Hemos pasado mucho tiempo considerando los valiosos y sorprendentes papeles que las mujeres han desempeñado en la historia de la obra redentora de Dios. Hemos visto a Eva, su creación a imagen y semejanza de Dios, su devastadora caída y la promesa de Dios de que un hijo suyo revertiría la maldición del pecado. Hemos visto a sus valientes hijas del Antiguo Testamento, mujeres que, como ella, anhelaban al Mesías, que esperaban que tal vez ellas fueran las que lo dieran a luz. Hemos visto a esas sabias mujeres de la fe adorar y trabajar y hemos escuchado historias sorprendentes de sus hazañas. Además, hemos visto a María, la elegida por Dios para dar a luz al prometido y hemos visto con asombro cómo se sometió voluntariamente a la voluntad de Dios y a una vida de sufrimiento. Hemos considerado a las valientes mujeres que siguieron a Jesús y cómo Él amó y acogió incluso a las más dudosas de ellas. Se alegraron porque el Mesías, el que toda mujer piadosa esperaba que fuera su hijo, había llegado por fin. Y a través de Su encarnación, vida sin pecado, muerte, resurrección y ascensión, y la buena noticia de su liberación del exilio, de la condena y de la esclavitud, las amadas hijas de Dios ya no tenían que esperarlo. Como Eva, su madre, a través de Él fueron perdonadas y reconciliadas. El tan esperado había llegado por fin. Y gracias a Su nacimiento, las mujeres piadosas de todo el mundo recibieron un nuevo propósito: *en lugar de esperar que se casaran y fueran ellas las que dieran a luz al niño bendito, debían compartir la noticia de que ya había llegado*. Tanto las mujeres como los hombres tienen ahora la misma vocación principal: la Gran Comisión.

> Por tanto, vayan y hagan discípulos de todas las naciones, bautizándolos en el nombre del Padre y del Hijo y del Espíritu Santo, enseñándoles a obedecer todo lo que les he mandado a ustedes. Y les aseguro que estaré con ustedes siempre, hasta el fin del mundo.
>
> Mateo 28:19-20

La vocación de la mujer cristiana es sencilla: hacer discípulos y enseñarles la verdad sobre Aquel que ha venido. Esto no significa que las mujeres que están dotadas y tienen ese deseo no deban cumplir este llamado en parte criando hijos piadosos o amando a sus cónyuges en Su nombre. Pero esa vocación particular ya no es la principal.[1] Como las mujeres del Nuevo Testamento ya no esperan dar a luz al Mesías, ahora son libres de buscar otras formas de llevar la buena noticia de Su obra a los rincones más lejanos de la tierra. Sí, por supuesto, pueden hacerlo a través de sus matrimonios y familia, pero también pueden hacerlo a través de un empleo o el ministerio; de cualquier manera, depende de ellas y del llamado único del Señor en sus vidas. La obra del ministerio está ahora abierta a todos:

> Pero ustedes [mujeres y hombres] son linaje escogido, real sacerdocio, nación santa, pueblo que pertenece a Dios, para que proclamen las obras maravillosas de aquel que los llamó de las tinieblas a su luz admirable.
>
> 1 Pedro 2:9

Esta transformación en el llamado de la maternidad al discipulado se describe en el Evangelio de Lucas. Después de escuchar la enseñanza de Jesús, «... una mujer de entre la multitud exclamó: —¡Dichosa la mujer que te dio a luz y te amamantó!» (Luc. 11:27). Ciertamente, hablaba como una mujer israelita piadosa. *La bendición viene de tener hijos.* La respuesta de Jesús es sorprendente: «—Dichosos más bien —contestó Jesús— los que oyen la palabra de Dios y la obedecen» (Luc. 11:28). Piensa en ello. En una sola frase, Jesús reorientó la teología de esta mujer y su perspectiva sobre las mujeres. *No* —dijo—, *dar a luz a hijos justos, incluso al Mesías, no es de donde viene la bendición. Más bien, viene de escuchar y creer en la verdad.*

De circuncisión exclusiva de un género, a un bautismo inclusivo

Las mujeres cristianas solteras ya no tienen que esperar la maternidad para traer a otros a Su pueblo del pacto. Este cambio, de la única opción de la maternidad a unirse a sus hermanos en la formación de discípulos, se ve en parte en el cambio de la circuncisión masculina al bautismo masculino y femenino.[2] Mientras que en el pasado, «como signo de un pacto sagrado, la circuncisión del jefe de cada familia designaba a esa familia como perteneciente al Señor»,[3] el símbolo se otorgaba solo a los hombres. Las mujeres se mostraban como miembros de la alianza solo a través de su relación con un varón circuncidado. Pero ahora las mujeres son libres de entrar en la nueva señal, el bautismo, sea que estén unidas a un varón creyente o no; el Esposo circuncidado y bautizado de la mujer ya ha llegado.

> *La señal del antiguo pacto, la circuncisión, ha sido sustituida por una nueva señal que es incluyente de género, el bautismo.*

Las mujeres que encontramos en el Nuevo Testamento fueron llamadas, comisionadas y reconfortadas por la promesa de Jesús: «Y les aseguro que estaré con ustedes siempre, hasta el fin del mundo» (Mat. 28:20). Por lo tanto, en lugar de buscar un marido y una familia como primera prioridad, se comprometieron con Él, sabiendo que Su presencia las sostendría, y utilizaron todos los medios que tenían para encarnarlo en la vida de los demás. ¿Lo hicieron con los miembros de su familia? Sí, por supuesto que sí. Un ejemplo de esto es la madre y la abuela de Timoteo, Eunice y Loida. Pablo reconoció que estas dos valientes mujeres fueron el medio que Dios utilizó para impartirle la fe a Timoteo. Debido a que Eunice estaba casada con un incrédulo, la instrucción de Timoteo fue algo que sin duda hizo sin la ayuda de su marido, y posiblemente incluso en oposición a él. Eunice se unió a las filas de las mujeres del nuevo pacto que sabían que la tarea más importante que podían realizar era hacer discípulos y enseñar la fe. Y no fue la única. Como pronto veremos, se le unieron otras mujeres, un sorprendente número de ellas solteras, que hicieron suya la Gran Comisión y fueron fundamentales para el crecimiento de la Iglesia.

Todos tenemos el ministerio de la reconciliación. A eso somos llamados. En este punto, probablemente sea una buena idea recordar que Jesús nunca ordenó a ninguna mujer (u hombre) que se casara, que fue sostenido (por lo que sabemos) únicamente por mujeres, y que las exhortaciones de Pablo a las viudas y a las vírgenes sobre el matrimonio se dan en el contexto de su rúbrica general de que, si uno es capaz de vivir una vida de soltero, es mejor para la devoción al reino y la libertad de la «aflicción de la carne» (1 Cor. 7:8, 28, RVR1960). Además, solo hay dos mandatos directos sobre la crianza de los hijos en todo el Nuevo Testamento (Ef. 6:4; Col. 3:20-21), ambos dirigidos principalmente a los padres, lo que, si no hay nada más, nos indica que la crianza de los hijos no era un énfasis principal en la iglesia primitiva. ¿Son el matrimonio y la paternidad temas y ministerios importantes? Sí, pero son secundarios al ministerio de la reconciliación, difundiendo la noticia de que «al que no cometió pecado alguno, por nosotros Dios lo trató como pecador, para que en él recibiéramos la justicia de Dios» (2 Cor. 5:21).

En el aposento alto

Como hemos visto, el Señor Jesús superó las barreras culturales al acoger a las mujeres en Su círculo. Así que no debería sorprendernos ver esta práctica después de Su ascensión. Desde el principio de la Iglesia del Nuevo Testamento, las mujeres fueron invitadas e incluidas. Por ejemplo, el día de la ascensión de Cristo, Sus discípulos, incluidos Pedro, Santiago y Juan, comenzaron a dedicarse a la oración juntos. Pero no se trataba de una simple reunión de oración de hombres. Con ellos había un grupo de personas conocidas simplemente como «las mujeres», un grupo que incluía a María, la madre de Jesús (Hech. 1:14). Orando allí en el aposento alto estaban los discípulos y las mujeres que regularmente viajaban con ellos (Luc. 8:2-3), incluyendo sin duda a María Magdalena, María la mujer de Cleofas, Juana, Susana, Salomé, María la madre de Juan Marcos, y otras. Estas mujeres estaban cuando, en el día de Pentecostés, vino el Espíritu Santo. Las lenguas de fuego se posaron sobre ellas. «Todos fueron llenos del Espíritu Santo y comenzaron a hablar en diferentes lenguas, según el Espíritu les concedía expresarse» (Hech. 2:3-4). Luego salieron a la ciudad de Jerusalén, hablando de las «maravillas de Dios» (Hech. 2:11) a todos los que querían escuchar. Las mujeres y los hombres empezaron a hacer discípulos y a enseñar la Palabra de verdad; eran embajadores de Dios.

Las mujeres oraron en el aposento alto y recibieron la primera investidura del Espíritu en la Iglesia.

Hermanos, ¿invitan regularmente a las mujeres a orar con los hombres? Recuerden que Pablo supone que las mujeres oran en la asamblea pública (1 Cor. 11:5). ¿Reconoces que las mujeres son receptoras del Espíritu en igualdad de condiciones y que se les da por el mismo motivo por el que se les da a ustedes: para anunciar las buenas noticias de Cristo?

El primer sermón

Fue en este momento cuando Pedro pronunció el primer sermón del Nuevo Testamento. ¿Cuál fue su mensaje? Dijo aquello que la gente estaba atestiguando, la proclamación audaz de la buena nueva a través de hombres y mujeres era nada menos que el cumplimiento de la antigua profecía de Joel:

> Sucederá que en los últimos días —dice Dios—,
> derramaré mi Espíritu sobre todo el género humano.
> Los hijos y las hijas de ustedes profetizarán,
> tendrán visiones los jóvenes
> y sueños los ancianos.
> En esos días derramaré mi Espíritu
> aun sobre mis siervos y mis siervas,
> y profetizarán.
>
> Hechos 2:17-18

No hay que perder de vista la importancia de que Pedro utilice, por la unción del Espíritu, las palabras del profeta Joel. Al emplear este pasaje, el Espíritu estaba declarando que la Iglesia del Nuevo Testamento estaría llena de hombres y mujeres capacitados por el Espíritu. Que juntos, como hermanos y hermanas de Cristo, ya no esperaban Su nacimiento, sino como hermanos suyos, proclamarían la buena nueva de que «todo el que invoque el nombre del Señor será salvo» (Hech. 2:21). Anunciaron que conocían la verdad sobre Él: «De ello todos nosotros somos testigos» (Hech. 2:32). ¿De qué eran testigos? De Su vida, muerte y resurrección. La promesa del evangelio es para ambos géneros, en cada generación y en cada lugar (Hech. 2:39), y ambos géneros están facultados por el Espíritu para hablar de ello a todo el que quiera oírlo. «Joel llama especialmente la atención sobre esta realidad enfatizándola al decirla dos veces, afirmando que el Espíritu de Dios será dado a los hombres y mujeres por igual, para que todos sean capaces de dar a conocer la verdad de Dios».[4]

El primer sermón predicado en la Iglesia del Nuevo Testamento declaró que la nueva era de los hombres y mujeres llenos del Espíritu había llegado.

La primera iglesia en Europa

Luego, desde el semillero de Jerusalén, la iglesia floreció y creció hacia Judea, Samaria y hasta «lo último de la tierra» (Hech. 1:8). Parte de ese crecimiento incluyó la conversión e inclusión de un antiguo fariseo, Pablo, cuya labor misionera y epístolas darían forma a la Iglesia.

En Hechos 16, leemos sobre el segundo viaje misionero de Pablo y su visita a Filipos. Mientras trataba de discernir la voluntad de Dios para sus viajes, recibió una visión de un hombre de Macedonia pidiéndole que viniera y lo ayudara. Pero cuando Pablo llegó a Filipos, descubrió que aparentemente no había suficientes hombres creyentes allí para formar una sinagoga. Y así, él y sus compañeros de viaje (Silas y probablemente Lucas), buscaron a otros para recibir su mensaje. Como embajadores, fueron «... por la orilla del río, donde esperábamos encontrar un lugar de oración. Nos sentamos y nos pusimos a conversar con las mujeres que se habían reunido» (Hech. 16:13). Lo que ocurrió a continuación fue un continuo cumplimiento de la promesa de Joel, de que todos los que invocaran el nombre del Señor (mujeres y hombres) se salvarían. «Una de ellas, que se llamaba Lidia, adoraba a Dios. Era de la ciudad de Tiatira y vendía telas de púrpura. Mientras escuchaba, el Señor le abrió el corazón para que respondiera al mensaje de Pablo» (Hech. 16:14).

La situación es la siguiente: un grupo de mujeres devotas, no teniendo otro lugar para reunirse a orar en la ciudad de Filipos, habían bajado al río fuera de la ciudad en el día de reposo para orar. Esta había sido, sin duda, su práctica habitual. Pero lo que sucedió a continuación fue todo, menos predecible. Tres judíos forasteros comenzaron a testificarles sobre Cristo, y el Señor (que había prometido estar con Sus embajadores) abrió el corazón de Lidia para escuchar y responder a las buenas nuevas. Y así nació la Iglesia europea. Tal vez Pablo se sorprendió de que una mujer fuera su primer converso, especialmente porque había visto una visión de un hombre que necesitaba ayuda, pero nada en el texto insinúa eso. Lucas, el que escribió el relato, contó la historia como si no hubiera nada extraño en ella. El único registro que tenemos es que Pablo la bautizó a ella y a su casa, y luego utilizó su casa como base de operaciones y lugar de reunión de la primera Iglesia europea. Pablo estableció así una de las principales iglesias de Europa a través de la oración, la fe y, en definitiva, la dádiva de un grupo de mujeres. «Claramente, Dios quiso establecer un punto de partida para el evangelio en territorio enemigo, en suelo europeo, con un grupo de mujeres».[5]

El primer europeo convertido al cristianismo fue una mujer soltera. La primera persona europea en recibir la señal de la alianza fue una mujer. La primera iglesia europea estuvo en la casa de una mujer de negocios.

Sé que hay preocupación en estos días sobre la «feminización» de la iglesia. Y, tal vez eso signifique algo.[6] En cambio, lo que aprendemos de esta historia es que a Pablo no le preocupaban las iglesias femeninas. No parece que le preocupara que su primer convertido fuera una mujer, o que si la iglesia se reunía en su casa implicaría que los hombres no llegarían a la fe. No le preocupaba hablar con un grupo de mujeres junto a un río. No le preocupaba quedarse en la casa de una mujer soltera.[7] Permitió que ella se impusiera sobre ellos, y su posición de respeto y riqueza fueron de gran bendición para él. En lugar de golpearse el pecho declarando su masculinidad dijo que era como una «madre lactante» con los tesalonicenses.

Más tarde, cuando Pablo dejó Filipos y continuó con sus viajes misioneros, la iglesia filipense siguió colaborando con él, apoyándolo económicamente. Sabemos que Lidia era una persona muy rica y una exitosa mujer de negocios, por lo que, sin duda, fue ella (y los demás que se reunían en su casa) quienes apoyaron a Pablo con sus medios, de la misma manera que las mujeres del Antiguo Testamento y las que siguieron al Señor Jesús.[8] Pablo testificó que la iglesia filipense fue la única que le dio y que le envió ayuda para sus necesidades, «una y otra vez» (Fil. 4:15-16; 2 Cor. 11:9). Fue a Lidia y a sus compañeros de fe a quienes la promesa: «mi Dios les proveerá de todo lo que necesiten, conforme a las gloriosas riquezas que tiene en Cristo Jesús» fue escrita originalmente (Fil. 4:19). Y de nuevo, la iglesia filipense fue la única que apoyó económicamente a Pablo durante su estancia de dieciocho meses en Corinto, liberándolo de la necesidad de hacer tiendas de campaña y abriendo una amplia puerta al ministerio.

La iglesia filipense, reunida en la casa de una rica mujer de negocios, subsidió la primera predicación del evangelio en Corinto y sostuvo a Pablo en su ministerio.

¿Cómo se sentía Pablo respecto a esta iglesia? ¿Se avergonzó de que se reuniera en la casa de una mujer y dependiera, al menos en parte, de las finanzas de una mujer? ¿Le preocupaba depender demasiado de una mujer y por lo tanto hacer que los hombres se sientan inferiores? No. En su Carta a los Filipenses, Pablo dijo que oraba por ellos y que consideraba a los hombres y las mujeres como socios suyos en el evangelio, algo que comenzó desde el «primer día» (Fil. 1:5). ¿Qué día fue ese? Fue el día en que habló con aquellas mujeres junto al río. Se refirió a ellas como a las que llevaba en su corazón y que eran partícipes de la gracia con él. Su amor y aprecio por Lidia y por la iglesia que se reunía en su casa era afectuoso y cálido. Pablo hubiera empobrecido sin la ayuda de esta mujer.

Pero Lidia no era la única mujer en Filipos que Pablo apreciaba como compañera de trabajo. Evodia y Síntique son mujeres a las que llama fieles compañeras, que trabajaron junto a él en el evangelio. Eran mujeres cuyos nombres estaban escritos en el libro de la vida (ver Fil. 4:2-3). El hecho de que les rogara públicamente que superaran sus diferencias indicaba su importancia para la Iglesia y para él. No las menospreciaba por ser mujeres; sino que valoraba el trabajo que hacían y las necesitaba en el frente con él como embajadoras de la difusión del evangelio.

El saludo de Pablo a la iglesia romana

¿Estaba Pablo preocupado por la feminización de la Iglesia? Ciertamente no en Filipos. Tampoco en Roma. Nueve de los 28 líderes que Pablo saludó en la iglesia de Roma eran mujeres. De hecho, la primera persona a la que Pablo encomendó la iglesia fue Febe, una mujer de negocios que entregó y probablemente leyó su carta en voz alta.[9] ¿Cómo la describe Pablo? La llama sierva, o *diakonos*, una palabra que hemos traducido como «diácono». Sea que creas que las mujeres pueden ser ordenadas a un cargo eclesiástico o no, como Lidia, Febe era sin duda una mujer rica y funcionaba como diácono, satisfaciendo las necesidades de la iglesia. Ella sirvió como una «patrona», una persona que era benefactora de los extranjeros o de los pobres que necesitaban ayuda. Pablo la aplaudió porque había sido una patrona, una ayudante, para él también. Es interesante que no tenemos registro de que Pablo haya dicho a estas mujeres, ambas probablemente solteras y que eran mujeres con recursos, que encontraran un marido, dejaran sus negocios y se quedaran en casa. En cambio, Pablo dice a la iglesia que ayude a Febe en lo que sea necesario. Este es el lenguaje del apoyo ministerial. La razón, «porque ella ha ayudado a muchas personas, entre las que me cuento yo» (Rom. 16:1-2). Ella apoyó económicamente el ministerio de Pablo; él la envió a una costosa tarea y ahora le pide a la iglesia que apoye financieramente su ministerio. Al hacerlo, estaba sentando las bases para que las mujeres fueran pagadas en el ministerio.

Mujeres, dejen que esto les hable. Tal vez no estás casada y piensas que ganarse la vida es una vocación menor. O tal vez ni siquiera quieres estar casada o tener una familia, pero te han dicho que tu vocación es contraria al plan de Dios para la mujer bíblica. Sabemos que a algunas mujeres se les ha dicho que ir a la universidad es una pérdida de tiempo y dinero porque el único llamado de Dios en su vida es el de casarse y cuidar de una familia. Tomen nota en su corazón: Pablo no pensaba así. De hecho, dijo que ser soltero era preferible, y que mujeres como Lidia y Febe, que trabajaban fuera de sus casas, eran un gran beneficio para él y para el evangelio. Debían utilizar sus carreras, ya sea en el hogar o en el trabajo, al servicio de la Gran Comisión, y debían descansar en la verdad de que, sea cual sea la forma que eligieran para testificar, el Señor estaría con ellas.

Las compañeras de trabajo de Pablo

La segunda persona en Roma a la que Pablo elogió fue a Prisca (o Priscila), una mujer a la que, junto con su marido, Pablo se refería como sus «compañeros de trabajo en Cristo Jesús» (Rom. 16:3). Esta pareja se enfrentó al peligro con él y organizó una iglesia en su casa. Sabemos que la propia Priscila era fuerte en teología porque ella, junto con su marido, enseñaba a Apolos «con mayor precisión el camino de Dios» (Hech. 18:26). Aparentemente, ella tenía un papel ministerial superior al de su esposo, porque casi siempre que se mencionan sus nombres, el de ella aparece en primer lugar. Ella no tenía ningún problema al corregir a alguien tan dotado como Apolos, y ni su marido ni el apóstol Pablo tuvieron ningún problema con ello.

Hermanos míos, ¿qué opinan de una mujer que es fuerte en teología? ¿Cómo se sienten con una mujer que es más fuerte en teología y en la fe que tú o su marido? ¿Creen que es más probable que ella usurpe tu papel o el de su marido? ¿Crees que las mujeres deben guardar su teología para sí mismas (o ni siquiera estudiarla, como hemos oído), creando así un vacío de liderazgo en el hogar que, con suerte, llenará su marido? ¿Crees que Dios puede haber dotado a las mujeres de la congregación con una comprensión y sabiduría de las que podrías aprender? ¿O crees que las mujeres no tienen nada que enseñarte? Lamentablemente, algunos seminarios, los lugares donde se forman la mayoría de los pastores, no emplean profesoras, por lo que los jóvenes entran en el pastorado pensando que las mujeres no tienen nada que enseñarles. Eso es triste no solo para las mujeres que se ven excluidas de las oportunidades del ministerio para las que han sido dotadas por Cristo, sino también para los hombres que podrían aprender de ellas.

> Todo el pueblo de Dios, hombres y mujeres debe estar preparado para escuchar y aprender los unos de los otros. Es el colmo de la arrogancia espiritual y una negación de la naturaleza del reino de Cristo que un hombre diga que no puede y no quiere escuchar o aprender de una mujer. ¿Acaso tal hombre eliminará las palabras de Débora, Ana o María de las Escrituras? [...]. Se aparta de la sabiduría de la mitad del pueblo de Dios. Pedro declara que las oraciones de un hombre así, un hombre que no reconoce que su esposa es coheredera de la gracia de la vida, se ven obstaculizadas.[10]

¿Qué opinas de las mujeres solteras de tu iglesia? ¿Crees que son menos valiosas que aquellas que están casadas? ¿Piensas que hay algo malo en una mujer que prefiere ser soltera o que ama su trabajo? ¿Qué pensarías de alguien como Lidia o Febe?

¿La valorarías o pensarías que es una pena que no pueda cumplir con su «vocación principal» de ser esposa o madre? ¿Puedes decir que estás de acuerdo con la valoración de Pablo de que es más beneficioso para el reino de Dios que las mujeres sean solteras y así se dediquen de todo corazón al Señor? Claro que eso significaría que necesitarían un empleo para mantenerse. ¿Desafía eso tu estereotipo de feminidad?

No creemos que sea demasiado recordarnos a todos de nuevo que incluso alguien como el apóstol Pablo, cuya formación religiosa ciertamente le enseñó la opinión de la que hizo eco el rabino del siglo II Judah Ben Ilai: «Doy gracias a Dios por no ser mujer, ni esclavo, ni pagano», no dudó en recibir el apoyo y la fe de una mujer. ¿Eran estas mujeres antiguas feministas a las que había que temer o eran valientes *ezers*, un regalo que debía ser apreciado por toda la iglesia? ¿Es el consejo de Dios, «No es bueno que el hombre esté solo», aplicable solo en el matrimonio? ¿Podría ser también aplicable en tu iglesia, en tu ministerio?

El ministerio de las mujeres profetas continúa

Recordarás que en el Antiguo Testamento se nombran numerosas profetisas. También las hay en el Nuevo. De hecho, el don de las mujeres de hablar palabras «para edificarlos, animarlos y consolarlos» (1 Cor. 14:3) es dado por sentado por Pablo, quien dijo que una mujer que «ora o profetiza» públicamente debe tener cuidado de demostrar con su vestimenta que está bajo la autoridad de Dios (1 Cor. 11:5). Se dirige a las hermanas y hermanos de Corinto: «Cuando se reúnan, cada uno puede tener un himno, una enseñanza, una revelación, un mensaje en lenguas, o una interpretación» (1 Cor. 14:26). Pablo da por sentado que el Espíritu Santo continuará Su labor de empoderamiento en la vida de los hombres y las mujeres de la iglesia de Corinto. Se suponía que tanto las mujeres como los hombres tenían una importante verdad y que edificarían, animarían y confortarían a la iglesia, y se esperaba que compartieran esa verdad para la edificación mutua de todo el cuerpo. Es imposible pensar que el Espíritu que cayó sobre ambos, hombres y mujeres, en el Pentecostés y que ha continuado dándonos poder desde entonces, se abstenga de dotar a las mujeres en su vocación de hacer discípulos a través de la palabra dada por el Espíritu.

¿Silencio en las iglesias?

Sí, Pablo también escribe «guarden las mujeres silencio en la iglesia» (1 Cor. 14:34), un pasaje que, si no se lee en su contexto, puede causar mucha confusión. Sabemos que Pablo no puede querer decir que las mujeres no deben hablar nunca en la iglesia porque ya ha reconocido que las mujeres son libres de orar y profetizar públicamente, siempre y cuando no deshonren a los que están en autoridad por su forma de vestir. Debido a sus enseñanzas anteriores, «es difícil ver esto como una prohibición absoluta».[11] Además, en un tiempo, cuando Pablo y Lucas visitaron la casa de Felipe el evangelista, que tenía «cuatro hijas solteras que profetizaban» (Hech. 21:9), el apóstol no trató de corregirlas. No tenemos constancia de que le dijera a Felipe que casara a sus hijas o que les impidiera hablar de la Palabra de Dios bajo la unción del Espíritu. De hecho, parece que Lucas, que escribió Hechos, presume de ellas. Los ministerios de las mujeres que oran y profetizan que comenzaron bajo el antiguo pacto continúan en el nuevo, con la dimensión añadida de que el Espíritu capacita y dota a las mujeres para ser embajadoras y cumplir la Gran Comisión.

Dado que la Gran Comisión se ha dirigido a todos los creyentes, hombres y mujeres por igual, debemos preguntarnos si nuestras iglesias han abierto la puerta para que las mujeres enseñen y hagan discípulos. ¿Son las mujeres que han sido dotadas por el Espíritu para dar testimonio y testificar de la venida del Mesías obligadas a callar o son denigradas cuando hablan? Tenemos que preguntarnos si a las mujeres solteras se les ha dado voz y si, aunque creamos que los hombres y las mujeres son igualmente creados a imagen de Dios, demostramos esta creencia invitando a mujeres dignas al ministerio de la congregación.

Recordando que las primeras palabras después de la resurrección fueron pronunciadas por una mujer, el primer sermón incluyó la promesa del Espíritu para mujeres, el primer converso en Europa fue una mujer soltera de negocios, la primera predicación del evangelio en las iglesias de Acaya fue financiada por una mujer y la iglesia que se reunía en su casa, no debería sorprendernos descubrir que las últimas palabras registradas de la iglesia también son pronunciadas por una esposa, la Iglesia, al unísono con el Espíritu, al Hijo. ¿Esas palabras? «Ven». De principio a fin, desde el «Aquí tienes a la sierva del Señor [...]. Que él haga conmigo como me has dicho» (Luc. 1:38) hasta la oración de la esposa: «Ven, Señor Jesús, te anhelamos», las voces de las mujeres se han unido a sus hermanos bajo el poder del Espíritu Santo en un coro eterno de alabanza a su Rey.

DESCUBRAMOS EL VALOR DE LA MUJER

1. En los tiempos del Antiguo Testamento, se esperaba que las mujeres dieran a luz hijos, con la esperanza de dar a luz al libertador y para consolidar el nombre de su marido. ¿Cómo ha cambiado esto en el Nuevo Testamento?

2. ¿Has escuchado que el plan de Dios es principalmente que las mujeres se casen y tengan hijos? Después de leer este capítulo, ¿qué piensas? ¿Crees que hay algún significado en la relación de Pablo con Lidia y Febe, mujeres solteras que posiblemente no hayan tenido hijos?

3. Cuando Pablo, entonces el fariseo Saulo, pretendía extinguir el evangelio, «arrastraba a hombres y mujeres y los metía en la cárcel» (Hech. 8:3). «Perseguí a muerte a los seguidores de este Camino, arrestando y echando en la cárcel a hombres y mujeres por igual» (Hech. 22:4). ¿Qué te dicen estos versículos sobre la importancia del ministerio del evangelio por parte de una mujer?

4. ¿Cuál es el llamado que tienen todas las mujeres, solteras o casadas? ¿Cómo cumples ese llamado en tu vida?

5. La madre de Santiago y Juan se acercó a Jesús y le pidió que sus hijos fueran elevados a posiciones de autoridad. ¿Por qué crees que lo hizo? ¿Qué tenía de malo esa forma de pensar?

6. Resume lo que has aprendido en este capítulo en cuatro o cinco frases.

PARA PROFUNDIZAR

1. «Parece increíble [...] que un antiguo fariseo judío y terrorista religioso esté sentado en la orilla del río enseñando a mujeres gentiles sobre Jesús en una tarde de sábado. Seguramente esto es una señal del poder transformador del evangelio en la vida de un hombre».[12] ¿Cuál es tu reacción?

2. «Todos nosotros, más allá de la barrera del género, somos capaces de aprender y comunicar la Palabra de Dios [...]. Las mujeres y los hombres son igualmente redimidos; las mujeres y los hombres reciben igualmente el Espíritu; las mujeres

y los hombres están igualmente dotados para profetizar».[13] ¿Cuál es tu reacción?

3. Haz una búsqueda de palabras y trata de encontrar el número de mujeres que albergaron iglesias. ¿Crees que hay algún significado en esto?

4. Pablo escribió que ser soltero para él era en realidad preferible para el reino. ¿Cuál es tu respuesta a esto? ¿Crees que eso es lo que ha enseñado el evangelismo estadounidense?

5. «Dado que Cristo puede salvar sin importar el sexo, la raza o la clase social, no hay necesidad de cambiar de estatus para mejorar la posición de uno ante el Señor. De hecho, afirmar la necesidad de que un cristiano cambie su estatus [casarse o ser soltero] es implicar la insuficiencia de Cristo para la situación actual de uno y dar a entender que Cristo es menos que Señor sobre todas esas condiciones e instituciones mundanas».[14] ¿Cuál es tu reacción?

CAPÍTULO 12

El valor de la mujer en el siglo XXI

Pero ustedes son linaje escogido, real sacerdocio, nación santa, pueblo que pertenece a Dios, para que proclamen las obras maravillosas de aquel que los llamó de las tinieblas a su luz admirable.

1 Pedro 2:9

Eric abrió el capítulo 1 compartiendo su experiencia al descubrir el sonido estéreo. Recuerden que dijo que cuando era joven aprendió que, si giraba el control del balance completamente a la derecha, solo escuchaba una parte de la música. Lo mismo ocurría si lo giraba hacia la izquierda. Decía que escuchar solo un canal era fascinante al principio, pero que con el tiempo la novedad desapareció, y volvió a escuchar los dos canales a la vez. Esa era la única manera de escuchar la música tal y como el compositor quería que se escuchara.

Sabemos que en este momento te sientes identificado con la experiencia de Eric. Tal vez pienses que hemos girado la perilla exclusivamente hacia la *M*, y, sinceramente, tendrías razón. Admitimos que hemos estado centrando nuestra atención en las mujeres y en la forma en que sus historias son parte integral de la historia de la redención. Confesamos que ese ha sido nuestro objetivo y esta es nuestra motivación: creemos que, dentro del cristianismo conservador, el control ha sido girado hacia la *H* casi exclusivamente, e intentamos aportar equilibrio a la discusión. Sí, sabemos que en el mundo secular más amplio e incluso en las iglesias más liberales, lo contrario es cierto. Durante décadas se ha girado la perilla hasta la *M*, a veces con resultados horrendos, y que la iglesia ha sentido la necesidad de responder.[1] No estamos militando contra el deseo de mantener la verdad bíblica sobre las mujeres y los hombres.

Lo que decimos es que, salvo algunas excepciones notables, la mayoría de los libros que hablan de la redención u ofrecen una visión general de la Biblia, se centran en el trabajo que han hecho los hombres y en la forma en que Dios los ha utilizado. Si se menciona a las mujeres es solo de pasada o como algo accesorio a la historia. Incluso los hombres que valoramos personalmente comparten esta perspectiva. Por ejemplo, Juan Calvino escribió:

> Ahora bien, Moisés muestra que la mujer fue creada después, para que fuera una especie de apéndice del hombre; y que fue unida al hombre con la condición expresa de que estuviera a su disposición para obedecerle (Gén. 2:21.) Puesto que, por lo tanto, Dios no creó dos jefes de igual poder, sino que añadió al hombre una ayuda inferior, el apóstol nos recuerda justamente ese orden de la creación, en el que se manifiesta de manera sorprendente la designación eterna e inviolable de Dios.

Y,

> La debilidad del sexo hace a la mujer más recelosa y tímida.[2]

Martín Lutero escribió:

> Por obra de Dios, Adán es aprobado como superior a Eva, porque él tenía el derecho de primogenitura [...]. No solo la sabiduría de Dios ordenó esto, sino que había más sabiduría y valor en Adán. Y por esto se ve quién es más sabio y se prefiere con razón. Pero Adán era más sabio que Eva [...]. Por lo tanto, Adán es aprobado según la creación de Dios y la experiencia del hombre. Estos son los dos argumentos. Pablo así ha demostrado que por derecho divino y humano Adán es el amo de la mujer. Es decir, no fue Adán quien se descarrió. Por lo tanto, había más sabiduría en Adán que en la mujer.[3]

Por mucho que ame a Calvino y a Lutero, yo (Elyse) tengo que admitir que esas palabras (y otras como ellas en gran parte de la bibliografía de la Reforma) me resultan difíciles de leer. Me doy cuenta de que las palabras de estos hermanos son anacrónicas, producto de su tiempo. El problema no es tanto que esto sea lo que pensaban. Es que este pensamiento continúa hoy en día, y que, si una mujer o un hombre trata de desafiarlas, es etiquetado y descartado inmediatamente. Si piensas que esto no continúa hoy en día, te equivocas. Por ejemplo, cuando Eric publicó su artículo señalando la importancia de las mujeres en la historia de la redención[4] fue acusado de adorar al feminismo. Nos preguntamos: «¿Existe una manera de honrar la *imago dei* en las mujeres, para declarar su importancia y valor en el tapiz que Dios está tejiendo y seguir siendo considerados ortodoxos?». ¿O tenemos que decir que «las mujeres son débiles, inferiores, carentes de sabiduría, sospechosas, tímidas, un apéndice del hombre creado solo para hacer su voluntad» para ser considerados ortodoxos?

Sabemos que algo de lo que hemos escrito puede incomodar a algunos de nuestros lectores. Recuerdo lo incómoda que me sentí cuando empecé a ser consciente del privilegio de los blancos, algo a lo que estaba completamente ciega. Ciertamente fue un momento doloroso, pero necesario y bueno, de crecimiento en mi vida. Algunos de ustedes se habrán preguntado si estamos siendo igualitarios. Quizás también haya quien se ha adelantado a este último capítulo para ver lo que diremos sobre el papel de la mujer en las iglesias de hoy y usen eso como un *shibboleth* para juzgar si algo más de lo que hemos dicho vale la pena. En esencia, tememos que las otras 70 000 palabras de este libro sean aceptadas o rechazadas si no respondemos a la pregunta sobre la ordenación de las mujeres de acuerdo con la rúbrica predominante. Si eso es justo, o sabio, o no lo es, no viene al caso.

Aceptamos que *el oficio ordenado de pastor está limitado a hombres calificados; creemos que los maridos deben ser los principales siervos en sus hogares y que las mujeres y las esposas deben ayudar a los pastores y a los maridos en su vocación.*[5] Lo que esto significa es que en Su amor y gobierno providencial sobre la Iglesia y en el hogar, Dios ha llamado a los hombres a ser siervos que dejan de lado sus propios derechos y comodidades en obediencia a Dios, para buscar la unidad benévola y el florecimiento de otros creyentes, incluyendo a sus esposas y hermanas en la fe. El marido debe ser el siervo principal en su familia, uno que ejemplifique lo que significa amar a Dios y al prójimo, siguiendo las huellas de su Salvador, que se hizo siervo de todos, lavando los pies de Sus discípulos y muriendo en la ignominia. Debe dar su vida y abstenerse de cualquier acción dominante o autoritaria. Del mismo modo, en la Iglesia, los pastores deben mostrar amor y pastorear un rebaño de ovejas, como lo hizo el buen Pastor, sirviendo, llevando, protegiendo y guiando. Tanto en la iglesia como en el hogar, los hombres están llamados a ser los principales siervos, imitando el carácter de su Salvador, recordando las palabras del Señor:

> Jesús los llamó y les dijo: —Como ustedes saben, los gobernantes de las naciones oprimen a los súbditos, y los altos oficiales abusan de su autoridad. Pero entre ustedes no debe ser así. Al contrario, el que quiera hacerse grande entre ustedes deberá ser su servidor, y el que quiera ser el primero deberá ser esclavo de

los demás; así como el Hijo del hombre no vino para que le sirvan, sino para servir y para dar su vida en rescate por muchos.

Mateo 20:25-28

El término «liderazgo de servicio» es popular en los círculos conservadores. Desgraciadamente, pone el énfasis en el *líder*, mientras que el *siervo* asume el papel de modificador en la frase.[6] Pero observa que Jesús (un líder, sin duda; ¡es el Rey!) no dice: «El Hijo del Hombre no ha venido a ser servido, sino a dirigir». Dice que vino «para servir», y a hacerlo muriendo para salvar a otros.

En respuesta al servicio del marido y del pastor, las mujeres deben esforzarse con todo su corazón por ser aliadas fuertes, fieles y confiables en la guerra contra la serpiente. Deben tratar de desarrollar los dones que se les han dado y llevarlos a la arena donde lucharán junto a los hombres piadosos que Dios les ha dado. No deben retirarse de la batalla y dejar todo a los hombres. Más bien, deben dar un paso en la fe en todas las formas en que Dios las llama.

Creemos que es correcto, bueno y oportuno abrir tantas puertas como sea posible a las mujeres y animarlas a ver que son parte integral de la misión de la Iglesia, y que las mujeres deben seguir con celo el llamado de Dios en sus vidas.

Sabemos que algunas personas podrían objetar a las posiciones que hemos propuesto porque ven esto como una pendiente resbaladiza; piensan que una vez que se va por el camino de hablar sobre el valor de una mujer, acabas trabajando en Planned Parenthood [Planificación Familiar]. Algunos quieren evitar este tema y así mantenerse a salvo del «culto al feminismo». En cambio, nuestra opinión es que, es más peligroso cercar la ley[7] que decir la verdad sobre la libertad y el valor que la Biblia declara claramente. Cada vez que decimos más de lo que dice la Biblia o la tergiversamos para alejarnos de lo que tememos, corremos el riesgo de oscurecer la verdad. Además, nos preguntamos si, cuando cerramos puertas que deberían estar abiertas a las mujeres por temor a algún precedente que pueda sentar, podríamos lograr inadvertidamente lo que más tememos. Por ejemplo, cuando a las mujeres que son llamadas, dotadas y dispuestas a trabajar para el Señor en la iglesia se las hace sentir inferiores, condescendientes o inconsecuentes, el objetivo de evitar que caigan en el igualitarismo[8] se ve frustrado. De hecho, las mujeres ya están abandonando la fe en masa.[9]

El movimiento de la «familia cristiana»

Desde la década de 1980, las editoriales cristianas han producido materiales destinados a ayudar a las mujeres cristianas a vivir una vida piadosa y a educar a sus familias en la fe. Algunos resultados positivos se han obtenido de estos volúmenes, pero su énfasis excesivo en el papel de la mujer de ser esposa y madre ha fallado en reconocer que la historia del Nuevo Testamento no es una historia sobre la ética familiar. Es sobre el Hijo que ha nacido y que ha cumplido todos los mandatos de amor en nuestro lugar. Es principalmente un llamamiento a las mujeres y a los hombres para que publiquen las buenas nuevas sobre Cristo en todos los lugares a los que Dios nos lleve. El Dr. Jerram Barrs, profesor del Seminario Covenant, dice que este enfoque demasiado estrecho en el rol de la mujer ha causado un daño significativo, que ha llevado a que la comunidad cristiana vea a las mujeres «enteramente a través de los ojos de los hombres que reaccionan al énfasis feminista».[10] Se han establecido y financiado ministerios con la premisa de que el mensaje más importante del cristianismo es que no sucumbamos al feminismo; un subproducto de ese mensaje es la importancia del matrimonio y la formación de una familia. Estamos de acuerdo en que el feminismo y el secularismo deben evitarse, pero no son el peligro dominante al que se enfrenta la iglesia. Los principales peligros a los que se enfrenta el evangelismo moderno son la idolatría de la familia, la idolatría del poder político y la autoconfianza que proviene de un mensaje que ofrece tres pasos a la autoperfección. No corremos el riesgo de perder nuestra moral. Corremos el riesgo de perder el mensaje del evangelio, algo que encontramos cada vez que hablamos en público o cuando entrevistamos a los nuevos miembros de la iglesia y reconocemos que nuestra audiencia es en gran parte analfabeta sobre la doctrina de la justificación, una verdad que Martín Lutero dijo que era el eje sobre el cual toda la iglesia se levantaría o caería. Si nuestra experiencia anecdótica es una señal, la mayoría de la Iglesia está en caída libre en el pozo negro venenoso al que los reformadores tan valientemente se opusieron. En lugar de buscar el matrimonio y la familia como nuestro mensaje principal, tenemos que volver a la fe entregada a los santos:

> Por lo tanto, si alguno está en Cristo, es una nueva creación. ¡Lo viejo ha pasado, ha llegado ya lo nuevo! Todo esto proviene de Dios, quien por medio de Cristo nos reconcilió consigo mismo y nos dio el ministerio de la reconciliación: esto es, que en Cristo, Dios estaba reconciliando al mundo consigo mismo, no tomándole en cuenta sus pecados y encargándonos a nosotros el mensaje de la reconciliación. Así que somos embajadores de Cristo, como si Dios los exhortara a ustedes por medio de nosotros: «En nombre de Cristo les rogamos que se reconcilien con Dios».
>
> 2 Corintios 5:17-20

Creemos que la Biblia enseña la gran dignidad y el valor de todas las personas, hombres y mujeres, y su importancia en la historia de la redención. Hemos tratado de revelar y reafirmar la verdad de que ambos géneros, femenino y masculino, eran y son parte integral del plan de salvación de Dios y deben ser honrados y respetados como portadores de la imagen de Dios. Las mujeres deben verse a sí mismas como dignas, no porque hayan logrado grandes cosas, o porque estén casadas y tengan un hogar bien ordenado, sino porque son creadas a imagen de Dios, redimidas por el Hijo, y dotadas para cumplir Su misión.

No deben denigrarse o degradarse a sí mismas, pensando que son inferiores como mujeres, ni deben pensar que solo tienen valor si tienen un marido y una familia. Ellas deben verse a sí mismas como dignas a los ojos de Dios y a la luz de eso, buscar convertirse en mujeres sabias y fuertes en cualquier esfera de influencia que tengan, como embajadoras llamadas y comisionadas por Cristo. Ese era nuestro objetivo, y confiamos en que tu corazón haya sido animado e informado.

¿Cómo podría funcionar esto en nuestras iglesias?

Si los hombres comenzaran a ver a las mujeres como colaboradoras, como parte integral de la misión de la Iglesia, ¿cómo empezarían a ser nuestras iglesias? Si las mujeres ya no estuvieran limitadas principalmente a las funciones domésticas, ¿cómo podrían ser utilizadas en la congregación local? Sabemos que es nuestra reacción instintiva comenzar a hablar de las cosas que las mujeres no están llamadas a hacer. Como complementarios,[11] reconocemos esas restricciones. Pero no es por ahí por donde queremos empezar. Más bien, empecemos por aquí:

> Por lo tanto, ustedes [hombres y mujeres] ya no son extraños ni extranjeros, sino conciudadanos de los santos y miembros de la familia de Dios, edificados sobre el fundamento de los apóstoles y los profetas, siendo Cristo Jesús mismo la piedra angular. En él todo el edificio, bien armado, se va levantando para llegar a ser un templo santo en el Señor [conformado por hombres y mujeres]. En él también ustedes [hombres y mujeres] son edificados juntamente para ser morada de Dios por su Espíritu.
>
> Efesios 2:19-22

En este nuevo reino y bajo nuestro nuevo llamado, los hombres y las mujeres son conciudadanos.

Somos miembros de la casa de Dios, todos construidos sobre los que nos precedieron, siendo Cristo el principal. Estamos siendo tejidos juntos y estamos creciendo juntos en un lugar santo donde el Señor mora. Ese templo santo tiene que estar formado por mujeres y hombres: está incompleto sin cada uno de nosotros. Las mujeres, al igual que los hombres, son parte integral del templo santo donde Dios habita por medio de Su Espíritu. Pablo reforzó este punto de vista cuando escribió que:

> Todos ustedes [hombres y mujeres] son hijos de Dios mediante la fe en Cristo Jesús, porque todos los que han sido bautizados en Cristo se han revestido de Cristo. Ya no hay judío ni griego, esclavo ni libre, hombre ni mujer, sino que todos ustedes son uno solo en Cristo Jesús. Y, si ustedes pertenecen a Cristo, son la descendencia de Abraham y herederos según la promesa.
>
> Gálatas 3:26-29

Por favor, observa cómo Pablo predica la verdad del nuevo pacto, «tanto los hombres y mujeres son caracterizados aquí como teniendo los derechos de "hijos"».[12] Observa cómo las divisiones de género y las actitudes erróneas sobre superioridad masculina (o judía o libre) son abolidas por el poder de nuestra adopción por medio de Cristo.

> La palabra griega *huioi* («hijos») es un término legal utilizado en las leyes de adopción y las leyes de herencia de la Roma del siglo I. Tal y como lo utiliza Pablo aquí [...], este término se refiere a la condición de todos los cristianos, tanto hombres como mujeres, que, habiendo sido adoptados en la familia de Dios, ahora disfrutan de todos los privilegios, obligaciones y derechos de herencia de los hijos de Dios.[13]

No es insignificante que el símbolo externo que Pablo utiliza para fundamentar su enseñanza es el bautismo del nuevo pacto, y ese símbolo está ahora abierto para ambos géneros, mujeres y hombres. El pasaje no enseña que el género ya no importa en absoluto. Lo que sí enseña es que no hay un género que sea superior al otro cuando se trata de nuestra relación con Dios como «hijos» y en nuestra relación entre nosotros en la familia de la fe.

Como mujer que espera seguir teniendo la oportunidad de hablar a la vida de los demás, yo (Elyse) reconozco que he sentido en mi interior el temor de que al seguir esta línea de estudio y escribir, pueda ser puesta bajo sospecha. No creo ser paranoica. Al oír hablar de este libro, una amiga me respondió que cuando empezó a hacer preguntas a sus dirigentes sobre la línea del libro, fue «recibida con una defensa hostil y acusaciones». Le dijeron que debía ser una igualitaria que buscaba dividir la iglesia y que había sido corrompida y engañada por la ideología feminista. Ella escribió sabiamente:

> Esta mentalidad de asedio/defensa es peligrosa [...] no podemos tener conversaciones sobre la raza, el género o la injusticia de manera fructífera hasta que abordemos el *silenciamiento sistemático de las voces* que hacen preguntas.

Considera esas palabras: el *silenciamiento sistemático de las voces*. ¿Es algo que hayas experimentado alguna vez? ¿Es algo que has hecho? Admito que es algo que he visto en mí misma. Estoy dispuesta a admitir que ha habido ocasiones en las que he cerrado mis oídos y mi corazón a alguien que presentaba un punto de vista diferente al mío. Oro para que me haya arrepentido de esta locura y para que esté dispuesta a humillarme y a aprender de los demás. Cuanto más maduro en la fe, más me convenzo de que realmente no soy tan inteligente como creía. Que Dios nos ayude a todos.

En otra conversación que tuve con un pastor, me enteré de una conversación que había tenido con otros hermanos, respecto a una mujer que creía que tal vez la ordenación debería estar abierta a mujeres. Los otros pastores se preguntaban si ella debía ser disciplinada o simplemente tachada de hereje. Una vez más, el *shibboleth* «complementario» prevalente se utilizó como la única prueba de fuego para determinar si una mujer pertenecía a la Iglesia de Cristo. Al leer un borrador de esto, un amigo cercano de Eric, que es un pastor reflexivo y gran teólogo, respondió:

> Solo una reflexión personal sobre esto: Yo personalmente he sido culpable de usar el complementarismo como una prueba de fuego para la ortodoxia. Ha sido bajo la pretensión de la conveniencia. La herejía a menudo se esconde bajo declaraciones de fe que suenan ortodoxas, mientras que el igualitarismo se muestra claramente en el personal de dirección pastoral. Esto ha sido pura pereza por mi parte. Ni siquiera es una prueba exacta, ya que hay sectas no ortodoxas que son casi complementarias y creyentes ortodoxos que son igualitarios. No es como quiero que me traten, tampoco. He escuchado posiciones teológicas, que casualmente sostengo, como una negación descarada de la autoridad de la Biblia, en lugar de un desacuerdo sobre lo que la Biblia enseña. Hay una razón por la que se llama triaje teológico, no clasificación exegética. La exégesis nos muestra el origen del desacuerdo, pero no nos ayuda a evaluar su importancia para la comunión. Pero lo peor que he visto en mí mismo cuando he empleado esta «prueba de fuego perezosa» es una tendencia a buscar la unidad en un determinado tipo de cultura eclesiástica, en lugar del evangelio de Jesucristo. Esto es idolatría.[14]

Jared tiene razón. Esto es idolatría enmascarada como discernimiento.

Supongo que se podría haber hecho un caso si el Credo de los apóstoles incluyera una línea que dijera: «Creo en Dios Padre todopoderoso, creador del cielo y de la tierra [...] y en la ordenación masculina», pero no lo hace. Eso no quiere decir que rechacemos una diferenciación entre los llamados de autoridad masculinos y femeninos en la iglesia y en el hogar (como hemos dicho anteriormente), es solo que debemos tener cuidado de escuchar con caridad, amabilidad y amor, creyendo lo mejor de los demás, especialmente de aquellos con los que podemos estar en desacuerdo. Debemos superar el silenciar las voces que tienen una perspectiva diferente.

Una de las razones por las que ruego que superemos el *silenciamiento* de las voces disidentes es mi preocupación por las mujeres jóvenes que acaban de encontrar su lugar en la Iglesia. Tenemos que abrir una conversación con ellas, debemos acoger sus preguntas, respetar sus desacuerdos, y abrir la puerta lo más ampliamente posible para que encuentren lugares de ministerio de acuerdo con su llamado. Hay muchas formas en las que pueden servir, y debemos permitirles hacerlo. Por supuesto, algunas mujeres estarán satisfechas y amarán ser amas de casa y no tendrán el deseo de servir más ampliamente. Y eso es algo estupendo (si recuerdan la comisión de Cristo). Pero hay otras, ya sea porque no están casadas o porque no es su vocación, que perderemos si no las acogemos a ellas y a sus dones en cualquiera de las muchas maneras en que su Señor quiere usarlas.

Mujeres dignas hoy

Lo que nos lleva ahora a nuestra discusión sobre las mujeres dignas cuyas historias no leemos en la Escritura. Seguramente se podrían escribir libros enteros sobre embajadoras, mujeres que lo dieron todo en el campo de las misiones o en la arena ensangrentada del coliseo, que vivieron vidas duras de servicio por el bien del reino. Entre estas mujeres se encuentra Perpetua, una joven madre que vivió en Cartago alrededor del año 200. Se había convertido en creyente y se preparaba, junto con su sierva Felicitas, para ser bautizada cuando fueron arrestadas y juzgadas por no ofrecer tributo al emperador Septimio Severo. El padre incrédulo de Perpetua, un noble, llegó a su celda y le rogó que denunciara el cristianismo, ofreciera el tributo al emperador y viviera, si no por ella, por su hijo pequeño, al que todavía estaba amamantando. No puedo imaginar el terror que llenaba su alma. Al final, sin embargo, dijo que no podía negar su fe más que decir que la realidad no existía. Así que fue cruelmente ejecutada ante multitudes sedientas de sangre en la arena.[15] Y aunque su voz fue silenciada ese día, ella sigue dando testimonio de que Jesús está por encima de todos los demás, incluso la familia, como Él dijo:

> Si alguno viene a mí y no sacrifica el amor a su padre y a su madre, a su esposa y a sus hijos, a sus hermanos y a sus hermanas, y aun a su propia vida, no puede ser mi discípulo.
>
> Lucas 14:26

Yo (Elyse) no me crie en un hogar creyente. Mi padre era un judío no practicante y mi madre era católica. Ellos se divorciaron antes de mi quinto cumpleaños. Como resultado, realmente no tuve ninguna relación con mi padre durante gran parte de mi infancia, pero a los 20 años, por fin me reencontré con él. Me sentí muy feliz: por fin tenía un padre. Pero entonces Jesús me salvó, y supe que tenía que tomar decisiones. Sabía que mi seguimiento de Jesús podría terminar mi relación con mi padre, así que hice lo que desde entonces he dicho a la gente que nunca haga: abrí mi Biblia y puse mi dedo en un versículo esperando que me orientara. En Su misericordia, no leí «Cuando Éber tenía treinta y cuatro años, nació su hijo Péleg» (Gén. 11:16). Más bien mi ojo cayó en el versículo antes mencionado y supe que tenía que estar dispuesta a dejar a mi padre, la única relación que había anhelado toda mi vida, para demostrarle fidelidad a mi Esposo. Así que lo llamé, le dije que me había convertido y que dejaría la universidad para ir a la escuela bíblica. Después de gritarme, colgó. Y ese fue el fin de mi relación con él hasta muchas décadas después cuando nos reconectamos de nuevo, unos cinco años antes de su muerte.

No les cuento esa historia porque me considero una moderna Perpetua. Ciertamente, no he sacrificado lo que ella sacrificó. Pero sí relato mi historia porque quiero que empieces a pensar en todas las formas en las que el Señor ya te ha mostrado cómo tu relación con Él es preeminente y cómo las decisiones aparentemente insignificantes u ordinarias que tomas cada día son un cumplimiento de Su sagrado llamado para tu vida. Como lo han hecho desde el principio, las mujeres siguen siendo parte del plan de redención de Dios.

Mujeres como Perpetua, tú y yo, hemos rechazado el llamado a vivir para nosotras mismas, y en su lugar hemos puesto todo en juego, a veces hasta la muerte, por Jesús. Mujeres como Florence Nightingale, que instituyó la enfermería moderna; Rosa Parks, que impulsó valientemente el movimiento de los derechos civiles; Evangeline Corey Booth, que supervisó el establecimiento y crecimiento del Ejército de Salvación; Lottie Moon, cuya labor misionera en China sentó las bases para el apoyo misionero bautista actual; Fanny Crosby, una mujer ciega que escribió más de 9000 himnos, muchos de los cuales todavía cantamos hoy. Sojourner Truth, una antigua esclava que se convirtió en abolicionista y defensora de los derechos de la mujer; Amy Carmichael, misionera en la India que ayudó a salvar a los niños de la prostitución en los templos; Corrie Ten Boom, una mujer que escondió a los judíos de los nazis y pasó años en un campo de trabajo para mujeres y dio testimonio del amor de Cristo; y la autora Harriet Beecher Stowe, que, a través de su libro, *La cabaña del tío Tom*, cambió la forma en que los estadounidenses veían la esclavitud. Cada una de estas mujeres era creyente, algunas solteras, otras casadas; ellas y millones de otras mujeres dignas como ellas han servido a su Rey y han sido embajadoras de Él en los confines de la Tierra.[16] Y muchas más le están sirviendo ahora mismo. Son vitales para la salud de la Iglesia y son necesarias para el mensaje de las buenas nuevas. Y lo están haciendo en todas partes.

También se podrían escribir libros enteros sobre las mujeres que han permanecido silenciosamente fieles durante años de soledad y dolor, mientras experimentaron el dolor que viene del matrimonio, la soltería, o la crianza de los hijos en un mundo roto. La Iglesia está llena de mujeres valientes que se levantan y sirven de nuevo en la fe cada día, ya sea en una sala de juntas, en un avión, detrás de la barra de un bar o en la cocina con un grifo que gotea y un bebé con cólicos. Mientras escribo, acabo de regresar de una visita a mi médica de cabecera. Ella y su enfermera son cristianas, y estoy agradecida por la amistad que tengo con ellas. El mundo está lleno de personas inteligentes, sabias, valientes y sacrificadas que han sido amadas por su Salvador, que lo aman a su vez y que lo sirven en tantas vocaciones como mujeres hay. Sus historias adornarán seguramente los muros de la Nueva Jerusalén. Son personas de quienes el mundo no es digno (ver Heb. 11:38), y yo tengo la bendición de ser una de ellas.

¿Hacia dónde nos dirigimos ahora?

Entonces, ¿hacia dónde nos dirigimos como Iglesia, como creyentes en el siglo XXI? Por supuesto, es difícil saberlo. Por un lado, veo un montón de mujeres jóvenes que sí buscan dar a conocer Su Palabra y utilizan hábilmente el Internet para hacer que suceda. Me animan mucho y me encanta ver cómo están llamando a sus hermanas a un profundo estudio bíblico. Me alienta que la puerta de la publicación esté abierta para ellas y que las mujeres compren sus libros y vean sus videos. Estas son mujeres que están cansadas de las cosas vanas y que saben que necesitamos escuchar la verdad. Me siento alentada porque dondequiera que vaya, veo mujeres que están en la lucha, ya sea como la hija de mi amiga, que es portavoz de *Students for Life* [Estudiantes por la vida], o Rachael Denhollander, que casi sin ayuda se enfrentó a la perversión y derribó las estructuras de poder en la gimnasia de élite. Estoy orgullosa de todas estas mujeres. Estoy orgullosa de llamarlas «hermanas». Todas participan en nutrir la vida en el nombre del Rey, y el mundo sería un lugar mucho más oscuro sin ellas.

También me siento alentada porque los hombres están empezando a ver que las formas tradicionales que algunos han empleado para denigrar y desestimar las preocupaciones de las mujeres están empezando a cambiar. En parte debido a los movimientos *#MeToo* y *#ChurchToo*, los hombres están empezando a ver que la negligencia y el abuso de las mujeres es pecaminoso, y que Dios lo aborrece. Estoy agradecida de que algunos hombres que han desestimado sistemáticamente las preocupaciones de las mujeres e incluso el abuso se enfrentan a su insensatez. También estoy agradecida de que haya grupos de pastores y consejeros que defienden a las mujeres que han estado en relaciones abusivas, y que, en lugar de disciplinar a la esposa por «no ser lo suficientemente sumisa», ahora van mano a mano con sus maridos y los llaman al arrepentimiento. Estas son buenas señales, y me alegro.

Espero que los siguientes testimonios de varias mujeres pronto se conviertan en algo inaudito y no en algo común en la iglesia.

Un día, mientras limpiaba el piso de su baño de invitados, una mujer encontró una videocámara que su marido había instalado para filmar a las mujeres que venían a su casa para el estudio de la Biblia y noches de juego. Después de enfrentarse a su marido, llamó a un anciano. El anciano fue a su casa, y su marido admitió su pecado diciendo: «Tenía curiosidad por otras mujeres». También admitió que había visto pornografía en Internet.

Tras el interrogatorio del anciano, la esposa admitió que su relación física no había sido la mejor, pero dijo que nunca lo rechazó porque sabía que eso estaría mal. El anciano le dijo que tenía que «sacrificarse por el equipo», es decir, que debía ser más activa sexualmente. Ese anciano en particular puede haberse encontrado con su marido una o dos veces más, pero nunca se hizo nada. Ella se preguntaba si eso era todo lo que iba a salir de esa situación y los ancianos le aseguraron que se ocuparían de ello. Nunca lo hicieron. Ella pensó que habría sido una ofensa disciplinable (ignorando el hecho de que es un crimen) hacer estas cosas, pero evidentemente no estaban de acuerdo. Así que ella perseveró.

Unos años después, la mujer encontró otra cámara, esta vez en la parte trasera de la camioneta de su marido. Tenía un vídeo en el que su marido había tomado las faldas de las mujeres en la tienda de comestibles. En ese momento decidió que ni ella ni sus hijos estaban a salvo y había aprendido por las malas que sus ancianos no tomarían ninguna carta en el asunto para protegerla o pastorearla, a pesar de que había asistido a esa iglesia durante 20 años, por lo que abandonó el hogar y finalmente se divorció de su marido.

Más tarde, una amiga suya que había participado en el liderazgo había preguntado a uno de los ancianos si ese tipo de comportamiento por parte del marido no constituía adulterio. Él dijo que no lo era porque el acto físico de la relación sexual no se produjo.

Otra mujer conoció a su futuro marido mientras él estaba matriculado en un conocido seminario evangélico. Pensando que era un hombre piadoso, se casó con él y trató de construir un hogar cristiano. Después del seminario, se empleó en la iglesia donde su padre era el pastor principal.

Pronto ella comenzó a notar su habitual mentira y sospechó que él también le era infiel. Acudió a su pastor (su suegro) quien, tras escuchar sus preocupaciones, le dijo: «Abraham mintió. Sara obedeció. ¿Acaso eres cristiana?».

Más tarde se reveló que su marido no solo era un adúltero serial, sino que también abusaba de ella físicamente. Cuando se enfrentó a él y buscó la ayuda de los ancianos, le dijeron que memorizara 1 Corintios 13:4-7, y su fe en Cristo fue cuestionada una vez más. Finalmente se divorció de él. Su exmarido sigue siendo un miembro de buena reputación en la iglesia mientras ella es denigrada como una incrédula que no perdona.

Otra mujer comparte su experiencia:

> Durante la consejería con mi pastor, tenía una confianza ciega absoluta en él y en su guía. Tanto así que muchos de los sentimientos que tuve en respuesta a su consejo pasaron a un segundo

plano frente a los sentimientos que tenía de que él era más sabio y mejor que yo. Mirando hacia atrás, veo que a menudo sentía que el abuso con el que vivía era mucho menos importante para mi pastor que el cumplimiento de mi papel como cónyuge creyente y la implicación de que a través de mi resistencia nuestro hogar era santificado y que mi esposo podría ser salvado.

Conocía la Escritura y confiaba en que la aplicación que hacía mi pastor de la Palabra de Dios era correcta, pero lo que faltaba era algún reconocimiento o afirmación de que lo que estaba ocurriendo era abuso y que no debía ser tolerado. Esto perpetuó absolutamente los sentimientos que ya tenía, que yo no importaba. Estos sentimientos influyeron profundamente en mi percepción de cómo Dios se sentía hacia mí. Años después, estoy agradecida de que mi corazón y mi comportamiento hayan sido llamados a cuenta, en muchas áreas de mi corazón definitivamente estaba pecando dentro de mi matrimonio, pero me entristece mucho ver cómo la falta de pastoreo compasivo me hirió y me distanció de Dios.

Cuando ocurrió una violación de mi confianza y un supuesto amigo compartió con mi pastor que mi marido insistía en que durmiera en otra habitación, mi pastor sugirió que dejara el ministerio de mujeres «para poder dedicar más tiempo a mi matrimonio». Eso me destrozó por completo. Mi participación en el ministerio de mujeres era algo que me importaba y era una forma de mantenerme conectada con otras mujeres y sentirme valiosa. Porque yo no confiaba en mí misma para identificar lo que me sucedía como abuso, y porque la gente que me aconsejaba no lo llamaba así, la pérdida de participación era solo otra cosa que tenía que soportar, porque era lo que erróneamente creía que merecía. Lo sentí como un castigo, lo cual era un sentimiento muy familiar para mí.

Uno de los golpes más devastadores que recibí fue cuando, años después, me enteré de que mi pastor y la mujer que me aconsejaba con él estaban teniendo una aventura. Por lo tanto, estaba en una situación de abuso por tratar de ser una buena esposa cristiana, mientras mis dos consejeros engañaban a sus cónyuges. Lo que necesitaba desesperadamente era un pastor. Era justo que mi papel como esposa cristiana fuera un tema tratado en la consejería. Lo que no estaba bien era la falta de verdadero cuidado que un pastor tiene por sus ovejas, la protección y la valoración. Eso no es lo que recibí. Decirme cómo vivir mi fe ante los abusos no era cuidar de mi corazón. No creo que la iglesia haya servido a las mujeres en mi posición. Además, mi antiguo pastor nunca me ha pedido perdón por su engaño.

* * *

Decepción tras decepción:
Cuando el Dios al que adora una víctima de abuso no se refleja en la iglesia a la que asiste

Por Chelsey Gordon[17]

Ser asistente de Chris Moles[18] me permite la oportunidad de hablar regularmente con mujeres y escuchar sus historias no solo de abuso conyugal, sino también historias (igualmente trágicas) de iglesias cuyas respuestas tanto a las víctimas como a los perpetradores de abuso resultaron en un daño adicional. No importa cuántas veces tenga el privilegio de participar en conversaciones como estas, el contraste entre lo que conozco de Dios y Su amorosa bondad hacia las mujeres y la forma en que muchas iglesias que llevan Su nombre manejan los casos de abuso nunca deja de asombrarme. Reflexionando sobre las conversaciones que he tenido con las víctimas, creo que hay dos formas principales en las que este contraste es más evidente.

Provisión y protección

La provisión y protección de Dios a las mujeres a lo largo de la Escritura es principalmente incondicional y está arraigada en Su amor misericordioso por las personas pecadoras y rotas. Por el contrario, a menudo vemos a las iglesias establecer límites y condiciones estrictas en torno a su posible apoyo a las víctimas de abusos. Muchas iglesias se lavan las manos de sus responsabilidades bíblicas de proporcionar protección y provisión a una víctima simplemente porque el liderazgo de la iglesia no está de acuerdo con los medios que ella puede utilizar para resistir el abuso de su marido. Por favor, en los casos que vemos, las mujeres no están tomando represalias con violencia física, calumnias, manipulación, o cualquier otro número de respuestas obviamente pecaminosas (aunque es probable que sus maridos empleen estas mismas tácticas con poca o ninguna objeción de estas mismas iglesias). En su lugar, estas mujeres están eligiendo buscar vías de ayuda y seguridad como buscar consejeros externos o defensores educados en la dinámica y los impactos del abuso, huir del hogar o contactar a la policía sin el «permiso» expreso de sus pastores, o solicitar el divorcio a la luz de los continuos y flagrantes años en que su marido no se ha arrepentido. Además, estas mujeres comúnmente solo buscan estos caminos de atención adicional después de meses, y a veces incluso años, de intentar pacientemente responder a su abusador de acuerdo con los estrictos dictados de la dirección de su iglesia.

Valor y honor

Tanto el Antiguo como el Nuevo Testamento ofrecen ejemplos en los que Dios otorga a las mujeres un valor y un honor poco comunes en ese período de la historia. Esto lo vemos en el relato de la creación, cuando Dios crea el primer hombre y la primera mujer, cada uno de los cuales lleva Su imagen por igual. Lo vemos cuando el ángel del Señor se aparece y habla con Agar, que ha sido desechada, y no le trae más vergüenza y humillación, sino dignidad y cuidado. Lo vemos cuando Dios proporciona a la prostituta Rajab seguridad e inclusión redentora en la línea real de Israel. Lo vemos en Jesús y los apóstoles trabajando en comunión con las mujeres como activos esenciales y socias en el ministerio del evangelio. Lamentablemente, este tipo de valor y honor no se concede a menudo a las víctimas con las que hablamos. En cambio, muchos líderes de la iglesia (principalmente hombres) tratan a estas mujeres como espiritualmente inferiores en el mejor de los casos, y sospechosas e intrigantes en el peor. Esto es especialmente devastador para las mujeres que han servido a sus iglesias y han apoyado el liderazgo de su pastor fielmente a lo largo de los años (a diferencia de muchos de sus maridos abusivos). Lo que estas mujeres pensaban que era una relación mutua con su pastor y su iglesia puede romperse rápidamente cuando una mujer se acerca a ellos en busca de ayuda (o peor aún, cuando al hacerlo expone sus deficiencias) en el ámbito de la intervención contra el abuso.

La ironía más triste de todas es que, para muchas de estas mujeres, su expectativa inicial era que su iglesia les proporcionara la ayuda y la esperanza que anhelaban, y entonces no habrían tenido necesidad de buscar recursos externos. Esperaban que sus iglesias fueran un refugio de seguridad y protección. Esperaban que sus iglesias respondieran con indignación ante los abusos que se cometían, y no sus gritos de ayuda o de resistencia bíblica. Para estas mujeres, su decepción y el desencanto con la iglesia son profundos. Basándose en lo que conocían de Dios por la Escritura, esperaban que sus pastores les proveyeran y las protegieran como hermanas dignas de valor y honor, tal como Él siempre lo ha hecho. Pero, lamentablemente, esta no es la experiencia de muchas mujeres. Uno de los sentimientos más desgarradores que víctimas me han expresado en repetidas ocasiones es que son muy conscientes de esta disparidad.

Al darse cuenta de ello, se recuerdan a sí mismas con frecuencia: «El Dios que amo y adoro no se refleja con exactitud en la iglesia a la que asisto, por lo tanto, debo luchar para poner mi fe en Él y no en su gente falible». Aunque admiro a estas mujeres y su compromiso de amar, confiar y temer a Dios por encima de todo, no debería ser así. Estas mujeres no deberían tener que atender a las heridas infligidas no solo por sus maridos abusivos, sino también por sus iglesias. Estas mujeres no deberían tener que lamentar la falta de Dios de sus maridos, así como la falta de Dios de sus iglesias. Estas mujeres no deberían experimentar más cuidado y compasión en compañía de los no creyentes que en la presencia de su pueblo, la Iglesia.

Al hablar con estas mujeres se me escapan muchas lágrimas, lloro con ellas, no solo por la pérdida de las relaciones matrimoniales, sino también por la pérdida de las relaciones eclesiásticas a causa de los abusos. Pero junto con ese dolor viene el regocijo, porque el Dios en el que estas mujeres han elegido poner su fe, no las decepcionará. Él siempre ha sido y será su Protector, Proveedor y Dador de valor y honor. Una y otra vez, mientras hablo con estas mujeres que navegan las profundas y oscuras aguas del abuso, me asombra la humilde fuerza que viene como resultado de estar anclado a Él. Aunque sus iglesias pueden verlas erróneamente como rebeldes o alejadas de Dios, estas mujeres de fe son en realidad íntima y desesperadamente dependientes de Él para ser quienes Él dice que son porque todas las otras líneas de ayuda han desaparecido hace tiempo.

* * *

Me alegro de que la caricatura idolatrada de los años 50 de una mujer de valor, June Cleaver, con su vestido bien planchado y su collar de perlas, ha sido vista como la sofocante superficialidad que era. Lo que quiero decir es que los días en que se decía a las mujeres de fe que las únicas opciones para ellas son el matrimonio y la maternidad, con suerte, se han terminado. Por favor, no me malinterpreten: creo que ya he dejado claro que para las mujeres que están tan dotadas e inclinadas al matrimonio y la familia, esto no es algo secundario. Es una gran bendición. Llevo casada cuatro décadas y tengo tres hijos y seis nietos. Mi familia es una de las bendiciones más queridas de mi vida, y estoy agradecida. Pero ahora hay otras oportunidades abiertas para las mujeres en el nombre de Cristo y como embajadoras de Él. Estoy agradecida porque no solo se me ha dado la oportunidad, sino que también he sido alentada por mi dulce esposo a buscar y seguir el plan de Dios para mi vida. Gracias a su apoyo, he cursado una maestría, he escrito dos docenas de libros y he hablado a miles de mujeres alrededor del mundo sobre Jesús. Soy bendecida, y él ha sido uno de los regalos más dulces de Dios para mí.

También estoy agradecida por los pastores, incluyendo a mi coautor, Eric, que no se sienten amenazados por las mujeres que aman la teología y tienen una voz. Veo a estos hombres en las redes sociales, alentando y apoyando a las mujeres que anhelan que sus voces sean escuchadas. Sé que se enfrentan a la presión de otros hombres que suponen que lo que significa ser un pastor varonil es solo escuchar y animar a otros hombres. También estoy muy agradecido por los muchos hombres en mi vida, dentro y fuera de mi familia, que realmente leen libros escritos por mujeres y suponen que tienen algo importante que decir. Este pasado fin de semana tuve la bendición de escuchar a mi hijo predicar y saber que una cita que leyó, escrita por una mujer, la encontró en un libro mío. Sé que ahora hay muchos pastores que buscan hablar con las mujeres de sus congregaciones pidiéndoles su opinión y solicitando ayuda para sus sermones, especialmente sus ilustraciones. Se dan cuenta de que el principal grupo demográfico dentro de sus congregaciones son las mujeres y que necesitan predicar la verdad de tal manera que también se dirija a ellas. De nuevo, soy consciente de que esto está ocurriendo en todo el mundo y me alegro mucho.

Como cita Mary McDermott Shideler en su introducción de *Are Women Human?* [¿Son humanas las mujeres?] de Dorothy Sayers:

> Así como no podemos permitirnos el lujo de malgastar nuestros recursos naturales de minerales, alimentos y belleza, tampoco podemos permitirnos el lujo de descartar los recursos humanos de cerebro, habilidades e iniciativa, aunque sean las mujeres las que los posean.[19]

Me pregunto dónde estaría la Iglesia si se permitiera a las mujeres trabajar de acuerdo con sus dones y si su habilidad, inteligencia, sabiduría y piedad se tomaran tan en serio como las de los hombres. Seguramente, si una contratara una plantilla de 100 personas, pero solo permitiera que 40 de ellas trabajaran realmente, no estarían en el negocio por mucho tiempo. Tal vez esa sea una de las razones de la debilidad de la iglesia evangélica del siglo XXI.

¿Qué pueden hacer las mujeres en la Iglesia?

Si las mujeres son, como hemos propuesto, dignas e integrales para el éxito del reino de Cristo, como fuertes ayudantes en la batalla, entonces ¿qué tipo de ministerios pueden realizar en la iglesia? ¿Cómo habrían ayudado en las situaciones que hemos descrito anteriormente? Hemos visto antiguas mujeres de fe hacer una miríada de tareas, desde formar un hogar, hasta utilizar su trabajo para convertir su casa en una iglesia. Las hemos visto entregar y leer documentos en las iglesias domésticas, corregir la teología, colaborar con los apóstoles, participar en el diaconado y orar y profetizar públicamente. Ciertamente, las mujeres de hoy que tienen la oportunidad de la educación y el *corpus* completo de las Escrituras para explorar, se les debe permitir y animar a hacer todo lo que hemos visto en las iglesias del Nuevo Testamento.

> Todos nosotros, todos los creyentes, mujeres y hombres, estamos llamados a instruir, a animar, a consolar y a edificarnos mutuamente, pues a todos se nos ha dado el Espíritu de profecía. Cristo abunda en Su amor a todos, porque es el novio que cuida y valora a Su Iglesia.[20]

Tal vez en tu iglesia sea una buena idea identificar a mujeres sabias y maduras que puedan reunirse con otras mujeres y guiarlas como consejeras. Como mínimo, debería haber mujeres en la plantilla de la iglesia que se reúnan con las mujeres que tienen preocupaciones y que sean escuchadas por el personal pastoral. Dada la prevalencia de los abusos sexuales en la iglesia, los líderes masculinos no deberían esperar o exigir que las mujeres acudan a ellos. Una de las principales razones por las que las mujeres abandonan su iglesia es que «menos de la mitad de ellas indican haber recibido algún tipo de apoyo emocional por parte de las personas de su iglesia [...]. Casi la mitad de las mujeres (43 %) dicen que no sienten ningún apoyo emocional de la iglesia».[21] Me pregunto si las mujeres dirían que se sienten apoyadas emocionalmente en la iglesia si supieran que hay mujeres piadosas, cariñosas, sabias y fuertes en el personal con las que pueden hablar. Una mujer que estuvo en un matrimonio abusivo durante décadas que buscó el consejo de su pastor, me dijo:

> Me pregunto si la mayoría de los pastores saben reconocer el abuso cuando lo ven. En mi caso, había que estar completamente desorientado para no verlo. Era tan obvio en cómo me veía a mí misma y en mi relación con Dios. Los efectos del abuso tocaron todas las áreas de mi vida. Yo creía que no valía nada.

Supongo que muchos hombres no tienen ni idea de lo difícil que es para una mujer hablar sobre el abuso y cómo, si no hay mujeres en la sala que la representen y la consuelen, es abrumador y doloroso. Hace poco oí que un profesor de una universidad había pedido a sus estudiantes que pensaran en su experiencia sexual más intensa y que pensaran en compartirla con un compañero y en lo incómodo que sería. Luego les pidió que imaginaran lo difícil que es hablar de la violación[22] y, sobre todo, con hombres que no conocen o que están en posiciones de autoridad. Tristemente, en estos casos las fuerzas del orden seculares se han vuelto más justas en la atención a mujeres que la iglesia. Ninguna mujer en ninguna iglesia debería ser obligada a hablar con los hombres sobre cualquier cosa de naturaleza sexual, al menos sin que otras mujeres en la sala las representen, les crean y las reconforten.

He escuchado personalmente cómo los hombres desestimaban las preocupaciones de una mujer sobre los avances sexuales, cómo se referían a las mujeres que informaban que se sentían incómodas por los avances de un pastor que coqueteaba y, como participante en el movimiento *#MeToo*, puedo atestiguar el dolor de tener que admitir que algo como ese abuso o violación realmente ha sucedido. Decirlo delante de un grupo de hombres que pueden o no tratar de proteger a otros hombres es abusivo en sí mismo. Incluso si no crees que las mujeres deben ser diáconos, todavía debes abordar las necesidades de las mujeres y la incomodidad que la mayoría de ellas experimentan al abrir las partes más privadas de sus vidas ante los hombres y confiar en ellos.

Aparte de estas situaciones difíciles, también sería bueno que los líderes masculinos escuchen las opiniones de mujeres sabias que probablemente conocen el estado de la iglesia (al menos entre las mujeres) mejor que ellos. Preguntar a las mujeres su opinión sobre cosas tan mundanas como el color de la alfombra o el anuncio de un nuevo ministerio sería, sin duda, útil. Las mujeres pueden y deben hablar en el liderazgo de la iglesia de forma regular. Tienen dones que toda la iglesia necesita,

> Estas mujeres no están agitando el control de la iglesia. Ellas están preocupadas por su responsabilidad ante Cristo, conscientes de la magnitud de nuestra misión y de lo grave que es para Jesús cuando uno de Sus seguidores entierra sus talentos en la tierra.[23]

Hermanas y madres

Al enseñar a su querido hijo en la fe cómo pastorear fielmente, Pablo escribió:

> No reprendas con dureza al anciano, sino aconséjalo como si fuera tu padre. Trata a los jóvenes como a hermanos; a las ancianas, como a madres; a las jóvenes, como a hermanas, con toda pureza.
>
> 1 Timoteo 5:1-2

Timoteo debía animar a las mujeres de su iglesia como a su madre. Debía acoger sus consejos, honrarlas y estar agradecido por ellas, y no mirarlas como una molestia. Debía apreciar a las mujeres mayores de su iglesia y considerarlas como un tesoro de sabiduría y fe, y no verlas como inferiores. Debía cuidarlas y protegerlas, especialmente si eran viudas que estaban solas. Aquellas mujeres con canas que podían hablar demasiado o requerir cuidados especiales, eran probablemente las mejores guerreras de la oración en su congregación. Él las necesitaba. Habían vivido una vida de fe que él ni siquiera podía imaginar, y sabían lo que era bombardear el cielo con sus necesidades y las de otros.

Además, debía animar a las mujeres más jóvenes como lo haría con sus hermanas. Como madre de dos hijos y una hija, he disfrutado de ver cómo los hermanos de mi hija la cuidan y la defienden. Claro, se burlan el uno del otro, y ciertamente tuvieron sus peleas de niños, pero ahora es mejor no meterse con su hermana. La quieren, la cuidan y la protegen. Así es como Timoteo debía ver a las mujeres más jóvenes en su congregación. Él debía mirarlas como invaluables miembros de la familia, aquellas que fueron llamadas y dotadas por Cristo para ministrar a él y con él.

Queridos hermanos y hermanas: desde el principio de la familia de la fe, las mujeres han sido el objetivo de Satanás. El antiguo dragón en Apocalipsis 12 trató de matarla a ella y a su descendencia. Al no conseguirlo, desde entonces, ha fomentado la misoginia, la persecución, la pornografía, la prostitución, la esclavitud sexual, el hiperpatriarcado y el feminismo. Cada uno de estos ataques y muchos más están destinados a silenciar las voces de las mujeres. Pero la voz de Pablo sigue hablando:

> Por lo tanto, ustedes ya no son extraños ni extranjeros, sino conciudadanos de los santos y miembros de la familia de Dios, edificados sobre el fundamento de los apóstoles y los profetas, siendo Cristo Jesús mismo la piedra angular. En él todo el edificio, bien armado, se va levantando para llegar a ser un templo santo en el Señor. En él también ustedes son edificados juntamente para ser morada de Dios por su Espíritu.
>
> Efesios 2:19-22

Somos conciudadanos. Todos somos miembros de la casa de Dios. Estamos creciendo juntos en un templo santo, un lugar para Dios por el Espíritu. Todos nosotros.

DESCUBRAMOS EL VALOR DE LA MUJER

1. ¿Crees que la voz de la Iglesia se ha dirigido hacia la *M* o hacia la *H*? ¿Crees que hay alguna consecuencia de ello?

2. ¿Has leído alguna vez algo en los escritos de la iglesia que te haya hecho pensar que las mujeres son inferiores?

3. ¿Crees que estar de acuerdo con la doctrina complementaria es un indicador de origen? ¿Crees que es algo bueno?

4. ¿Has cuestionado alguna vez a tus líderes sobre los roles que las mujeres pueden desempeñar en tu iglesia? ¿Cuál fue su respuesta?

5. Resume lo que has aprendido en este capítulo en cuatro o cinco frases.

PARA PROFUNDIZAR

1. Lee tus resúmenes de los capítulos y luego explica lo que has aprendido en este libro en cuatro o cinco oraciones.

2. ¿Qué verdades aprendiste que han sido de mayor provecho?

3. ¿Cómo intentarás poner en práctica estas verdades en tu vida?

4. ¿Qué papel crees que estás dotado para desempeñar en la «proclamación de las excelencias» de Jesús?

CONCLUSIÓN

Un llamado a la convicción esperanzadora, valiente y compasiva

«Ven, que te voy a presentar a la novia, la esposa del Cordero».

Apocalipsis 21:9

Afuera de nuestra ventana, el paisaje de Iowa es blanco, el suelo y los tejados cubiertos de una capa de nieve y hielo bajo un cielo nublado. Los árboles se balancean con un viento que trae una sensación térmica de varios grados bajo cero. El aire duele en la cara. Sin embargo, es notablemente más cálido que hace unas semanas, cuando el vórtice polar llevó nuestra sensación térmica a casi -45 °C. Cuando este proyecto comenzó el verano pasado, Elyse me envió un mensaje, quejándose de las altas temperaturas y los incendios forestales en California, una diferencia de temperatura de casi 65 °C. A veces, en medio de estos extremos, parece que el día perfecto nunca llegará.

Habitamos climas similares cuando se trata del valor de las mujeres. Hay peligros por todos lados, con extremos que son dolorosamente incómodos, si no hostiles, a la vida misma. Algunos se oponen a la simple enseñanza bíblica de que los hombres y las mujeres son, en cierto modo, diferentes. Se cuestiona si el género de uno es un estado permanente, asignado por Dios o si se puede reasignar con cirugía. Otros utilizan la Biblia como un arma contra las mujeres, promoviendo mentiras demoníacas que caracterizan a las mujeres como poco inteligentes, intrínsecamente peligrosas e inferiores a los hombres. Algunos reducen el valor de las mujeres a su tipo de cuerpo y a su rendimiento sexual. Otros degradan la maternidad y la lactancia de los hijos. El ataque contra el valor de la mujer viene de todas las direcciones, en todos los extremos.

Cuando nos enfrentamos a un clima extremo, generalmente lo hacemos un extremo a la vez. Hace mucho frío o un calor insufrible. Pero no hace frío y calor *al mismo tiempo*. Incluso entonces, tenemos termostatos para controlar los sistemas de calefacción y refrigeración. Observamos (y nos quejamos) del tiempo desde la comodidad de nuestros hogares climatizados. Encontramos alivio. No ocurre lo mismo con la devaluación de la mujer.

Las amenazas al valor de la mujer existen en nuestros hogares, iglesias, los lugares de trabajo, las escuelas, el gobierno, el entretenimiento, la música, los deportes, etc. Crecen en el suelo de nuestros corazones pecadores. Parece ineludible. No tenemos el lujo de enfrentarnos al frío o al calor por separado. La oposición a la valoración bíblica de la mujer viene de todos los extremos simultáneamente. Atravesamos inundaciones y sequías, tormentas de fuego y ventiscas a la vez y todo el tiempo.

En más de una ocasión, mientras escribíamos este libro, Elyse y yo nos dijimos: «Nos van a golpear por todos lados». Habrá quienes malinterpreten lo que decimos y nos condenarán por ello. Habrá quienes entiendan lo que estamos diciendo y nos critiquen por ello. Vendrá de la cultura secular y de la iglesia, y vendrá todo a la vez. Tal vez te sientas así mientras intentas caminar por la cuerda floja del sexo, el género, la fe y la cultura. ¿Cómo debemos vivir entonces?

Debemos vivir con convicción esperanzadora, valiente y compasiva. En esta conclusión, desmenuzaremos cada palabra de esa declaración.

La convicción cristiana

En 1521, en la Dieta de Worms, los opositores de Martín Lutero le exigieron que se retractara de sus escritos. El reformador concluyó con su famosa declaración:

> Si, entonces, no estoy convencido por los testimonios de la Escritura o por claros argumentos racionales, porque no creo en el Papa ni en los concilios ya que se ha demostrado que a menudo se han equivocado y son contradictorios entre sí, estoy obligado por los textos bíblicos que he citado. Y mientras mi conciencia sea cautiva de la Palabra de Dios, no puedo ni quiero retractarme de nada cuando las cosas se vuelvan dudosas. La salvación se verá amenazada si vas en contra de tu conciencia. Que Dios me ayude. Amén.[1]

Lutero nos recuerda que, ya sea la doctrina de la justificación o el valor de la mujer, nuestra conciencia debe ser cautiva de la Palabra de Dios. Los judíos de Berea fueron alabados por ser «más nobles» que sus homólogos de Tesalónica, pues «recibieron el mensaje con toda avidez y todos los días examinaban las Escrituras para ver si era verdad lo que se les anunciaba» (Hech. 17:11). Nuestra mayor esperanza para ustedes, nuestros lectores, es que examinen la Escritura para determinar la verdad de lo que hemos escrito sobre las mujeres. Desarrollen su convicción sobre el mundo y la imagen de Dios a partir de la

Palabra de Dios. Luego, habiendo hecho esto, vivan de acuerdo con su conciencia bajo el señorío de Cristo. Porque «es necesario obedecer a Dios antes que a los hombres» (Hech. 5:29).

Esta postura no debe asustarnos, pues sabemos que «toda la Escritura es inspirada por Dios y útil para enseñar, para reprender, para corregir y para instruir en la justicia, a fin de que el siervo de Dios esté enteramente capacitado para toda buena obra» (2 Tim. 3:16-17). Todo lo que Dios enseña, lo hace para nuestro bien.

Valentía cristiana

La fidelidad a nuestras convicciones cristianas requiere valentía en varios frentes.

La fidelidad cristiana requiere la valentía para confesar nuestros errores. En el capítulo 8 vimos hasta qué punto la misoginia, el machismo y el sexismo contaminaron las aguas del judaísmo del primer siglo. Al observar la cultura del siglo I, deberíamos dar gracias a Dios por el efecto que ha tenido el evangelio en los últimos 2000 años. Vemos los resultados en nuestras iglesias locales cada domingo por la mañana.

Alabado sea Dios porque nadie prefiere quemar la Biblia a dársela a una mujer. Alabado sea Dios por los ministerios locales, regionales y nacionales que ponen el estudio de las Escrituras al frente y en el centro. Alabado sea Dios porque las mujeres no están escondidas detrás de pantallas o son enviadas a cuartos separados en los edificios de nuestras iglesias, sino que están presentes, son vistas y escuchadas.

Sin embargo, el progreso no equivale a la perfección. Salomón nos recuerda: «Lo que ya ha acontecido volverá a acontecer; lo que ya se ha hecho se volverá a hacer ¡y no hay nada nuevo bajo el sol!» (Ecl. 1:9). La carne pecadora contra la que luchamos hoy en día no es diferente de la naturaleza humana que cegó al judaísmo en el primer siglo. El hecho de que vivamos en una cultura, un contexto y un siglo diferentes no significa en absoluto que no seamos susceptibles a los mismos pecados. Estemos en guardia.

Puede ser que, en el curso de este libro, Dios te haya traído convicción por pensamientos, palabras y actos (hechos o no hechos) que han degradado y dañado a las mujeres. Resiste la tentación de justificarte y excusar el pecado, ya sea apelando a las normas culturales, la ignorancia o la incomprensión. Cristo asumió todo nuestro pecado en la cruz. Por lo tanto, podemos asumir todo nuestro pecado en el arrepentimiento y la fe. La cruz habla de una condena más precisa y completa de nuestra pecaminosidad de lo que podríamos imaginar. La resurrección nos da una declaración completa y definitiva de justicia. Nuestra unidad con Cristo nos da la confianza para confesar con Pablo: «... Cristo Jesús vino al mundo a salvar a los pecadores, de los cuales yo soy el primero» (1 Tim. 1:15).

La fidelidad cristiana requiere valentía ante la hostilidad en la iglesia. En el seminario, un profesor (conservador y complementario) recordó una anécdota originada por una pastora bautista moderada. Los niños de su iglesia estaban «jugando a la iglesia» en la guardería. Mientras elegían los papeles, uno de los niños expresó su deseo de hacer de pastor. Se le negó porque «los niños no pueden ser pastores. Solo las chicas pueden». Estos niños creían esto, no porque se lo habían enseñado en la Biblia, sino porque una mujer pastora era todo lo que habían visto.

Esa historia ilustra la desafortunada verdad de que los cristianos a menudo creen lo que creen no porque se haya desarrollado a partir de un estudio riguroso de la Biblia, sino porque es todo lo que han visto o les han dicho. Puede que no tengan razones bíblicas para oponerse a que una mujer ore en voz alta durante un servicio de culto público. (De hecho, la Escritura proporciona ejemplos precisamente de eso). Sin embargo, porque ellos solo han visto diáconos varones orando en el servicio, creen que es el patrón bíblico.

Además, puede ser que todos los ejemplos de participación femenina en la iglesia que han presenciado o escuchado han sido en el contexto de una iglesia local que niega la ortodoxia cristiana. Esto los lleva a la conclusión (injustificada) de que la participación de mujeres está intrínsecamente ligada a la negación del evangelio. En tales casos, hacer preguntas sinceras y plantear preocupaciones genuinas puede ser recibido con desconfianza. Peor aún, puede ser interpretado, descartado y acusado de liberalismo, igualitarismo, comportamiento divisivo o falta de sumisión al liderazgo de la iglesia. Estas desafortunadas respuestas alientan a las mujeres a cuestionar en silencio, advertidas por sus hermanas de ser mal percibidas o condenadas.

Oponerse a un discurso degradante, pedir declaraciones claras sobre el género, esperando coherencia en la aplicación de los principios, y pedir la inclusión de las mujeres en la mayor medida posible no es ni insubordinación ni comportamiento divisivo. Hacerlo de buena fe y con humildad es la vocación de un cristiano. Las hijas de Zelofejad no pecaron (ni fueron reprendidas) cuando fueron a Moisés y le dijeron: «¡Danos una heredad entre los parientes de nuestro padre!» (Núm. 27:4). Más bien, el Señor le dijo a Moisés: «Lo que piden las hijas de Zelofejad es algo justo» (Núm. 27:7). Ninguna mujer (u hombre) debería, en cualquier contexto, sentirse avergonzada de pedir que las mujeres reciban el respeto, la dignidad, el valor y la inclusión que les corresponde como seres humanos y, sobre todo, como miembros del reino de Cristo.

Sin embargo, el llamado a valorar a las mujeres no siempre será recibido con aprobación. El mero hecho de hablar y resaltar el valor de las mujeres puede levantar miradas de sospecha en la iglesia. Rachael Denhollander sirve de ejemplo heroico. En 2016 Denhollander denunció al médico del equipo de gimnasia de Estados Unidos, Larry Nassar, por abuso sexual.[2] Los cristianos alabaron su declaración como un modelo de valor y gracia, y lo fue. Sin embargo, contenía una declaración. Ella dijo:

> Mi defensa de las víctimas de agresión sexual, algo que apreciaba, me costó mi iglesia y a nuestros amigos más cercanos tres semanas antes de presentar mi informe policial. Me quedé sola y aislada. Y el impacto fue peor porque cuando decidí hablar, mi agresión sexual fue esgrimida como un arma contra mí.[3]

En una entrevista con *Christianity Today*, explicó cómo la defensa le costó su iglesia:

> La razón por la que perdí mi iglesia no fue específicamente porque hablara. Fue porque estábamos defendiendo a otras víctimas de agresiones de asalto sexual dentro de la comunidad evangélica, crímenes que habían sido perpetrados por personas en la iglesia y cuyo abuso había sido permitido, muy claramente, por líderes prominentes en la comunidad evangélica. Ese no es un mensaje que los líderes evangélicos quieren escuchar [...]. Implicaría tomar una posición en contra de estos muy prominentes líderes, a pesar de que la situación que estábamos tratando es ampliamente reconocida como uno de los peores, si no el peor, casos de encubrimiento evangélico de abuso sexual. Debido a que yo había tomado esa posición, y porque no estábamos de acuerdo con el apoyo de nuestra iglesia a esta organización y a estos líderes, nos costó mucho.
>
> Cuando me presenté como una víctima de abuso, esta parte de mi pasado fue esgrimida como un arma por algunos de los ancianos para desacreditar mi preocupación, esencialmente diciendo que estaba imponiendo mi perspectiva o que mi juicio estaba demasiado nublado. Uno de ellos me acusó de estar todo el día sentada, leyendo publicaciones de chicas enfadadas, lo cual no es mi forma de investigar...
>
> ... en lugar de comprometerse con los montones de pruebas que traje, porque esta situación fue uno de los casos mejor documentados de encubrimiento institucional que he visto, hubo un rechazo total a las pruebas.[4]

Se necesitó valentía por parte de Rachael para enfrentarse a un sistema corrupto en el mundo y dentro de la iglesia. Ella perdió a su iglesia.[5]

Cuando terminamos el primer borrador de este libro, el *Houston Chronicle* publicó una serie de tres partes sobre el abuso sexual en la Convención Bautista del Sur en los últimos 20 años. El informe descubrió que «desde 1998, aproximadamente 380 líderes y voluntarios de las iglesias bautistas del sur se han enfrentado a acusaciones de mala conducta sexual», incluyendo «220 delincuentes [que] han sido condenados o han aceptado acuerdos de culpabilidad» y «dejaron a más de 700 víctimas».[6] Esto sucedió a pesar de una década de defensores que pedían soluciones preventivas.[7] Plantear preguntas y pedir cambios conlleva el riesgo de conflicto y la pérdida de amigos.

Hermanos, sean valientes. Nuestra vocación no es preservar nuestra reputación, complacer a los que se aferran más a la tradición que a la Escritura, o mantener nuestro estatus entre la multitud de los cristianos influyentes. Dios no necesita que seas aceptado por el «círculo interno».[8] Él ya te ha recibido por gracia a través de la fe en Jesucristo. Descansa en eso.

No estás obligado a complacer a la gente. El apóstol Pablo escribe en 1 Corintios 4:2-5 que «a los que reciben un encargo se les exige que demuestren ser dignos de confianza». Esta perspectiva te libera del temor al juicio humano. «Por mi parte, muy poco me preocupa que me juzguen ustedes o cualquier tribunal humano; es más, ni siquiera me juzgo a mí mismo. Porque aunque la conciencia no me remuerde, no por eso quedo absuelto; el que me juzga es el Señor. Por lo tanto, no juzguen nada antes de tiempo; esperen hasta que venga el Señor. Él sacará a la luz lo que está oculto en la oscuridad y pondrá al descubierto las intenciones de cada corazón. Entonces cada uno recibirá de Dios la alabanza que le corresponda». Sé fiel a la Palabra de Dios. No temas el juicio o la sospecha de los humanos. Dios es tu juez. El único elogio que importa viene de Él.

La fidelidad cristiana requiere valentía frente a la hostilidad en el mundo. Vivimos en una cultura que está muy confundida sobre el género. Y así, nuestras creencias sobre el género, en particular las relacionadas con el matrimonio, la sexualidad y los cargos eclesiásticos, son muy ofensivas.

Sin embargo, no podemos negar estas cosas. No nos avergonzamos de esas cosas. Las vemos en la Escritura. El mandato de nuestro Señor es hacer discípulos, «enseñándoles a obedecer todo lo que les he mandado a ustedes…» (Mat. 28:20). Esos mandatos se recogen en los Evangelios y se desgranan en los escritos del Nuevo Testamento. Por tanto, los enseñamos, al mismo tiempo que los obedecemos. Nosotros no podemos negarlos. Dicho esto, ofrecemos estas advertencias, que fluyen del ejemplo y las enseñanzas de Jesús:

No se nos permite ofender en exceso a nuestra cultura. Debemos esforzarnos por no ofender a nuestra cultura más de lo que lo hace la Biblia cuando es interpretada y comunicada con precisión. Si se ofenden porque restringimos el matrimonio a la unión de un hombre y una mujer, entonces, que así sea. Pero que no se ofendan porque animamos a las mujeres a sufrir abusos a manos de maridos pecadores. Si se ofenden porque el cargo de pastor está reservado para hombres, entonces, que así sea. Pero que no se ofendan porque excluimos a las mujeres de áreas de servicio de las que el Señor no las excluye.

No se nos permite sobreproteger nuestra doctrina. Una de las cosas que Jesús combatió fue la práctica rabínica de «cercar la ley» mencionada en el capítulo 12. «En un intento de asegurarse de que el mandamiento propiamente dicho nunca fuera violado, los rabinos crearon reglas secundarias rígidas que, si se seguían, teóricamente impedirían que una persona violara el propio mandamiento bíblico».[9] Esto sucede hoy en día cuando tratamos las cuestiones de género como el libro infantil *If You Give a Mouse a Cookie* [Si le das una galleta a un ratón], que describe con humor lo que el ratón pedirá a continuación: una cosa lleva necesariamente a la otra, una especie de pendiente resbaladiza. El Nuevo Testamento nunca argumenta de esta manera (tampoco lo hace el Antiguo). Sin embargo, encontramos algunas iglesias contemporáneas, conservadoras complementarias que prohíben a las mujeres servir de formas que la Biblia no prohíbe, en un esfuerzo bien intencionado de cercar la enseñanza del nuevo pacto. No tenemos más derecho a añadir a las enseñanzas y restricciones del nuevo pacto de lo que un israelita tenía a añadir a la ley de Moisés.

Si queremos construir un muro alrededor de algo, construyamos un muro alrededor de la ofensa. Construyamos un muro de palabras respetuosas sobre las mujeres (tanto en público como a puerta cerrada), de manera que nunca sean derribadas, desestimadas, degradadas o estereotipadas. Construyamos un muro de estudio bíblico serio y de discusión teológica entre hombres y mujeres, en el que nunca se haga sentir a ninguna mujer que no puede entender a causa de su género. Construyamos un muro de tacto sano, un tacto que no se acerque al cuerpo femenino como algo más que un objeto de gratificación, sino como parte de lo que significa estar hecho a imagen y semejanza de Dios. Construyamos un muro de humildad en el que un hermano acoge a una hermana para que comparta con ella su sabiduría, sus observaciones y su corrección mientras caminan juntos como una familia en el servicio conjunto al evangelio de Jesucristo. Construyamos un muro de amistad entre hombres y mujeres que no vea a las mujeres como trampas o tentaciones, sino que con toda pureza trate a las mujeres mayores como madres y a las mujeres más jóvenes como hermanas. Construyamos un muro de esposos que amen genuinamente a sus esposas como Cristo amó a la Iglesia, sirviendo a sus esposas con humildad y no dándoles nunca el más mínimo motivo para sospechar de infidelidad. Construyamos un muro de cooperación en la Gran Comisión, acogiendo e incluyendo a las mujeres en el servicio de la Iglesia y en el ministerio del evangelio en todas y cada una de las formas a las que el nuevo pacto las llama.

Construye esos muros. Constrúyelos altos y fuertes y visibles para todo el mundo para que un crítico tenga que pasar por encima, por debajo, alrededor y a través antes de llegar a lo que puede ser ofensivo. Para que cualquier detractor de nuestra doctrina se vea obligado a admitir: «No estoy de acuerdo con lo que dicen sobre el género, pero ¡cómo aman y honran a las mujeres!». Hermanos, así es como vivió nuestro Señor, y cuando dijo «sígueme», lo que realmente quiso decir es «*sígueme*».

Compasión cristiana

La convicción cristiana requiere valentía. La valentía no es una agresión franca y furiosa. Es una convicción segura y templada con abundante compasión cristiana.

La fidelidad cristiana requiere compasión hacia las mujeres que sufren. El verdadero cristianismo ha sido bueno para las mujeres. Pero no se puede negar que se ha hecho mucho daño a las mujeres en nombre del «cristianismo». Esto es cierto en la historia. Esto es cierto hoy. Hay mujeres en nuestras iglesias, lugares de trabajo, escuelas y vecindarios que han sido degradadas e insultadas, ignoradas y discriminadas, abusadas y violadas, agredidas verbal y físicamente, todo ello a manos de hombres (y mujeres) que se llaman a sí mismos «cristianos».

Estas heridas son reales. Son profundas. No se curan rápidamente. Sus experiencias han producido una sospecha justificada de la Iglesia, particularmente de los hombres en posiciones de autoridad, especialmente autoridad espiritual.

Esto significa, particularmente para el liderazgo de la iglesia que algunas de nuestras acciones serán malentendidas y malinterpretadas. Las mujeres pueden ver en nuestras acciones y escuchar en nuestras palabras cosas que no pretendemos. Debemos ser pacientes con estas cosas. La actitud defensiva y la displicencia no tienen cabida en un pastor del rebaño de Dios. La compasión es nuestra vocación hacia las ovejas heridas.

Del mismo modo, aquellas que han sufrido los resultados del pecado misógino pueden estar hartas de la iglesia, lo que las lleva a la impaciencia. Pueden exigir que todo se arregle, y que lo haga ahora mismo. Lo que puede ser sabiduría y paciencia para dirigir un rebaño, lo interpretan como debilidad, hipocresía, miedo y evidencia de que no te importan las mujeres. Tales interpretaciones del pastoreo fiel son erróneas, pero también comprensibles. De nuevo, las respuestas de la insubordinación no son las primeras respuestas de un pastor fiel. No ayudan a nadie.

Debemos tener compasión por los heridos, demostrando pacientemente cuidado, fidelidad y seguridad, incluso como el Buen Pastor muestra paciente y repetidamente Su bondad a los corderos asustados y heridos.

La fidelidad cristiana requiere compasión hacia los hombres (y mujeres) que luchan por entender las cosas. Tal vez seas una de las mujeres (u hombres) heridos en nombre del «cristianismo». Nuestras heridas hacen que sea fácil ser desconfiado, poco caritativo, despectivo y cínico. Con orgullo, podemos presumir de la claridad con la que vemos las cosas, olvidando cuántas veces nuestra visión ha sido nublada. Nos olvidamos de lo paciente que ha sido (y es) nuestro Salvador con nosotros cuando le seguimos a trompicones.

Recuerda el amor de Dios.

> Pero Dios demuestra su amor por nosotros en esto: en que cuando todavía éramos pecadores, Cristo murió por nosotros.
>
> Romanos 5:8

> Queridos hermanos, ya que Dios nos ha amado así, también nosotros debemos amarnos los unos a los otros.
>
> 1 Juan 4:11

> El amor es paciente, es bondadoso. El amor no es envidioso ni jactancioso ni orgulloso. No se comporta con rudeza, no es egoísta, no se enoja fácilmente, no guarda rencor. El amor no se deleita en la maldad, sino que se regocija con la verdad. Todo lo disculpa, todo lo cree, todo lo espera, todo lo soporta. El amor

jamás se extingue, mientras que el don de profecía cesará, el de lenguas será silenciado y el de conocimiento desaparecerá.

1 Corintios 13:4-8

Andar juntos en el cinismo, guardando rencores, y creyendo lo peor de cada uno no ayuda a nadie. «... ayuden a los débiles y sean pacientes con todos. Asegúrense de que nadie pague mal por mal; más bien, esfuércense siempre por hacer el bien, no solo entre ustedes, sino a todos» (1 Tes. 5:14-15).

Mientras tus compañeros creyentes, miembros y líderes de la iglesia, luchan con preguntas difíciles, busquen en la Biblia y consideren cómo vivir fielmente como una familia de creyentes; no los veas como enemigos. Míralos como Dios lo hace: como *familia*. Comparten la misma sangre, que es de Cristo, y el mismo futuro. Míralos como aliados necesarios, dones de la gracia, dados por Dios para tu bien. Necesitas esta familia llena del Espíritu para afinar, desafiar y formarte, tanto como ellos te necesitan a ti.

La fidelidad cristiana requiere compasión hacia los cristianos que no están de acuerdo con nosotros. Nos damos cuenta de que cuando los cristianos sinceros acuden a la Biblia para desarrollar su doctrina, a menudo salimos con convicciones *diferentes, pero cristianas*. Por eso hay paidobautistas y credobautistas.[10] Por eso tenemos iglesias congregacionalistas y otras gobernadas por ancianos. Por eso tenemos cristianos que sirven en las fuerzas armadas y los que son objetores de la guerra. Por eso tenemos complementarios e igualitarios. La gente que ama a Jesús, que cree en el evangelio y se somete a la autoridad de la Escritura, obtiene de la Biblia convicciones diferentes pero sinceras.

No debemos rehuir la discusión y el debate sobre lo que enseña la Biblia. Pero debemos tener en cuenta que mantenemos nuestras diferentes convicciones como miembros de una gran familia. No convirtamos a hermanos genuinos en la fe en enemigos, sino que recordemos que debemos mostrar compasión en cada desacuerdo. Formamos parte de un reino más grande, el reino de Dios, en el que hermanos y hermanas discrepan mientras esperamos juntos que nuestro Rey venga y nos perfeccione (y a nuestra doctrina).

Somos complementarios por convicción bíblica. No nos avergonzamos de esta convicción. Sin embargo, deseamos enfatizar que estamos *con* y no en *contra* de los hermanos igualitarios; nos unimos a ellos en la defensa y el mantenimiento del valor de la mujer, al tiempo que nos complace unirnos a ellos en la declaración del único y verdadero evangelio. La convicción cristiana debe obligar a la *unidad* cristiana, no excusar la división cristiana. Debemos esforzarnos por permanecer y servir juntos, en la medida de lo posible, con todos los que confiesan a Jesucristo como el Hijo de Dios que murió por nuestros pecados y resucitó de entre los muertos. Si creemos en el mismo evangelio, credobautistas y paidobaptistas, congregacionalistas y gobernados por ancianos, continuistas y cesacionistas, complementarios e igualitarios, deberían estar juntos por el evangelio.

La fidelidad cristiana requiere compasión hacia un mundo confuso y hostil. Habrá quienes en el mundo te odien, se opongan a ti, te maltraten y digan cosas falsas sobre ti. Esto sucederá cuando hables de cuestiones de género y sexo porque dices lo que Jesús declara en Su Palabra. Es una bendición estar asociado a Cristo (Luc. 6:22). A la luz de este abuso, nos llama a amar. «Pero a ustedes que me escuchan les digo: Amen a sus enemigos, hagan bien a quienes los odian, bendigan a quienes los maldicen, oren por quienes los maltratan» (Luc. 6:27-28). Recuerden quiénes eran y lo que hizo Dios.

> En otro tiempo también nosotros éramos necios y desobedientes. Estábamos descarriados y éramos esclavos de todo género de pasiones y placeres. Vivíamos en la malicia y en la envidia. Éramos detestables y nos odiábamos unos a otros. Pero, cuando se manifestaron la bondad y el amor de Dios nuestro Salvador, él nos salvó, no por nuestras propias obras de justicia, sino por su misericordia. Nos salvó mediante el lavamiento de la regeneración

> y de la renovación por el Espíritu Santo, el cual fue derramado abundantemente sobre nosotros por medio de Jesucristo nuestro Salvador. Así lo hizo para que, justificados por su gracia, llegáramos a ser herederos que abrigan la esperanza de recibir la vida eterna.
>
> Tito 3:3-7

No tenemos derecho a responder con menos gracia que la que nos ha mostrado Dios en Cristo.

La esperanza cristiana

La convicción, la valentía y la compasión descritas anteriormente son una tarea difícil. Parece imposible. De hecho, si se nos deja solos, es imposible. La obediencia fiel, la compasión y la valentía no se producen apretando los dientes y esforzándonos más. Solo hay una fuente de santificación, transformación y resistencia paciente: «... [el evangelio] es poder de Dios para la salvación...» (Rom. 1:16). El evangelio nos entrena y nos capacita para una vida transformada.

> En verdad, Dios ha manifestado a toda la humanidad su gracia, la cual trae salvación y nos enseña a rechazar la impiedad y las pasiones mundanas. Así podremos vivir en este mundo con justicia, piedad y dominio propio, mientras aguardamos la bendita esperanza, es decir, la gloriosa venida de nuestro gran Dios y Salvador Jesucristo. Él se entregó por nosotros para rescatarnos de toda maldad y purificar para sí un pueblo elegido, dedicado a hacer el bien.
>
> Tito 2:11-14

Cuando encontramos nuestra identidad en Cristo, nos vemos crucificados y resucitados con Él, empezamos a vivir como Él. Pero esa vida basada en la gracia en el presente no se hace simplemente mirando hacia atrás. También se hace mirando hacia delante. ¿Has captado la parte central de ese pasaje? «Mientras aguardamos la bendita esperanza, es decir, la gloriosa venida de nuestro gran Dios y Salvador Jesucristo». Nuestro entrenamiento en cómo vivir ahora se caracteriza por la *espera* de lo que está por venir.

¿Qué estamos esperando? «Nuestra bendita esperanza». En la Biblia, la esperanza no es un deseo, un anhelo de algo que puede o no suceder. La esperanza es una certeza futura. Es lo que estamos seguros de que sucederá porque Dios lo ha declarado así.

¿Qué esperamos? Nuestra «bendita esperanza» es «la gloriosa venida de nuestro gran Dios y Salvador Jesucristo». Un día, al igual que Jesús ascendió corporalmente al cielo, reaparecerá, glorioso e imperecedero (1 Cor. 15). El regreso de Cristo nos equipa para la vida actual. «Por eso, dispónganse para actuar con inteligencia; tengan dominio propio; pongan su esperanza completamente en la gracia que se les dará cuando se revele Jesucristo» (1 Ped. 1:13).

¿Por qué esperamos el regreso de Cristo? ¿Qué ocurrirá en ese día? Para empezar, amamos a Cristo y queremos estar con Él. Además, amamos a Cristo y queremos ser como Él. Y cuando aparezca no solo lo tendremos, sino que seremos como Él. «Queridos hermanos, ahora somos hijos de Dios, pero todavía no se ha manifestado lo que habremos de ser. Sabemos, sin embargo, que cuando Cristo venga *seremos semejantes a él, porque lo veremos tal como él es*» (1 Jn. 3:2, *énfasis añadido*). Este es el objetivo de Cristo, hacernos semejantes a Él; «Él se entregó por nosotros para rescatarnos de toda maldad y purificar para sí un pueblo elegido, dedicado a hacer el bien» (Tito 2:14).

La creación terminará con una resurrección gloriosa y perfecta. Todo nacerá de nuevo. De hecho, Jesús llama al nuevo mundo «la renovación» (Mat. 19:28), la misma palabra utilizada para describir la renovación que el Espíritu Santo obra en nosotros cuando confiamos en Jesús (Tito 3:5). Pero ¿qué será del género masculino y femenino?

Algunos argumentan que no habrá hombre y mujer en la resurrección. Lo toman de la declaración de Jesús, «En la resurrección, las personas no se casarán ni serán dadas en casamiento, sino que serán como los ángeles que están en el cielo» (Mat. 22:30; ver también Mar. 12:25; Luc. 20:34-35). Ellos consideran que esto significa que nuestros cuerpos no serán resucitados como masculinos y femeninos. Esto es una lectura exagerada del pasaje. Por un lado, los ángeles siempre aparecen como seres masculinos; ¡tienen un género! Pero Jesús no dice que los humanos serán resucitados sin género. Dice que «no se casarán ni serán dadas en casamiento». Puesto que Jesús fue resucitado como hombre en continuidad con el cuerpo masculino en el que vivió y murió, y ya que nosotros experimentaremos el mismo tipo de resurrección (1 Cor. 15), es razonable suponer que seremos resucitados como hombre y mujer en continuidad con los cuerpos terrenales que tenemos ahora.

¿Por qué no habrá matrimonio en el cielo? Si estás preguntando eso estás haciendo la pregunta equivocada. No nos casaremos ni seremos dados en casamiento. Esto es porque la muerte es destruida y la multitud del pueblo de Dios ha recibido su posición como hijos de Dios (Luc. 20:36). También es porque nos casaremos. Sí, hay un matrimonio en los nuevos cielos y en la nueva tierra, un glorioso matrimonio entre un glorioso Esposo y una gloriosa esposa.

La Biblia concluye con una imagen de un hombre glorioso, Jesús, y una mujer gloriosa, la esposa de Cristo. En los últimos capítulos del último libro de la Biblia, el apóstol Juan registra una invitación de un ángel: «Ven, que te voy a presentar a la novia, la esposa del Cordero» (Apoc. 21:9). El ángel le señala una nueva Jerusalén, que desciende del cielo, que simboliza el pueblo de Dios que habita en ella. Considera esta descripción de «la novia, la esposa del Cordero»:

> Después vi un cielo nuevo y una tierra nueva, porque el primer cielo y la primera tierra habían dejado de existir, lo mismo que el

> mar. Vi además la ciudad santa, la nueva Jerusalén, que bajaba del cielo, procedente de Dios, preparada como una novia hermosamente vestida para su prometido. Oí una potente voz que provenía del trono y decía: «¡Aquí, entre los seres humanos, está la morada de Dios! Él acampará en medio de ellos, y ellos serán su pueblo; Dios mismo estará con ellos y será su Dios. Él les enjugará toda lágrima de los ojos. Ya no habrá muerte, ni llanto, ni lamento ni dolor, porque las primeras cosas han dejado de existir». El que estaba sentado en el trono dijo: «¡Yo hago nuevas todas las cosas!» Y añadió: «Escribe, porque estas palabras son verdaderas y dignas de confianza». También me dijo: «Ya todo está hecho. Yo soy el Alfa y la Omega, el Principio y el Fin. Al que tenga sed le daré a beber gratuitamente de la fuente del agua de la vida. El que salga vencedor heredará todo esto, y yo seré su Dios y él será mi hijo. Pero los cobardes, los incrédulos, los abominables, los asesinos, los que cometen inmoralidades sexuales, los que practican artes mágicas, los idólatras y todos los mentirosos recibirán como herencia el lago de fuego y azufre. Esta es la segunda muerte».
>
> Apocalipsis 21:1-8

Esta es nuestra bendita esperanza: la gran inversión de la caída, el establecimiento de un nuevo y mejor Jardín del Edén. La fuerza para afrontar los extremos y la frustración de nuestro mundo actual a través de la confianza de que un mundo mejor es seguro.

En *El Señor de los Anillos: El retorno del rey*, Sam le pregunta a Gandalf: «¿Todo lo triste va a ser falso?, ¿qué le ha pasado al mundo?», a lo que Gandalf responde: «Una gran Sombra ha pasado».[11] El regreso de Cristo será todo lo que Sam esperaba, todo lo triste va a ser falso.

Algunos leen este libro con gran tristeza. Lo que te ocurrió a ti como mujer (o a una mujer que amas), o lo que ves que va a suceder a las mujeres y niñas de todo el mundo, es una gran sombra, una oscuridad que parece haber superado la luz. Te preguntas si alguna vez se curará. Te preguntas si alguna vez llegará la justicia. Te preguntas si todo puede arreglarse en este mundo. La respuesta a estas preguntas es un rotundo sí.

Un día, el Cordero volverá por Su novia. Ella será hecha perfecta. Él habitará con ella en un mundo perfecto, un nuevo cielo y una nueva tierra. Allí el aguijón de cada comentario misógino, cada acto de discriminación, cada broma sexista, cada acoso, cada violación, cada acto de exclusión, cada golpe, cada palabra abusiva... todo ello será borrado. Cada lágrima se secará. Cada moretón será sanado. Cada error será corregido. Cada muerte será deshecha. Toda la tristeza se convertirá en algo falso. A los autores de tal maldad contra la novia, los que no se rindieron al reinado del Rey, Él los expulsará, y les dará plena justicia por sus maldades. Los muros de la ciudad serán fuertes, de modo que nadie pueda entrar para hacerle daño de nuevo. Él satisfará sus anhelos, libre y plenamente, sirviéndola en Su mesa de banquetes. Se entregará a sí mismo. El Rey habitará con Su novia. Reinarán juntos en Su reino sin fin. Será una boda de ensueño. Y ellos vivirán felices para siempre.

Esta es la escena final de la historia de la mujer, la muestra final de su valor, la glorificación de la novia para vivir y reinar con el Esposo, Jesús. Esta es nuestra bendita esperanza, tan cierta y segura como la salida del sol. Se da gratuitamente a todos los que tienen sed de ella, a todos los que vienen a Jesús.

Amigo, ¿te unirás a nosotros en este reino? Ciertamente estás invitado a unirte a nosotros. El Espíritu y la esposa dicen: «Ven» (Apoc. 22:17).

APÉNDICE 1

Las damas primero

Para ayudarte a recordar lo que hemos escrito sobre la importancia de las mujeres en la historia de la redención, la siguiente lista incluye muchos ejemplos bíblicos de mujeres que aparecen en el camino de la fe. Esperamos que esta lista anime a las mujeres que se preguntan si Dios puede utilizarlas. También esperamos que instruya a otros que han supuesto (intencionadamente o no) que las mujeres son auxiliares en el reino de Dios o que Dios solo utiliza a los hombres.

- La ausencia de la mujer es la primera cosa declarada «no buena» en la creación (Gén. 2:18).
- La primera canción registrada en la historia de la humanidad es la del hombre alegrándose por la mujer (Gén. 2:23).
- La mujer es la primera en ser nombrada enemiga de la serpiente (Gén. 3:15).
- La mujer dará a luz a la simiente (el Mesías) que aplasta a la serpiente (Gén. 3:15).

- Las primeras palabras de fe registradas fueron pronunciadas por Eva (Gén. 4:1).
- Una mujer, Eva, es la primera persona de la que se tiene constancia que pronunció el nombre «SEÑOR [*Yahvéh*]» (Gén. 4:1).
- Al primer hombre del que se dice que encontró el favor de Dios (Noé, Gén. 6:8) le sigue la primera mujer de la que se dice específicamente que encontró el favor de Dios, María (Luc. 1:30). Noé salvó a la humanidad mediante el arca que construyó. María entregó la salvación de la humanidad a través del Hijo formado en su cuerpo.
- La primera aparición registrada del Ángel del Señor es a Agar (Gén. 16:7).
- El primer personaje del Antiguo Testamento que confiere un nombre a Dios, «El Dios que ve», es una mujer: Agar (Gén. 16:13).
- La primera declaración de la capacidad del Señor para hacer lo imposible se refiere a lo que hará a través de una mujer estéril que antes adoraba a la luna (Gén. 18:14).
- La primera (y única) vez que se registra a Abraham llorando es por la muerte de su esposa, Sara (Gén. 23:2).
- La primera declaración de elección incondicional se hace a Rebeca (Gén. 25:22-23; Rom. 9:10-12). También es la primera en «consultar al SEÑOR».
- Una mujer, Miriam, es la primera persona de la que se tiene constancia que danzó en la adoración (Ex. 15:20-21).
- Las hijas de Zelofejad fueron las primeras personas a las que Dios declara «justas» en su petición y juicio (Núm. 27:7).
- Una mujer, Ana, es la primera persona de la que se tiene constancia que pronunció el título divino «SEÑOR Todopoderoso» (1 Sam. 1:11).
- Ana es también la primera persona que menciona al Mesías en su canto. «El Señor destrozará a sus enemigos

[...], fortalecerá a su rey y enaltecerá el poder de su ungido» (1 Sam. 2:10). Este «ungido» es el Mesías.

- En la unción del primer rey del Antiguo Testamento, Saúl, las mujeres le dan indicaciones e instrucciones sobre cómo encontrar a Samuel (1 Sam. 9:11-12).
- La fe de una mujer, Rajab, fue crucial en la conquista de la primera ciudad de la tierra prometida (Jos. 2); su familia fue la única gentil que se salvó en Jericó (Jos. 6:23-25). Su descendiente directo sería el Mesías (Mat. 1:5).
- La primera declaración del Nuevo Testamento sobre la capacidad del Señor para hacer lo imposible se refiere a lo que hará a través de una joven virgen (Luc. 1:37).
- Las mujeres, María y Elisabet, son las primeras en creer que Jesús y Su precursor, Juan el Bautista, serían concebidos (Luc. 1:5-38). También son las primeras en hablar en voz alta de ello.
- Una mujer, Elisabet, y su hijo (en el útero) son las primeras personas registradas que reconocen la llegada del Mesías. Ella es la primera en hablar de ello (Luc. 1:39-45).
- Una mujer, María, compone el primer himno de la era de la nueva alianza (Luc. 1:46-55).
- Una mujer, Ana, es la primera en hablar pública y ampliamente de la llegada de Jesús (Luc. 2:36-38). Véase la nota del capítulo 8.
- Una mujer, María la madre de Jesús, es la primera que espera y pide una señal milagrosa en Su ministerio público (Juan 2:1-11).
- Una mujer, la samaritana del pozo, es la primera gentil a la que Jesús se revela como el Mesías. También es la primera en hablar de Él a una comunidad no judía (Juan 4:4-42).
- Solo se dice que las mujeres dan una provisión económica general y regular (de sus propios medios) a Jesús y a los Doce (Luc. 8:3).

- En los Evangelios no se registra ninguna mujer que actuara como enemiga de Jesús.
- Una mujer, la esposa de Poncio Pilato, es la primera persona que declara la justicia de Jesús durante Su juicio (Mat. 27:19).
- Las mujeres fueron las últimas en quedarse con Jesús en la cruz, junto con un discípulo, Juan (Juan 19:25).
- Una mujer, la madre de Jesús, es la última persona a la que Jesús atendió directamente antes de Su muerte (Juan 19:26-27).
- Las mujeres fueron las primeras en ir a la tumba después del sábado (Mat. 28:1; Mar. 16:1-2).
- Las mujeres fueron las primeras personas creyentes encargadas de proclamar la noticia de la resurrección (Mat. 28:6-7; Mar. 16:6-7). Los guardias del sepulcro contaron Su resurrección, pero no lo hicieron con fe.
- Las mujeres fueron las primeras en ver y entrar en el sepulcro vacío (Mat. 28:6, 8; Mar. 16:4-5).
- Las mujeres son las primeras en ver al Señor resucitado, y también las primeras en tocar Su cuerpo resucitado (Mat. 28:9; Juan 20:14).
- Una mujer, María Magdalena, es la primera en oír la voz del Señor resucitado. El primer nombre que pronuncia es el de una mujer (Juan 20:14-18).
- Las mujeres fueron las primeras en adorar al Señor resucitado (Mat. 28:9).
- Las mujeres fueron las primeras en encontrarse con la incredulidad al anunciar la resurrección de Jesús (Luc. 24:10-11).
- El maltrato y el abandono de las mujeres (viudas) fue el impulso para nombrar a los primeros diáconos (Hechos 6:1-6).
- Una mujer, Lidia, fue la primera en Europa que creyó en el evangelio y se bautizó (Hech. 16:15). Dios utiliza a una fuerte ayudante (*ezer*), Lidia, para suministrar la ayuda

que el macedonio pedía en la visión de Pablo. Juntos, Pablo y Lidia forman una bendita alianza que satisface su necesidad. Sus peticiones urgentes de ayuda fueron respondidas por un equipo de hombres y mujeres.

- Una mujer, Lidia, fue la primera en Europa en dar hospitalidad a los apóstoles en su misión (Hech. 16:40). De hecho, de las seis iglesias que se reunieron en casas de personas nombradas en el Nuevo Testamento, tres se reunieron en casas de mujeres solteras, dos en casas de mujeres casadas y una en la casa de un hombre. Ser anfitrión de una iglesia en el hogar significaba más que proporcionar café y galletas. Significaba que estas mujeres (y el hombre) eran legalmente responsables de sus invitados y podían tener que pagar una fianza para asegurar su buen comportamiento (Hech. 17:9).
- De los cuatro saludos de Pablo que incluyen nombres específicos, el nombre de una mujer aparece en primer lugar en tres de ellos (Rom. 16:1, 3; Col. 4:15; 2 Tim. 4:19).
- Una voz femenina —la de la novia— es la última que se cita en la Biblia (Apoc. 22:17).

APÉNDICE 2

Lo que las mujeres desean que sus pastores sepan

Unas palabras para nuestros hermanos pastores

Aunque ambos estamos de acuerdo en que el cargo de pastor debe ser ocupado solo por hombres llamados y ordenados, también reconocemos que existen diferencias entre los verdaderos cristianos en cuanto a qué cargos de la iglesia están restringidos a los hombres calificados. Aun así, esperamos que todos puedan estar de acuerdo en que las mujeres han sido dotadas de una sabiduría, una perspicacia, un celo y una fidelidad significativos que deben aumentar y animar a estos hombres y a otros. Como alguien que ha asistido gustosamente a la iglesia y ha escuchado semanalmente los sermones pronunciados por queridos pastores desde 1971, yo (Elyse) he escuchado casi 3000 sermones en mi vida. Algunos de ellos han sido realmente maravillosos y otros...

bueno... no tanto. Eso sin contar todas las cintas de casete (¡sí, ya sé que eso es antiguo!) que he escuchado, ni ninguno de los *podcasts* de sermones que disfruto cada semana. El Señor ha sido tan bondadoso conmigo al darme esta riqueza de enseñanza. He sido muy bendecida.

Habiendo dicho todo lo anterior, y habiéndolo dicho con total sinceridad y gratitud, tengo que decir que ciertamente hay cosas que desearía que estos pastores y líderes supieran sobre cómo comunicar a una mujer y también cómo las mujeres anhelan ser incluidas en el ministerio más amplio de su iglesia. Lo que leerán aquí son palabras pronunciadas con respeto y con fe en que, de alguna manera, las mujeres que vendrán después de mí viviendo vidas de fe lo harán escuchando sermones que les hablen de la misma manera que les hablan a sus hermanos y encontrando puertas abiertas para dar sus vidas en servicio al Salvador que aman.

Permítanme aclarar primero algunas cosas.

Mi principal esperanza es que prediquen el evangelio. Eso parece obvio, lo sé, pero aun así debo decirlo. Todas necesitamos oír la buena noticia de la vida, la muerte, la resurrección, la ascensión, el reinado y el regreso del Rey. Necesitamos escuchar que somos perdonadas, contadas como justas y capacitadas para esforzarnos en amar a nuestro prójimo. Necesitamos oírlo cada domingo. Me faltan palabras para expresar la gran necesidad que tienen las mujeres de escuchar las buenas nuevas, especialmente que son perdonadas. Se pasan todo el día, todos los días, escuchando todas las formas en las que están fallando y cómo esas fallas pueden arruinar a los que más quieren. Por favor, por favor, diles que «ya no se acuerda de sus pecados», y que ya son consideradas completamente perfectas en Él. He dicho eso delante de miles de mujeres y las he visto romper en sollozos. Así que, si todo lo que escuchan de mí en este breve apéndice es eso, bueno, está bien.

Predica el texto. No estoy diciendo que debas dejar de hacerlo para hablar de otros temas, como lo que las mujeres necesitan/

quieren oír. Lo que digo es que, en el proceso de predicación del texto, hay que asegurarse de que no se suponen, se evitan, se pasan por alto o se ven desde una perspectiva patriarcal las áreas del texto que puedan resultar confusas o incluso denigrantes para las mujeres. Por ejemplo, cuando prediques sobre David y Betsabé, no utilices la palabra «aventura». Lo que ocurrió con Betsabé no fue un romance consentido. Fue, como mínimo, una agresión sexual por parte de alguien en una posición de poder, y muy probablemente una violación, ya que Betsabé no habría tenido capacidad para dar su consentimiento. Así que, cuando te refieras a David, puedes llamarlo como lo que es, «un hombre que abusó de su poder para abusar sexualmente de una mujer», y luego hablar del perdón y la misericordia de Dios incluso para los hombres y mujeres que abusan de otros. Este podría ser un buen momento para predicar a Cristo y decir algo como: «David usó su poder para abusar de una mujer y destrozar su hogar, pero debido a la justicia de Cristo, también es llamado un hombre según el corazón de Dios». ¿Qué tan poderoso sería eso? Hablaría a los hombres que han cometido pecados sexuales y han abusado del poder (están en tu iglesia, te des cuenta o no), mientras que al mismo tiempo aseguraría a las mujeres que sabes que lo que David hizo fue atroz y que en tu iglesia el abuso de las mujeres no será tolerado o pasado por alto, y que las mujeres no serán automáticamente culpadas cuando ocurra una impropiedad sexual.[1]

Lo que sigue son algunas respuestas de mujeres piadosas (que permanecerán en el anonimato) a mi pregunta sobre lo que desearían que los pastores/líderes masculinos de la Iglesia entendieran sobre las mujeres. He parafraseado sus respuestas para proteger sus identidades.

¿Qué te gustaría que tu pastor/líderes masculinos supieran sobre las mujeres?

- Que no soy feminista solo por querer hablar de temas femeninos y valorar a las mujeres.

- Que sepan cómo predicar a las mujeres: es decir, anticiparse a las preguntas que diferentes mujeres puedan tener sobre un texto, utilizar ilustraciones que ambos géneros y varias etapas de la vida puedan apreciar, pensar en aplicaciones que conecten con las mujeres al igual que con los hombres.
- Que hay muchas mujeres en sus congregaciones que han abortado o luchan con sentimientos de atracción hacia el mismo sexo; que necesitan su comprensión y empatía.
- Que valoren a las mujeres mayores y las capaciten y animen a enseñar a las más jóvenes.
- Que no es mi deseo quitarle su trabajo.
- Que no soy como su mujer.
- Que mi opinión es valiosa y que, como miembro fiel de su iglesia, me gustaría opinar sobre las conversaciones clave de la iglesia.
- Que realmente los veo como hermanos, especialmente que no los veo como potenciales conquistas.
- Que su presencia sea bienvenida y útil en los eventos «femeninos» de la iglesia. Me parece que muchos pastores se mantienen alejados. Pero se trata de la mitad de su congregación. Un pastor que asiste a un evento de mujeres demuestra que las mujeres son importantes para él y que se ve a sí mismo como su pastor. Un pastor debe estar muy interesado y comprometido con cualquier persona que venga a enseñar a la mitad de su congregación. Esto no significa que tenga que estar a cargo o quedarse todo el tiempo. Pero un pastor es sabio si muestra su cara y pasa tiempo con las mujeres en un evento de mujeres y no hace una broma sobre el estrógeno o demuestra sentirse raro, sino más bien solo ama a su congregación que está reunida allí.
- Que acojan a las mujeres que pueden hablar sabiamente en sus vidas sin tener tanto miedo al pecado sexual. Obviamente, los límites deben estar en su lugar. Pero las

mujeres tienen una perspectiva diferente que debe ser valorada.

- Que no tengan miedo de la fuerza de una mujer. Sus fuerzas pueden ser utilizadas en todos los aspectos de la iglesia, incluyendo el liderazgo. Que no teman que las mujeres se hagan cargo y traten de controlar las cosas si reconocen y valoran su fuerza y sabiduría.
- Que tengan en cuenta a las mujeres en la planificación de eventos o incluso en el uso de las instalaciones. Por ejemplo, una vez una iglesia a la que asistía estaba planificando un nuevo campus de la iglesia y mientras miraba los planos, me preguntaba si se había pedido la opinión de alguna mujer. Así que, al revelar los planes, sería mejor mencionar que un grupo de mujeres y de hombres hizo aportaciones significativas.
- Que se considerara la posibilidad de pedir ayuda a las mujeres en la planificación y realización de los eventos.
- Que las mujeres deberían ser remuneradas por el trabajo que realizan. A veces los pastores solo consideran pagar a un hombre porque puede tener una familia que mantener. Recuerda que Pablo alentó a la iglesia de Roma a mantener a Febe, dando el ejemplo de que las mujeres sean remuneradas cuando están en asuntos oficiales de la iglesia. Es incorrecto crear puestos pagados para los hombres y dar por sentado que las mujeres son voluntarias, especialmente para un papel de liderazgo en la iglesia. ¿Sería mucho pedir que consideraran pagar a una mujer lo mismo que pagarían a un hombre si hiciera el mismo trabajo?
- Que supieran que las mujeres casadas anhelan que les hablen a sus esposos con desafíos específicos durante un mensaje. También, que confesaran su pecado públicamente para que los esposos supieran que la confesión de pecado es varonil. Me encanta cuando los pastores se vuelcan en los hombres y los desafían a ser

esposos y padres piadosos e involucrados. No conozco a ninguna esposa que no esté radiante cuando un pastor dirige su atención a los hombres con desafíos específicos durante un mensaje. Esto nos hace sentir amadas y seguras, como si los líderes quisieran cuidarnos y quisieran hacer que los hombres rindan cuentas.

- Que algunos hombres llevan la enseñanza sobre el liderazgo y la sumisión demasiado lejos y son exigentes y abusivos con sus esposas. Que si van a enseñar sobre estas cosas, y deberían hacerlo, necesitan dejar muy claro lo que dicen y lo que no dicen y que a los hombres no se les permite intimidar, denigrar o abusar de sus esposas; tampoco se les permite exigir sexo en ningún momento.
- Que la pornografía daña tanto a los hombres como a las mujeres y que si un marido se entrega a ella, no es culpa de su mujer; que cuando una esposa descubre que su marido está viendo pornografía, siente la misma sensación de traición que si él tuviera una aventura; que la esposa necesita ser protegida y edificada mientras lucha por atravesar la infidelidad de su marido; y que necesita ser apoyada si decide que este pecado le hace imposible volver a confiar en él. Los pastores deben entender que el adulterio no se limita a las relaciones sexuales reales. El uso habitual de la pornografía es una ruptura de los votos del pacto matrimonial para un hombre, al igual que lo sería para una mujer.
- Que las mujeres solteras (o divorciadas) se sienten invisibles y necesitan sentirse amadas, en lugar de toleradas. No sé la respuesta para esto, pero están desesperadas por que la iglesia las ayude. Tal vez los pastores podrían asegurarse de mencionarlas (sin suponer siempre que están descontentas o que se mueren por casarse) siempre que sea apropiado y que eviten celebrar exclusivamente a las madres. Cuando hablen de los trabajadores en la iglesia, asegúrense de señalar también

a los solteros. Además, cuando hablen de cómo la iglesia ha alcanzado sus objetivos financieros, pueden agradecer a las mujeres que trabajan y proveen para las necesidades de la iglesia. Recuerden que Lidia hizo esto por Pablo y él estaba abiertamente agradecido con ella y con la iglesia que se reunía en su casa.

- Que no planifiquen eventos que automáticamente excluyan a las mujeres que trabajan. Por ejemplo, si el estudio bíblico semanal principal es los miércoles por la mañana, las mujeres que trabajan probablemente pensarán que a los que toman las decisiones (pastores y ancianos) no les importa si asisten o no. Tal vez un grupo de estudio que se reúna una vez a la semana por la noche o incluso un grupo que se reúna en línea para aquellos que no pueden llegar al campus de la iglesia puedan seguir estudiando con sus hermanas.
- Que no supongan que todas las mujeres quieren tener hijos.
- Que no supongan que a todas las mujeres les gusta ir de compras. A algunas de nosotras nos encanta estudiar y profundizar en las Escrituras.
- Nos encanta la cortesía pero detestamos la condescendencia.
- Necesito entender mi papel como mujer en el hogar y en la iglesia, pero no necesito que me presionen con ese papel en cualquier otra esfera de la vida pública.
- Que rara vez deberían reunirse con un marido y una mujer para impartir consejería sin que haya otra mujer en la sala. Incluso una esposa fuerte apreciará el consuelo y la protección que le aportará un oído femenino en esa sala. Entonces, incluso si la consejera tiene que enfrentarse a la esposa, es mejor que ser atacada por dos hombres, que es lo que sienten las mujeres. También será más difícil ignorar, achacar a prejuicios masculinos o malinterpretar las palabras pronunciadas por otra mujer en lugar de

por los hombres, especialmente si esos hombres tienen amistad entre sí fuera de la sala de consejería.

- Que necesitan tener personal ministerial femenino (remunerado o no, dependiendo de la fuerza financiera de la iglesia) que esté disponible para reunirse con las mujeres para discutir cualquier cosa de la que las mujeres quieran hablar, incluyendo (pero no limitado a) el abuso sexual pasado o presente, el abuso físico o emocional, el discurso o las acciones inapropiadas de otro hombre en la iglesia. Sobre este tema, otra mujer escribió:
- Una gran parte de las mujeres han soportado personalmente comentarios sexuales inapropiados, agresiones sexuales físicas (en diversos grados), hombres que las han utilizado o las han hecho sentir extremadamente incómodas, o algo peor. Mientras que algunas de ellas compartirán esto y buscarán consejería, la mayoría no volverá a hablar de ello. Lo llevarán solo a Jesús. Las heridas pueden tener décadas de antigüedad; es probable que sus propios maridos no conozcan todos los detalles. Cuanto más hablo con las mujeres de la iglesia, más creo que estas son realidades prevalentes. Por muchas, muchas razones (algunas saludables, otras no) las mujeres no las comparten, pero eso no significa que no estén afectadas por ellas. Sé consciente de que tu predicación, enseñanza y pastoreo pueden desencadenar algunas de esas heridas. Un remedio específico: saber que existen. Eso no significa que no puedas decir nada duro o desarrollar relaciones estrechas o amistades con las mujeres, sino que sepas que todo el mundo tiene una historia. Otro remedio específico: Ofrecer a las mujeres vías para compartir sus historias y recibir consejería y oración si lo desean. Algunas que quieren hablar no están seguras de a quién decírselo y de cómo pueden ser pastoreadas. ¿Has identificado a las mujeres líderes de tu iglesia? [Tal vez tu congregación podría ponerse

en contacto con los ministerios *GRACE* (https://www.netgrace.org) para obtener formación sobre cómo responder y prevenir el abuso sexual de niños y ministrar a las supervivientes adultas, recordando que más del 20 % de las mujeres han sufrido violencia sexual, incluida la violación.[2] También la Convención Bautista del Sur ha producido una serie de vídeos y un manual, *Becoming a Church That Cares Well* [Convertirse en una iglesia que cuida bien], para equipar a las iglesias para que cuiden bien de los abusados, disponible en línea de forma gratuita en https://www.churchcares.com].

- Que se tomen en serio las denuncias de acoso sexual de una mujer y no las desestimen como una susceptibilidad o una necedad. Como mínimo, los pastores deberían informarse, e informar a su personal, sobre las leyes en materia de acoso sexual de su estado. Es necesario un documento público que deje claro que cualquier denuncia de acoso en el lugar de trabajo se tratará con seriedad, puntualidad y una investigación detallada. Un documento como este, añadido a la declaración de fe o a los estatutos de la iglesia, asegurará a las mujeres del personal y a las mujeres laicas de la congregación (así como advertirá a cualquier posible agresor) que este tipo de comportamiento no se tolerará, independientemente de quién lo haga.
- Que promuevan los eventos femeninos con el mismo entusiasmo que los masculinos. Que se aseguren de que haya hombres disponibles para ayudar cuando las mujeres tengan un evento, por ejemplo, con el sonido. Que valoren los ministerios de las mujeres tanto como los de los hombres.
- Que no malinterpreten las respuestas mordaces de una mujer etiquetándolas automáticamente como «rebeldes», sin entender que este tipo de respuesta suele provenir de un corazón profundamente herido por un hombre. ¿Qué

significaría para los líderes masculinos encontrarse con una mujer así con una oración interna: «Señor, ¿cómo ha sido herida y cómo puedo ministrar tu gracia a ella?».

- Que no me vean como una engañadora o alguien que quiere tener sexo con ellos. Sinceramente, es lo último que tengo en mente.
- Que anime a las mujeres a buscar educación y formación, y cuando lo hagan, defienda su decisión. Que hable con el liderazgo masculino para que las mujeres no sean vistas como una amenaza, sino como coministras de las buenas nuevas de la salvación y la verdad. Si una mujer está recibiendo formación para servir a la iglesia, que se ofrezca a ayudarla con los gastos.
- Necesito escuchar que soy una colaboradora con Cristo y con mis compañeros cristianos, hombres y mujeres.
- Necesito un fuerte consuelo en este triste mundo y ánimo para el que viene.

Algunas sugerencias sencillas

Tal vez los pastores deberían tener un grupo de mujeres y hombres (solteros, casados, con familia/carrera) a los que pudieran llamar para que les dieran su opinión; tal vez podrían decirles el pasaje de la semana y hacer que lo leyeran, dieran respuestas breves/propusieran preguntas sobre las porciones con las que luchan; o podrían preguntar a ciertas mujeres sabias de la congregación si el sermón les ministró en la semana pasada.

Por supuesto, algunos pastores pueden decir que no tienen tiempo. Lo entendemos. Pero tal vez esto podría establecerse por correo electrónico. Recuerda que las mujeres a las que vas a preguntar están tan ocupadas como tú. Diles que solo necesitas un poco de información de vez en cuando.

Otros pastores podrían decir que ni siquiera piden opiniones a los hombres, así que podrían preguntarse por qué deberían pedir la perspectiva de las mujeres. Entendemos esa preocupación, pero responderíamos que probablemente utilizan comentarios/libros/artículos/blogs escritos por hombres en su preparación, y que probablemente han escuchado la opinión de otros hombres sobre el pasaje a través de los sermones que han escuchado, así que en realidad ya están escuchando a los hombres y sin saberlo indudablemente ya tienen una predisposición a leerlo desde una perspectiva casi exclusivamente masculina.

Recuerda que las mujeres de tu congregación te quieren y entienden más de lo que crees

Como escribió una mujer:

> Muchas mujeres (las madres en particular) pueden empatizar con el trabajo invisible, sacrificado y poco glamoroso de los pastores. Aunque no seamos la cabeza del rebaño familiar ni estemos al frente y en el centro de los domingos, tenemos más en común de lo que crees. Cuidamos a los enfermos en nuestros hogares, a veces incluso llorando con ellos y sintiéndonos desanimadas por los efectos de la caída. Nos esforzamos en las relaciones con las personas que nos lastiman, mientras entregamos pacientemente nuestro corazón, nuestra sabiduría y nuestra presencia, incluso cuando no se recibe con gratitud. Ministramos la Palabra a pecadores desobedientes e infelices que no parecen entender nuestro cuidado y dirección. Por supuesto, algunas de nuestras responsabilidades específicas son diferentes, pero no estás sola. Muchas de tus hijas, hermanas y madres en el cuerpo están orando por ti y pueden imaginar lo que cuesta tu ministerio. Están agradecidas por ti. Son aliadas necesarias en el reino.

> Por favor, recuerden también que

> muchas mujeres desearían que los pastores supieran que somos seres pensantes y que necesitamos que se cultive la vida de la mente tanto como los hombres. Ojalá exploraran los puntos

comunes entre hombres y mujeres con el mismo afán con el que meditan sobre nuestras diferencias. Con demasiada frecuencia se considera que los hombres y las mujeres son de planetas diferentes en lugar de ser del mismo jardín, hechos a la misma imagen. Si C. S. Lewis tiene razón cuando dice que la amistad comienza en el momento en que una persona mira a otra y dice: «¿Tú también? Pensé que era el único», entonces es crucial que los hombres y las mujeres comprendan las similitudes, así como las diferencias. De lo contrario, es posible que nunca empecemos a desarrollar el respeto mutuo.

Suponemos que este apéndice puede haber incomodado a algunos de ustedes. Por favor, créenos cuando decimos que no es nuestro objetivo usurpar la autoridad o denigrar el liderazgo masculino en la Iglesia. Por favor, sepan que deseamos lo mismo que ustedes: que el reino de Dios venga y se haga Su voluntad en la tierra como en el cielo. Al igual que ustedes, anhelamos que llegue el día en que la Iglesia sea íntegra y santa y que tanto las mujeres como los hombres encuentren sus dones valorados y utilizados. Oramos para que este breve apéndice haya sido de alguna ayuda.

APÉNDICE 3

31 cosas que los (buenos) pastores quieren que las mujeres sepan

Yo (Eric) pedí a varios amigos pastores que me dijeran lo que quieren que las mujeres sepan sobre cómo se sienten y se relacionan con las mujeres en su iglesia. A continuación, hay una lista de sus respuestas, junto con algunas de las mías.

En lugar de incluir una explicación para cada punto, las ofrezco aquí como una lista de afirmaciones para la meditación personal, el análisis de la iglesia y las conversaciones pastorales. Al final he incluido algunas notas al respecto.

1. No hemos dicho todo lo que queremos y necesitamos decir.
2. Las valoramos.
3. Las queremos.

4. Nos agradan.
5. Las queremos como individuos, no como cliché o estereotipo de mujer.
6. Las afirmamos.
7. Las respetamos.
8. Las necesitamos.
9. Las escuchamos.
10. Perdemos sin ustedes.
11. Confiamos en ustedes.
12. Les fallamos.
13. Seguimos intentando después de fallar.
14. Queremos que se sientan seguras y valoradas en la iglesia y por nosotros.
15. Queremos que se sientan cómodas a nuestro alrededor.
16. Queremos que se sientan cómodas a su alrededor.
17. Sabemos que algunos pastores no son seguros, y respetamos su actitud precavida.
18. Las invitamos a traer a un defensor o alguna persona de confianza cuando hablen con nosotros.
19. No queremos tener relaciones sexuales con ustedes.
20. Navegar por culturas y expectativas variadas nos resulta una tarea confusa.
21. Encontramos que la aplicación consistente y culturalmente apropiada de la Biblia es una tarea confusa.
22. A veces somos necios con ustedes, pero no es porque sean mujeres.
23. Agradecemos que nos corrijan.
24. No podemos leer sus mentes; necesitamos sus palabras.
25. A veces tenemos miedo de la cultura, del cambio, del conflicto, pero no de ustedes como mujeres.
26. Necesitamos su amistad.
27. Necesitamos su paciencia.
28. Necesitamos su gracia.
29. Somos bendecidos por ustedes.

30. Nos acordamos de ustedes.
31. Damos gracias a Dios por ustedes.

Sé, hermana, que si estas cosas no van de acuerdo con tu pastor, este apéndice podría provocar frustración, amargura o quejas. Resiste a esas tentaciones. En lugar de ello, considera la posibilidad de convertir este apéndice en una lista de oración por tu pastor. Si tienes una buena relación con tu pastor, tal vez puedas comprarle un ejemplar de este libro, pedirle que lo lea, y luego decirle que te gustaría compartir con él las formas en que realmente te anima como pastor, junto con algunas formas en que podría seguir creciendo en esto.

Pastores, ¿considerarían pasar un mes meditando y aplicando esta lista? Tal vez podrían tomar un punto al día y hacerse estas preguntas:

- ¿Es esto cierto en mi caso? ¿Por qué sí o por qué no?
- ¿Las mujeres de mi iglesia encontrarían esta afirmación creíble viniendo de mí? ¿Por qué sí o por qué no?
- ¿Qué puedo hacer para expresar esto a las mujeres de mi iglesia
    - inmediatamente (hoy)?
    - el próximo domingo?
    - a largo plazo?
    - a largo plazo de nuestra congregación?
- ¿Con qué mujer podría tener una conversación sobre esto hoy?

O, si eres realmente valiente, envía esta lista a algunas mujeres de la iglesia y pregunta:

- ¿Cuál de estas cosas dirías que es cierta en mi caso?
- Para las que parezcan verdaderas:
    - ¿Qué he hecho para ayudarte a ver y sentir esto?
    - ¿Cómo puedo seguir animándote en este sentido?

- Para las que *no* parecen verdaderas:
  - ¿Qué te hace pensar que esto no es cierto?
  - ¿Cómo puedo hacerlo mejor?

Mejoremos la comunicación de nuestro amor y aprecio por los demás, así como nuestro Padre nos mira con agrado a través de la obra terminada de Jesús y proclama Su deleite en nosotros.

APÉNDICE 4

Ejemplo de carta pastoral

Esta es una adaptación de un correo electrónico que yo (Eric) envié a algunos grupos de mujeres de nuestra congregación:

> He querido preguntarte sobre algunas ideas que he tenido para conectarme con las mujeres de la Iglesia Bautista Grand Avenue (GABC por sus siglas en inglés) en general. Quiero que las mujeres de la GABC sepan que las valoro, que valoro su presencia, sus dones y su ministerio, sus vidas y su bienestar espiritual. También quiero que sepan que no me asustan las mujeres: su inteligencia, su fuerza, sus dones, sus comentarios, sus críticas, sus preguntas o su amistad. De hecho, deseo y valoro todas esas cosas. (¡Pero quiero buscarlas de una manera que no haga que las mujeres se sientan incómodas o que me haga parecer indeseable!). Así que pensé en lanzar algunas ideas y me encantaría escuchar tus pensamientos o sugerencias.

1. Almuerzo con mujeres. Hace unos años, me reuní con todos los hombres en la iglesia haciendo almuerzos uno a uno. Eso significa que compartía el tiempo de la comida con cinco o seis hombres por semana.

Siempre he querido hacer algo así con grupos de mujeres. Sin una agenda real, más allá de escuchar lo que está sucediendo en sus vidas y estar disponible como pastor para la conversación general y el estímulo. Sé que lo disfrutaría mucho. ¿Sería una buena idea? Si es así, ¿cuál es la mejor manera de llevarlo a cabo?

2. Eventos de mujeres. Me encantaría visitarlas en los eventos de mujeres, solo para decir o mostrar que amo a las mujeres en nuestra iglesia y valoro lo que está sucediendo. ¿Cómo puedo hacerlo de manera que sea útil y no distraiga? (En una iglesia anterior, de vez en cuando acudía a algún evento y se notaba que cambiaba la dinámica. Si bien algunas lo apreciaban, también escuchaba que otras lo veían como si yo «controlara a las mujeres» de manera negativa).

3. La participación de las mujeres en la enseñanza. He tratado (tanto como he podido) de incluir las voces de las mujeres en la vida de la GABC (lectura de la liturgia y de las Escrituras en el servicio; tengo mujeres que ayudan a escribir la liturgia y a elegir los cantos; trato de incluir a las mujeres en los almuerzos del ministerio y en la planificación de eventos especiales, trato de entablar conversaciones con las mujeres, etc.). Me encantaría incluir las perspectivas de las mujeres cuando enseño. (Como mencioné, si estuviera predicando semanalmente, tendría una reunión semanal estándar para escuchar las perspectivas sobre el texto y su aplicación. Pero no es ahí donde estoy ahora). ¿Alguna idea sobre las mujeres a

las que sería bueno pedirles esa opinión y cómo hacerlo? ¿Algún consejo sobre cómo hacerlo?

4. Tuvimos una muy buena conversación ayer sobre cosas como los abrazos, la «regla de Billy Graham» y la cultura de la iglesia entre hombres y mujeres.

Me encantan los abrazos (¡excepto cuando la gente es rara!) y vengo de una familia, de amigos del instituto y de la universidad, del seminario y de la iglesia, en donde es común abrazarse. En general, soy una persona afectuosa (aunque la controversia y el trauma de la iglesia han tenido un efecto realmente negativo en eso). Cuando llegué aquí, no recibí abrazos y por eso supuse que la cultura no era de abrazos. Y, sinceramente, me siento muy, muy incómodo iniciando un abrazo cuando leo sobre estos pastores abusadores y la forma en que tratan a las mujeres. Esos informes, sabiendo cómo algunos círculos eclesiásticos ven las amistades entre hombres y mujeres y el hecho de estar en una posición de autoridad, me ponen muy nervioso a la hora de iniciar algo. (¡Uf!).

Tampoco soy partidario de la llamada «regla de Billy Graham». Me he reunido con mujeres para tomar un café o para hacer un seguimiento pastoral, he llevado a una viuda en mi coche, etc. Es transparente (dentro de mi horario, Jenny lo sabe, etc.) y me adhiero a precauciones de sentido común, creo. Temo las reglas que hacen que las mujeres sean poco más que tentadoras y tentaciones. (Creo que poner vallas alrededor de ellas como tal solo lleva a considerarlas como tales).

Todo esto es para decir que veo a las mujeres de mi iglesia como mis madres y hermanas, no como objetos o trampas. Quiero tratarlas con el afecto relacional apropiado para un miembro cercano de la familia. Así que mi pregunta es: como mujeres de la GABC, ¿qué creen que necesita nuestra cultura? ¿Cuál es la mejor manera de cultivar esa cultura? ¿Y cómo debo actuar o no actuar como pastor?

5. Disponibilidad general para el Ministerio de Mujeres y el equipo de liderazgo. Si alguna vez puedo ser útil para ti o tu equipo de liderazgo, para conversar e intercambiar ideas, estaría encantado de servir (y asistir a las reuniones). También me encantaría hablar o contestar preguntas en eventos de mujeres si eso fuera útil.

APÉNDICE 5

Una carta abierta a Rachael Denhollander sobre *#SBCtoo*

El 11 de febrero de 2019, en respuesta a una serie en el *Houston Chronicle* sobre el abuso sexual en la Convención Bautista del Sur, Rachael Denhollander tuiteó una pregunta sincera a los pastores. Ella preguntó dónde estaban los diez años anteriores cuando tantos pedían una reforma. Como pastor de la Convención Bautista del Sur, Eric publicó esta respuesta pública a su pregunta pública.[1] La incluimos aquí tanto para contar la historia de cómo Eric creció en su apreciación de las mujeres —particularmente de las sobrevivientes de abuso— como para que sirva de ejemplo de cómo los pastores pueden arrepentirse públicamente de actitudes erróneas e inacción.

Querida Rachael,

La semana pasada, el *Houston Chronicle* publicó una serie de tres partes sobre el abuso sexual en la Convención Bautista del Sur.[2]

En respuesta, tú preguntaste: «Pastores, ¿dónde estaban ustedes? Cuando les pedimos que hablaran en contra de sus compañeros o de los líderes que apoyan, ¿dónde estaban ustedes?».[3]

Quiero (y necesito) responder a tu pregunta.

Hace diez años, tenía 32 años y llevaba casi 3 años como pastor de mi segunda iglesia. Nos estábamos recuperando de una división desgarradora y lamentable, mientras caminábamos hacia nuevos conflictos.

Estaba en medio de una depresión que paralizaba mi vida, sin saber cómo manejar lo que estaba sucediendo.

Mi corazón y mi mente eran (como a menudo lo son ahora) un revoltijo de deseos y aspiraciones contradictorias. Por un lado, deseaba sinceramente glorificar a Dios, predicar el evangelio y pastorear una iglesia sana. Por otro lado, mi corazón alimentaba ambiciones de gloria personal, deseando ser conocido por mi predicación y ser influyente dentro de los círculos evangélicos reformados. Volver atrás y separar mis decisiones —las justas de las injustas— es como intentar desatar el nudo gordiano. Eso solo se puede remediar con la espada del evangelio.

Idolatraba a los pastores y a los teólogos de mi tribu (una lucha que precedió al pastoreo durante mucho tiempo). Había asistido a la conferencia inaugural de Juntos por el Evangelio (T4G) en 2006 (y a todas las conferencias posteriores hasta 2018). Para mí, estos hombres (incluyendo a CJ) representaban el pináculo del liderazgo evangélico, el «círculo íntimo». Lo que decían era recibido con poca discriminación por mi parte. Sus recomendaciones —ya sea de libros, doctrina, práctica o personas— tenían un gran peso.

Me encontré con redes y amistades dentro de estas tribus. Me sentí bien al estar conectado. Me sentí importante. Conocí y me hice amigo de notables pastores a los que quiero, respeto y admiro hasta el día de hoy. Esas asociaciones me hicieron un bien espiritual. Me ayudaron a aprender a pastorear mejor. Me proporcionaron una base de apoyo en los momentos difíciles. No puedo exagerar lo útiles que fueron para mí.

Sin embargo, al mismo tiempo, mi carne pecadora pervirtió estas relaciones. Una lealtad sin discernimiento creció en mi corazón. Me negaba a escuchar las preocupaciones que pudieran entrar en conflicto con lo que estos hombres decían o hacían. El miedo a perder estas relaciones me impidió escuchar las preguntas difíciles y buscar buenas respuestas.

Cuando Wade Burleson planteó preocupaciones sobre el abuso sexual dentro de la Convención Bautista del Sur, las leí pero no hice nada. ¿Por qué? Porque no escuché nada al respecto de los líderes bautistas del sur en los que confiaba (como Al Mohler, Founders Ministries, 9marks y otros). (No estoy implicando aquí a estos líderes. Es posible que hayan hablado, y simplemente no los escuché. Solo me estoy condenando a mí mismo. Lo que hicieron o no hicieron es irrelevante para mi responsabilidad de escuchar, investigar y actuar como pastor de una iglesia en cooperación con la Convención Bautista del Sur).

En un momento dado, un miembro de la iglesia (y amigo) me preguntó si estaba al tanto de las preocupaciones sobre el encubrimiento de los abusos sexuales dentro de *Sovereign Grace Ministries* (ahora *Sovereign Grace Churches*) y CJ Mahaney (uno de los cofundadores de T4G). Mencionó que se habían publicado pruebas en línea que parecían dignas de consideración. Aunque yo estaba al tanto de tales publicaciones, las dejé de lado (y a él también). Le aseguré que Al Mohler y Mark Dever no serían tan amigos de CJ ni se asociarían con él en T4G si las preocupaciones estuvieran justificadas. Basado enteramente en las implicaciones de su asociación en curso y el silencio frente a las preocupaciones, me negué a investigar por mí mismo. Esto fue un pecado por mi parte. (Al recordar esta conversación, me puse en contacto con mi amigo y le pedí perdón. Fallé como amigo y como pastor).

En otro momento, un conocido de confianza me explicó lo que «realmente» estaba pasando en el pleito con CJ y SGC. (Debido a la promesa de confidencialidad, no estoy en libertad de compartir los detalles). La esencia de la explicación era que las acusaciones eran totalmente infundadas. Mi entendimiento fue que esto era poco más que un liberal igualitario atacando a un pastor complementario. Cuando se resolviera la demanda, el acusador o los acusadores pasarían a otro objetivo. Yo creía en esta explicación. La compartí con amigos y pastores para asegurarles que todo estaba bien. No investigué por mí mismo. Esto fue un pecado. No puedo recordar a todas las personas con las que compartí esas seguridades, pero a las que lo hice, por favor, perdónenme.

Durante este tiempo, el Señor comenzó a moldear y romper mi corazón de muchas maneras. En la consejería pastoral he guiado a innumerables mujeres que sufrieron abusos de diversa índole. (Y, debo añadir, que a veces las he pastoreado mal). Al escucharlas, empecé a oír y ver cómo y por qué se sentían sin voz y sin defensa. Vi cómo a menudo sus historias eran minimizadas, desechadas y olvidadas. Fui testigo de lo difícil que les resultaba hablar y ser escuchadas. A los cristianos les resultaba demasiado fácil condenarlas (por dónde estaban, por lo que llevaban, por lo que habían hecho, por lo que no habían hecho) y aplicar soluciones rápidas con parches de cliché espiritual. Al mismo tiempo, experimenté falsas acusaciones, abusos, traiciones y otros sufrimientos a través de la controversia eclesiástica. Aunque al principio esto me hizo estar a la defensiva de los héroes pastorales, el Señor lo utilizó para ayudarme a escuchar el clamor de los pobres. Cuando fui maltratado, muchos expresaron su dolor y apoyo por mí en privado, pero no muchos dieron un paso adelante para detenerlo activamente. Cuando me atacaron, algunos lo minimizaron o aplicaron soluciones rápidas. Tuve «amigos» que se negaron a escucharme o a seguirme como pastor simplemente porque pastores influyentes decían y creían lo contrario. Aprendí lo que era ser la víctima. A través de esto, el Señor despertó en mí el deseo de ver, escuchar y responder a los que experimentaron el abuso.

En 2013, renuncié a ser pastor principal y pasé un año fuera del ministerio pastoral. Durante ese tiempo, trabajé para una agencia misionera que plantaba iglesias entre los pobres. El Señor usó a los increíbles hombres y mujeres de ese ministerio para seguir desafiando y cambiando mi corazón. Ellos escribieron y hablaron con valentía sobre cómo la iglesia evangélica con demasiada frecuencia pasa por alto, estereotipa y maltrata a los pobres, y cómo esos prejuicios pueden estar arraigados en los sistemas e instituciones. Incluyeron a las mujeres en el ministerio de manera notable (en un contexto particularmente desafiante), ¡y lo hicieron como conservadores, calvinistas y complementarios! No se tomaron a sí mismos en serio, sino que se tomaron el evangelio muy en serio. No temían a los hombres, sino que hacían preguntas difíciles a las personas influyentes. El Señor los usó para sacudir mi corazón y mi mente y para incitarme a pensar de manera diferente. Estoy muy agradecido por esos hombres y mujeres. Estoy tan arrepentido por las formas en que he fallado a tantos.

En 2015, volví a entrar al pastorado como Pastor Asociado —entré como un hombre diferente—. Hay innumerables cosas que Dios usó para cambiar mi corazón durante la década anterior. Demasiadas para enumerarlas. Pero quiero mencionar algunas relacionadas con el tema de la CBS y el papel que tú desempeñaste.

En un momento dado, asistí a una conferencia en la que hablaron varios líderes bautistas del sur. Uno de ellos, un hombre al que admiro compartió algunas cosas sobre sus políticas personales en relación con las interacciones con las mujeres, exhortando a los pastores y seminaristas a adoptarlas. Yo no estaba de acuerdo con esas políticas, pero no le di mucha importancia. Después de la charla, una hermana sentada a mi lado comentó: «Me dolió varias veces lo que dijo». No hice un comentario, pero lo guardé en mi corazón para meditarlo. ¿Por qué no estaba de acuerdo, pero no me sentía ofendido mientras que esta hermana estaba «herida»? Mientras reflexionaba sobre esa pregunta, empecé a ver lo que sus declaraciones (involuntariamente) comunicaban a las mujeres sobre las mujeres. Comprendí por qué se sentía herida. Me pregunté con qué frecuencia mis comentarios y acciones ignorantes e irreflexivas (aunque bien intencionadas) perjudicaban a las hermanas de las iglesias que yo pastoreaba. Resolví escuchar, preguntar y escuchar más de lo que comentaba, suponía y actuaba con respecto a las mujeres en la iglesia.

A medida que el movimiento #MeToo [#YoTambién] fue surgiendo, fui escuchando. Veinte años antes, habría respondido al #MeToo como un conservador insensible, arrogante (énfasis en arrogante), Rush Limbaugh. Me habría burlado y minimizado el movimiento. Pero ahora leí, escuché y lloré. Lloré. Al leer las historias de completas desconocidas, reconocí las historias de mujeres que conocía, que amaba. Lloré. Al leer las historias de cómo fueron tratadas estas mujeres, vi el mundo en el que creció mi madre, en el que vivió mi esposa, en el que entraría mi hija. Lloré.

Recuerdo la primera vez que vi tu nombre en Facebook. Tú estabas siendo anunciada (con razón) como una heroína por su papel como la primera mujer en hablar públicamente contra Larry Nassar, el ex médico de la Universidad Estatal de Michigan y de USA Gymnastics, acusándolo de acoso sexual.[4] Los cristianos celebraron tu declaración como un modelo de audacia y gracia cristiana, lo cual fue.[5]

Al leer tu declaración —que es digna de todos los elogios que ha recibido—, esta frase me dejó perplejo: «Mi defensa de las víctimas de agresiones sexuales, algo que apreciaba, me costó mi iglesia y nuestros amigos más cercanos tres semanas antes de presentar la denuncia policial». Me pregunté cómo pudo haber pasado eso.

Me volví a quebrar cuando leí tu entrevista con *Christianity Today*, en particular estos párrafos:

> Sí. La iglesia es uno de los lugares menos seguros para reconocer los abusos porque la forma en que se aconseja es, la mayoría de las veces, perjudicial para la víctima. Hay un desconocimiento abominable del daño y la devastación que supone la agresión sexual. Lamento profundamente decir que la iglesia es uno de los peores lugares para buscar ayuda. Es duro decirlo, porque soy una evangélica muy conservadora, pero es la verdad. Son muy, muy pocas las que han encontrado verdadera ayuda en la iglesia.
>
> La razón por la que perdí mi iglesia no fue específicamente porque hablara. Fue porque estábamos defendiendo a otras víctimas de agresiones sexuales dentro de la comunidad evangélica, crímenes que habían sido perpetrados por personas de la iglesia y cuyo abuso había sido permitido, muy claramente,

por líderes prominentes de la comunidad evangélica. Ese no es un mensaje que los líderes evangélicos quieran escuchar, porque implicaría hablar de la comunidad. Implicaría tomar una posición contra estos líderes tan prominentes, a pesar de que la situación que estábamos tratando es ampliamente reconocida como uno de los peores, si no el peor, casos de encubrimiento evangélico de abuso sexual. Haber tomado esa posición, y no estar de acuerdo con el apoyo de nuestra iglesia a esta organización y a estos líderes, nos costó muy caro.

Cuando salí a la luz como víctima de abusos, esta parte de mi pasado fue esgrimida como un arma por algunos de los ancianos para desacreditar aún más mi preocupación, diciendo esencialmente que estaba imponiendo mi propia perspectiva o que mi juicio estaba demasiado nublado. Uno de ellos me acusó de estar sentada todo el día leyendo blogs de chicas enfadadas, lo cual no es mi forma de investigar. Esa nunca ha sido mi forma de investigar. Pero mi condición de víctima se utilizó en contra de mi defensa.

[...] en lugar de comprometerse con las montañas de pruebas que aporté, porque esta situación era uno de los casos más bien documentados de encubrimiento institucional que he visto nunca, hubo un rechazo total a comprometerse con las pruebas.[6]

Cuando me enteré de que se trataba de una iglesia bautista del sur —en particular, una iglesia que se relacionaba con los mismos círculos que yo— mi sorpresa desapareció. Sabía lo que había pasado. Había sido yo. Me afligí por ustedes, por las víctimas, por mi propia insensibilidad. (Agradezco que esos pastores se hayan disculpado).[7]

Poco después, leí tu «Respuesta pública a las iglesias *Sovereign Grace*»[8] (y la publicación posterior[9]). Tu meticulosa documentación y tus importantes preguntas sacudieron mi mundo. Esto era totalmente diferente a la explicación que había recibido (mencionada anteriormente). Me sentí traicionado y engañado por hombres en los que confiaba y admiraba. CJ Mahaney había sido invitado (y aceptado) a hablar en el T4G de 2018. Las declaraciones públicas de los hermanos que dirigían esa conferencia no abordaban las importantes cuestiones que tú planteabas. Así que, en protesta, cancelé mi inscripción y no asistí al T4G por primera vez. (Estoy agradecido de que Al Mohler se haya disculpado recientemente por su apoyo a CJ.[10,11] Estoy orando para que más hombres —y algunas mujeres— de todo el evangelismo que ofrecieron el mismo apoyo público y las mismas justificaciones sigan su ejemplo, se arrepientan públicamente y pidan una investigación verdaderamente imparcial y cualificada de la situación de la SGC).

Siguiendo tu ejemplo, resolví no seguir callando, sino utilizar cualquier plataforma e influencia que pueda tener para hablar de las injusticias, principalmente para permitir que mis hermanas sean escuchadas. Decidí conocer y escuchar a las mujeres de mi iglesia. Busqué conversaciones con las mujeres de mi iglesia y me limité a escuchar cómo me ayudaban a entender cómo pastorearlas mejor. He escuchado a las mujeres que han compartido cómo las he ofendido o no las he protegido. Me estoy arrepintiendo y aprendiendo.

Al hablar públicamente, me han acusado de muchas cosas horribles. He visto a amigos distanciarse. Eso duele. Pero no es ni una fracción de lo que tú y otras valientes mujeres han soportado. No puedo imaginar por lo que has pasado por el mero hecho de decir la verdad en el centro de atención nacional.

Este último año ha sido un viaje salvaje, pero bondadoso. El Señor sigue mostrándome mis errores, mis suposiciones equivocadas, mi cobardía. Sigue abriendo mis ojos a las experiencias de las supervivientes de abusos, así como a las mujeres de la iglesia y de la cultura en general. Para ello, el Señor utilizó a mujeres como tú, Karen Swallow Prior, Beth Moore, Elyse Fitzpatrick, innumerables hermanas valiosas en la iglesia y en las redes sociales, y quince años de amigas sabias, piadosas y pacientes en mis iglesias locales.

En mi silencio y en mi discurso, en mis acciones y en mi inacción, he pecado contra ustedes, contra las mujeres de mis iglesias, contra las mujeres de la CBS y contra las mujeres del mundo. A ustedes y a ellas, les pido que me perdonen.

Tú preguntaste: «Pastores, ¿dónde estaban? Cuando les suplicamos que hablaran en contra de sus pares o de los líderes que su apoyo apuntala, ¿dónde estaban ustedes?».

Aquí es donde he estado, donde estoy, y (por la gracia de Dios), hacia donde voy.

Gracias, hermana, por tu parte en ello. Eres valorada y valiosa en el reino de Dios.

Tu hermano,
Eric

EPÍLOGO

«Digno: un canto de alabanza»

La teología lleva a la doxología. Es decir, conocer a Dios lleva a adorarlo.

Al principio de este libro argumentamos que el valor de Dios se ve, en parte, en lo que ha hecho. Por lo tanto, cuando vemos el valor de las mujeres, creadas a Su imagen, observamos la gloria de Dios. Al ver cómo Dios ama y utiliza a las mujeres en la historia de la Biblia, contemplamos la gloria de Dios. Al ver cómo Dios redime a las mujeres en Cristo, observamos la gloria de Dios.

Este libro fracasa si al leerlo valoras a las mujeres, pero no al Dios que creó, ama y redime a las mujeres.

Así que este libro termina con una doxología: alabando a Dios por lo que ha hecho y por lo que nos ha mostrado de sí mismo en la creación y redención de las mujeres. Lo que sigue es una canción de adoración original escrita para este libro y para ustedes, sus lectores. Oramos para que les sirva de ayuda para recordar y regocijarse en el Dios que nos da valor y que es digno de toda alabanza.

Encontrarás una grabación de la canción, y podrás descargarla para utilizarla en tu culto personal y de la iglesia, en http://hymni.city/hymns/worthy.

Digno: un canto de alabanza
por Eric Schumacher y David L. Ward

A tu semejanza y llevando tu nombre
nos has hecho para gobernar y reinar,
para ser fructíferos en la tierra y para ser imagen de tu valor,
declarando todo «muy bueno».
Pero empañamos el valor de tu nombre
y como Eva nos cubrimos de vergüenza;
pero a pesar de lo hecho, has prometido un Hijo:
un Rey que rescataría y reinaría.

¡Digno! ¡Tú eres digno
de toda gloria y honor y poder y bendición y
fama!
Porque tú nos hiciste. En Cristo, nos salvaste.
¡Haznos dignos, Señor, de llevar tu nombre!

A través de los tiempos, en el hambre y el banquete,
has llamado a los más grandes y a los más pequeños,
a innumerables mujeres de fe que encontraron esperanza en tu gracia
y hablaron del reino venidero.
De la debilidad del vientre de la joven María
vino un Campeón para conquistar la tumba,
una vida y una muerte que serían nuestra
justicia.
¡Y bendito es el que cree!

¡Digno! ¡Tú eres digno
de toda gloria y honor y poder y bendición y
fama!
Porque tú nos hiciste. En Cristo, nos salvaste.
¡Haznos dignos, Señor, de llevar tu nombre!

Aunque hemos caído, nos hemos extraviado
y nos hemos vestido de vergüenza,
aunque nos hayamos hecho
indignos de tu nombre,
aunque estemos rotos y maltratados,
desconfiados y malheridos,
encontramos nuestra esperanza, nuestra alegría,
nuestra vida, nuestro valor en ti.
Por el Espíritu tu obra ha comenzado:
envías a tus hijas e hijos
a dar a luz hijos de la fe, proclamando tu gracia
hasta que llegue Cristo y Su reino.
En el día en que todo sea nuevo
nosotros, la Novia, seremos llevados al Novio
y entonces, vestidos con Su valor, gobernaremos en la tierra
y toda la creación cantará:

¡Digno! ¡Tú eres digno
de toda gloria y honor y poder y bendición y
fama!
Porque tú nos hiciste. En Cristo, nos salvaste.
¡Haznos dignos, Señor, de llevar tu nombre![1]

AGRADECIMIENTOS

(Elyse)

Como en cualquier trabajo de este tipo, hay muchas (¿demasiadas?) personas a las que debo dar las gracias. He sido bien enseñada por muchas mujeres y hombres maravillosos y estoy agradecida por ellos. Estoy agradecida por todas las mujeres que han salido valientemente a enseñar la Biblia y a ministrar a los demás, y por la forma en que sus palabras y también sus vidas me han animado.

Me han animado muchos hombres en el ministerio, hombres que no tenían que respetarme ni honrarme tan amablemente, pero que lo hicieron de todos modos.

Estoy agradecida por el Dr. Dennis E. Johnson y por el curso que enseñó en el Seminario Teológico de Westminster en California sobre la mujer en la familia, la iglesia y la sociedad, y estoy agradecida porque me invitó a mí y a otras mujeres a enseñar en él. El Dr. Johnson siempre me trató con respeto y cuidado, y estoy agradecida; y esta clase, que tomé por primera vez hace más de una década, fue el semillero de lo que se presenta aquí.

Estoy agradecida por Andy McGuire y Bethany House por ver la necesidad de un libro como este. Es un gozo trabajar con profesionales tan amables y concienzudos.

Estoy agradecida por mi coautor, Eric. Me ha animado y desafiado y ha sido un modelo de amor y respeto como el de Cristo, y soy mejor por haberlo conocido. Él es un verdadero tesoro, gente. Ama al Señor y a la Iglesia y no solo es un gran compositor y pastor, sino que, lo que es más importante, es un hombre de integridad y celo que ama a su familia. Es un honor, Eric.

Estoy agradecida por mi querida familia: por mi madre, Rosemary; mi hija, Jessica; mis nueras, Michelle y Ruth; y por mis maravillosos, respetuosos, valientes y amables hijos, James y Joel, y mi hermano Richard. Estoy especialmente agradecida por mi querido Phil: un marido que me ha amado durante más de cuatro décadas y que sigue viendo su propósito como una bendición para mí. Sin Phil y su amable cuidado, no habría sido lo suficientemente valiente para servir al Señor como lo he hecho. Gracias.

AGRADECIMIENTOS

(Eric)

Estoy agradecido a Dios Padre por llamarme a ser Su hijo. A Jesús, por amarme, redimirme e incorporarme a Su esposa, la Iglesia. Al Espíritu Santo por desafiarme, cambiarme y conformarme a la imagen de Cristo. Que este libro le dé gloria.

Estoy más que agradecido por ti, Elyse. Sugeriste que un hilo de Twitter se convirtiera en un libro. Te arriesgaste a coescribir un libro con un autor desconocido. Me has enseñado, instruido, animado y corregido a lo largo de este proceso. Te agradezco eternamente que me hayas permitido colaborar contigo, hermana.

Debo agradecer a Andy McGuire y a Bethany House por haber apoyado con entusiasmo este proyecto. Su paciencia con un autor primerizo hizo que este trabajo fuera un verdadero placer.

Estoy agradecido a los profesores del seminario, como Tom Schreiner y Russell Moore, que me animaron a ser fiel al texto de las Escrituras y compasivo con mi prójimo, y que modelan lo que significa valorar a las mujeres.

Estoy más que agradecido por mi familia de la iglesia. Amanda Philgreen y Emily Jensen fueron pacientes compañeras de conversación cuando comencé a reexaminar cómo amar, relacionarme y pastorear a las mujeres. Dixie Carpenter, mi secretaria y amiga, es un modelo de fe que me enseña a seguir a Jesús. Mi grupo pequeño oró fielmente por este proyecto y lo alentó. Estoy especialmente agradecido con mi pastor y amigo, Michael Felkins, que se sentó conmigo durante una barbacoa y me dijo: «Eric, tienes que disfrutar de tus dones», y me dijo que escribiera más.

Gracias a Jared von Kamp y Claire Kennedy por leer los borradores de algunos capítulos y aportar sugerencias útiles. Emily Jensen leyó cada palabra que escribí y ofreció sugerencias inestimables. Emily, tu humildad, sabiduría y audacia te convierten en una bendición única para pastorear y colaborar en el ministerio. Es un libro mejor gracias a ti.

Mis padres sentaron las bases de mi ministerio, enseñándome sobre Jesús desde una edad temprana. Mamá, has mostrado de más maneras de las que puedo contar lo que significa ser una mujer fuerte que ama a su Dios.

Mis hijos —Josiah, Micah, Elijah, Ella y Judson— sacrificaron mucho tiempo con papá para que pudiera escribir. ¡Los quiero a todos! (Terminaré su novela de aventuras, ¡lo prometo!).

No hay palabras para expresar mi agradecimiento a Jenny, mi esposa. Durante más de dos décadas y a través de innumerables tormentas, has sido una roca de apoyo, una fuente de sabiduría y una compañera fiel, una heredera en la gracia de la vida. No hay persona —hombre o mujer— a quien admire, respete, valore y ame más que a ti. Eres una mujer de la que el mundo no es digno.

Sobre los autores

Elyse Fitzpatrick es esposa, madre y abuela. Vive en San Diego, California. Obtuvo una licenciatura en el colegio bíblico Berea, una maestría en Consejería Bíblica en el Seminario Teológico Trinidad y un certificado en Consejería Bíblica por la Fundación de Consejería y Educación Cristiana (San Diego). Es autora de dos docenas de libros y habla extensamente sobre la intersección del evangelio de la gracia y la vida cristiana.

Eric Schumacher es esposo, padre, autor, compositor y pastor. Vive con su esposa, Jenny, y sus cinco hijos en su estado natal de Iowa, donde pastorea una iglesia y caza faisanes. Es licenciado en Comunicación General por la Universidad del Norte de Iowa y tiene una maestría en Estudios Bíblicos y Teológicos por el Seminario Teológico Bautista del Sur. Ha escrito canciones para el culto corporativo durante más de veinte años. A Eric le encantaría conectar contigo en emschumacher.com y en las redes sociales (@emschumacher).

Notas

Introducción: Dignas: Celebrar el valor de la mujer en la Palabra de Dios

1. Martín Lutero, *Preface to The Epistle to the Romans* (1532), trad. J. Theodore Mueller (Grand Rapids, MI: Kregel, 1976), xiii.

2. «*About Antiques Roadshow*», PBS.org, 9 de septiembre, 2016, actualizado el 11 de febrero, 2019, http://www.pbs.org/wgbh/roadshow/stories/articles/2016/9/9/about-antiques-roadshow/.

3. C.S. Lewis, *The Weight of Glory and Other Addresses*, rev. ed. (Nueva York: HarperCollins, 2001), 45–46.

4. Eric Schumacher, «*21 Places Women Emerge Front and Center in Scripture's Storyline*», *TheGospelCoalition.org*, 2 de junio, 2018, https://www.thegospelcoalition.org/article/21-places-women-emerge-front-and-center-in-scriptures-storyline/.

Capítulo 1. El valor de la mujer en la creación

1. La palabra hebrea que a menudo se traduce como «costilla» siempre se traduce como «costado» cuando se utiliza en otras partes de la Biblia en español. No hay justificación lingüística para traducirla «costilla».

2. Peter J. Gentry y Stephen J. Wellum, *Kingdom Through Covenant* (Wheaton, IL: Crossway, 2012), 191. Gentry y Wellum hacen una distinción entre

relaciones horizontales y verticales de la imagen y semejanza que nosotros utilizamos aquí.

3. Victor P. Hamilton, *Genesis* (Grand Rapids, MI: Eerdmans, 1990), 135.

4. El Señor llamó a Israel su «primogénito» (Ex. 4:22); como tal, Israel era otro Adán (Luc. 3:38). Israel debía funcionar como un gobernante representativo —un reino de sacerdotes (Ex. 19:6)— que ejerciera el dominio de Dios sobre la tierra. Solo cuando rechazan a Dios como su rey, este les da un rey humano (1 Sam. 8:7). Aunque Israel rechazó el reinado del Señor en la tierra prometida (como Adán rechazó el reinado del Señor en el Jardín), el Señor no abandona Su propósito de tener un hijo real gobernando en Su nombre. El Señor hace un pacto con el rey David, prometiendo que uno de los hijos de David reinará para siempre en la casa de Dios (2 Sam. 7:13, 16). Ese rey será «un hijo» de Dios (2 Sam. 7:14). Esto cristaliza la idea de que el rey de Israel es un «hijo» para Dios. El Salmo 2 es un salmo de inauguración, probablemente utilizado cuando se instalaba un nuevo rey. En él, Dios «adopta» al rey, declarándolo su «hijo» en ese día. Cuando llega Jesús, Su identificación como «Hijo de Dios» es rica en alusiones reales: es un título para el Mesías, el Rey ungido de Dios. Cuando nos unimos a Jesús por medio de la fe, se nos devuelve la filiación (y el reinado que conlleva), y eso incluye a las mujeres. Las mujeres son hechas «hijos» a través de Cristo. Aunque es popular elegir el término «hija» (que es correcto en un sentido relacional), es bueno reconocer el sentido bíblico de la filiación: una categoría que garantiza una herencia y autoridad en la casa del padre.

5. Lo mismo ocurre con el abuso de los hombres. Para resaltar el valor de las mujeres (el enfoque de nuestro libro), nos concentramos en las mujeres.

6. Véase Éxodo 18:4; Deuteronomio 33:7, 26, 29; Salmos 33:20; 115:9-11; 124:8; 146:5.

7. Una nota sobre los «roles de género»: En el Nuevo Testamento, Pablo apela dos veces a la secuencia de Génesis 2 para defender su instrucción en la iglesia (véase 1 Tim. 2:13; 1 Cor. 11:8-9). De ellas infiere la primacía del liderazgo masculino en la iglesia local. No basa su instrucción en la subordinación o la desigualdad. Señala la secuencia de eventos y el propósito declarado. Hay que señalar que las distinciones de rol no sirven para disminuir el valor de la mujer, sino que lo resaltan. La «ayuda adecuada» fue creada debido a una deficiencia (una necesidad) en el hombre. Su valor es indispensable. Pablo subraya la interdependencia de hombres y mujeres en la actualidad (1 Cor. 11:12). Debemos respetar todas las distinciones que Dios establece entre hombres y mujeres en cualquier contexto. Sin embargo, allí donde Dios no ha puesto limitaciones, la iglesia debe celebrar la libertad. Nuestro objetivo no es evitar una «pendiente resbaladiza» hacia aplicaciones erróneas del conservadurismo. La fidelidad a las Escrituras y la gloria de Dios en Su creación es nuestro cometido. La iglesia

debe alentar a las mujeres a servir en cualquier capacidad que no esté prohibida por la instrucción normativa del Nuevo Testamento.

8. «Ayuda sacerdotal» es un término extraño, ¿no? La palabra sacerdote puede traer a la mente todo tipo de imágenes y atuendos que tienen poco que ver con el concepto bíblico de sacerdote. Los primeros sacerdotes de Israel servían en el tabernáculo, una tienda especial en la que el Señor habitaba en medio de Israel. Los sacerdotes ofrecían sacrificios, representando al pueblo ante Dios y a Dios ante el pueblo. Algunos podrían resistirse a la idea de las mujeres como «ayuda sacerdotal» porque la ley de Israel solo permitía a los hombres servir como sacerdotes. Pero recordemos (como se discute en la nota 4 de este capítulo) que cada israelita debía ser un sacerdote —ellos fueron redimidos para ser un «reino de sacerdotes»—. Ciertamente hay distinciones en el sacerdocio (hay un sumo sacerdote), pero que uno sea sumo sacerdote y otro ayudante no reduce el título de sacerdote.

En definitiva, Jesucristo es nuestro «gran sumo sacerdote» (Heb. 4:14). En Él, todos —hombres y mujeres— somos hechos sacerdotes para Dios (Apoc. 5:10). En Jesús —el Profeta, Sacerdote y Rey— todo Su pueblo profetiza (Hech. 2:17), ofrece un servicio sacerdotal (Apoc. 5:10) y reina en la tierra (Apoc. 20:6). ¡Qué buena noticia tan gloriosa!

Capítulo 2. El valor de la mujer en la caída

1. Citado por Chad Meister y James Stump, *Christian Thought: A Historical Introduction*, 2a ed. (Nueva York: Routledge, 2017), 496.

2. El artículo sobre la palabra griega para «γυνή» (femenino) en *The Theological Dictionary of the New Testament*, editado por Gerhard Kittel y Gerhard Friedrich (Grand Rapids, MI: Eerdmans, 1988), 781, ofrece este resumen de las opiniones sobre las mujeres en el judaísmo del siglo I:

> La mujer es abiertamente despreciada. «Dichoso aquel cuyos hijos son varones, y ay de aquel cuyos hijos son mujeres» (bQid, 82b). El título honorífico de «hija de Abraham» es raro en la literatura rabínica en comparación con el correspondiente de «hijo de Abraham». Las mujeres son codiciosas, curiosas, perezosas, vanidosas y frívolas. (Gn. r., 45 sobre 16:5) «Diez [medidas] de cabeza vacía han llegado al mundo, nueve han sido recibidas por las mujeres y una por el resto del mundo» (bQid, 49b). «Muchas mujeres, mucha brujería» (Hillel, c 20 a.C. 2, 7). La costumbre de que las mujeres precedan a los cadáveres en muchos lugares encuentra una explicación etiológica en su supuesta responsabilidad por la muerte (Slav. En. 30:17; Vit Ad, 1, 3, etc.; jSanh. 20b, 44). No se debe conversar con una mujer (comp. Juan 4:9, 27), aunque sea la propia (bErub., 53b; Ab., 1,5). «Que se quemen las palabras de la Torá, no deben entregarse

a las mujeres» (jSota, 10a, 8). «El hombre que enseña a su hija la Torá le enseña la extravagancia» (Sota 3, 4; comp. bSota 21b). La esposa no debe dar testimonio, instruir a los niños, ni orar en la mesa; ni siquiera está obligada a guardar toda la Torá. En las sinagogas se asignan a las mujeres lugares especiales detrás de un biombo. No solo en Palestina, sino también en Alejandría, se han previsto cámaras especiales para ellas (Philo Flacc., 89). El judaísmo helenístico muestra en general poca ilustración en esta cuestión. Filón dice (Op. Mund., 165): «En nosotros la actitud del hombre está informada por la razón... en la mujer por la sensualidad».

3. Más adelante en el capítulo señalaremos ejemplos de formas activas y pasivas de menospreciar a las mujeres.

4. Es notable que en Génesis 2:16 y 3:11, «le» y «te» es singular en hebreo. Pero en Génesis 3:1-4, se habla en plural. Los que interpretan el pasaje como se describe más arriba rara vez notan esta diferencia. Pero esa diferencia pone en evidencia la responsabilidad primordial del hombre como receptor y guardián del mandamiento.

5. Jesús y los apóstoles fueron intérpretes infalibles del Antiguo Testamento. Pero esto no sugiere que ellos manejaran el Antiguo Testamento de una manera que nosotros no podemos. El Espíritu no ilumina a los autores del Nuevo Testamento para que utilicen la Escritura de forma contraria a lo que dice. El Espíritu no aplica erróneamente la Palabra para decir algo verdadero e importante. Más bien, ilumina e inspira a estos autores para que vean y apliquen el significado correcto del pasaje. De este modo, nos enseñan a leer la Palabra de Dios.

6. Por cierto, la Biblia registra casos en los que el Señor habla a los maridos a través de sus esposas. Veremos algunos de ellos en capítulos posteriores.

7. Victor P. Hamilton, «The Book of Genesis, Chapters 1–17», *The New International Commentary on the Old Testament* (Grand Rapids, MI: Eerdmans, 1990), 171.

Capítulo 3. El valor de la mujer en la promesa

1. Reconocemos que al responder a esta pregunta estamos presentando el ideal, el «mejor de los casos», las relaciones como deberían ser. Reconocemos que es más fácil decirlo que hacerlo. Los pecados sexuales del pasado, los abusos, las enseñanzas erróneas y otros factores se combinan para producir mentalidades, conciencias y sentimientos involuntarios que condicionan nuestras reacciones a las relaciones entre hombres y mujeres. Vivimos en el «ya, pero todavía no» —Jesús ya está reinando, pero la plenitud de ese reinado todavía no está siendo experimentada por nosotros—. Aquí es donde debemos mirarlo con ojos de fe, arrepintiéndonos y creyendo en el evangelio a diario, esperando Su regreso, y mostrando gracia a nuestros compañeros pecadores

y santos pecadores mientras esperamos Su aparición y nuestra perfección en la gloria.

Capítulo 4. El valor de la mujer en la historia de Israel

1. Primero Abram intentó cumplir la promesa sugiriendo que Eliezer de Damasco, su siervo, fuera su heredero (Gén. 15). Con toda probabilidad, una vez que Saray comprendió que Abram ya no creía que Dios pudiera proporcionarle el hijo prometido a través de ella, ideó el plan con su sierva, Agar (Gén. 16). Ni Abram ni Saray eran pilares de la fe en este punto, pero es importante reconocer que ambos deseaban cumplir el plan de Dios de un hijo prometido.

2. Carolyn Custis James, *Lost Women of the Bible: Finding Strength and Significance through Their Stories* (Grand Rapids, MI: Zondervan, 2005). «Bendita alianza» es la forma en que James describe la relación entre el hombre y su *ezer* (ayuda adecuada). Me gusta especialmente porque el hecho de que el hombre y la mujer trabajen juntos en una alianza para establecer el reino de Dios describe maravillosamente cómo debemos cumplir el mandato de la creación, aportando cada uno nuestras fuerzas y conocimientos.

3. *English Standard Version Study Bible*, nota sobre Éxodo 4:24–26.

Capítulo 5. El valor de la mujer en la ley de Israel

1. De hecho, todo lo que sale de nuestro cuerpo, incluidas las heces, debe considerarse impuro y tratarse de una manera determinada (Deut. 23:12).

2. Mark F. Rooker, «Leviticus», vol. 3A, *The New American Commentary* (Nashville: Broadman & Holman, 2000), 206.

3. 9.47 θυγάτηρb, τρός f: (una extensión figurativa del significado de θυγάτηρα «hija», 10.46) una mujer por la que existe cierta preocupación afectiva (Johannes P. Louw y Eugene Albert Nida, *Greek-English Lexicon of the New Testament: Based on Semantic Domains* (Nueva York: Sociedades Bíblicas Unidas, 1996), 110.

4. R. A. Torrey, *Studies in the Life and Teachings of Our Lord* (Los Ángeles: Bible Institute of Los Angeles, 1907), 98.

5. Walter A. Elwell y Barry J. Beitzel, «Certificado de divorcio», *Baker Encyclopedia of the Bible* (Grand Rapids, MI: Baker, 1988), 637.

6. Aprendemos algo de lo que podría ser lo «indecoroso» en Mateo 1:19: «Como José, su esposo, era un hombre justo y no quería exponerla a vergüenza pública, resolvió divorciarse de ella en secreto». En este caso, María fue considerada indecorosa porque estaba embarazada. José podría haber insistido en que la apedrearan por adulterio, pero como la amaba pensó que era bueno darle un certificado de divorcio en silencio.

7. 88. 224 σκληροτράχηλος, ον; σκληροκαρδία, ας f; ἀπερίτμητος καρδίᾳ καὶ τοῖς ὠσίν (un modismo, literalmente «incircunciso de corazón y oídos»): perteneciente a ser obcecado y obstinado; «terco, completamente inflexible» [...]. «Moisés les dio permiso para divorciarse de sus esposas porque eran muy obstinados» [...] el enfoque de la obstinación y la terquedad es la falta de voluntad de ser enseñado o de entender (Louw y Nida, *Greek-English Lexicon*, 765.)

8. Por supuesto, no estaban realmente interesados en la justicia, solo estaban tratando de encontrar una manera de acusarlo de romper la ley de Moisés.

9. Si bien es cierto que la ley no tiene el poder de hacernos santos, sí tiene el poder de frenar algunos actos de maldad.

10. *English Standard Version Study Bible*, nota sobre Colosenses 2:17.

Capítulo 6. El valor de la mujer en la alabanza de Israel

1. Sandra McCracken y Joshua Moore, «*We Will Feast in the House of Zion*» de Salmos, lanzamiento el 14 de abril, 2015. *Drink Your Tea* (ASCAP)/ Joshmooreownsthis

Music (ASCAP). Usado con permiso.

2. Aunque no había leyes directas contra la poligamia, esta viola el mandato de Dios a Adán de dejar y unirse a su mujer, convirtiéndose así en una sola carne (Gén. 2:24). Esta unión de una sola carne se rompe cuando él trata de unirse a otra mujer o convertirse en uno con ella.

3. Jerram Barrs, *Through His Eyes: God's Perspective on Women in the Bible* (Wheaton, IL: Crossway, 2009), 169.

4. *English Standard Version Study Bible*, nota sobre 1 Samuel 1:20: «En hebreo, Samuel suena como "escuchado por Dios"».

5. *ESV Study Bible*, nota sobre 1 Samuel 2:1-10.

6. Barrs, *Through His Eyes*, 167.

7. *Ibid.*

8. *ESV Study Bible*, nota sobre Jueces 5:1.

9. «*Brethren, We Have Met to Worship*», George Askins, dominio público, 1819.

10. Otro rito del nacimiento era ponerle nombre al recién nacido. Realizado con más frecuencia por mujeres que por hombres en Génesis (por ejemplo, Gén. 4:25; 30:6, 8, 24; 35:18; 38:3-5), es probable que fuera una práctica femenina.

Capítulo 7. El valor de la mujer en la sabiduría de Israel

1. Melissa Noel, «*New Book "Hidden Figures" Reveals Black Women Who Helped The Space Race*», NBCNews.com, 6 de septiembre, 2016, https://www.nbcnews.com/news/nbcblk/hidden-figures-n643421, recuperado el 26 de enero de 2018.

2. Ver 1 Reyes 1:16–17.

3. *ESV Study Bible*, Introducción al Libro de Proverbios.

4. Ver, *The Song of the Valiant Woman: Studies in the Interpretations Of Proverbios 31:10-31*, Al Wolters (Waynesboro, GA: Paternoster Press), 2001

5. Jerram Barrs, *Through His Eyes: God's Perspective on Women in the Bible* (Wheaton, IL: Crossway, 2009), 305.

6. Ver el capítulo 2 y la discusión sobre el engaño de Eva.

7. Carolyn Custis James, *Lost Women of the Bible: Finding Strength and Significance Through Their Stories* (Grand Rapids, MI: Zondervan, 2005), 110.

8. En caso de que alguien se pregunte sobre la postura de Dios sobre el abuso sexual conyugal, el Señor es claro aquí.

9. Bruce K. Waltke, *Genesis* (Grand Rapids, MI: Zondervan Academic, 2001), 513.

10. Eugene H. Peterson, *The Message: The Bible in Contemporary Language* (Colorado Springs, CO: NavPress, 2005), Genesis 38:26.

11. James, *Lost Women*, 117.

12. Juan Calvino, *Corpus Reformatorum*, vol. 58, col. 546, citado en Wolters, *Song of the Valiant Woman*, 112.

13. Wolters, *Song of the Valiant*, 13.

Capítulo 8. El valor de la mujer en el nacimiento de Jesús

1. Pete McMartin, *«Beautiful Blondes, a Boyle and Lingering Ideas about Sexuality»*, *The Vancouver Sun*, 18 de abril de 2009, https://web.archive.org/web/20090421061343/http://www.vancouversun.com/Life/Beautiful+blondes+Boyle+lingering+ideas+about+sexuality/1509204/story.html. Consultado el 21 de abril de 2009.

2. *Ibid.*

3. Es probable que Booz aún no estuviera casado por ser hijo de Rajab. Ningún padre daría a su hija en matrimonio a un hombre que estaba excluido de la asamblea del Señor, y cuya descendencia estaba perpetuamente apartada de la asamblea. Pero Booz vio el ejemplo de gracia de su padre al casarse con una mujer prohibida. Al casarse con Rajab, Salmón seguramente entendió que ella era parte de Israel por su fe, no por la carne. Del mismo modo, al serle prohibida la entrada a la asamblea, Booz sabía que su esperanza de morar con el Señor debía venir por la fe y no por la ley. Desde el matrimonio de sus padres, comprendió que era del pueblo de Dios por gracia por la fe, y no por sí mismo. Por ello, estuvo dispuesto a mostrarse bondadoso y a casarse con Rut, una verdadera israelita por fe, aunque no por la carne. (En un giro notable, Booz desciende de Judá y Tamar, otra unión cuya descendencia está prohibida en la

asamblea hasta la décima generación. Su nieto David será la décima generación, la restauración del linaje y mucho más).

4. Aunque los pastores y Simeón hablaron de la llegada de Jesús, lo hicieron a José y María directamente. Las palabras de Ana son las primeras que se presentan como una declaración pública.

5. Sí, algunas mujeres odian a los hombres y tratan de destruirlos, al igual que hay hombres que odian a las mujeres y tratan de destruirlas. Estas no son hermanas en Cristo. Son lobos con piel de cordero. Cuando las vemos, intentamos corregirlas. Cuando no se arrepienten, las expulsamos de la iglesia. Tales mujeres (y hombres) existen. La existencia de tales mujeres no es más motivo para sospechar de nuestras hermanas que la existencia de mujeres promiscuas exige sospechar de mi esposa.

6. Aunque los cristianos difieren en sus puntos de vista sobre la naturaleza y la autoridad de la profecía en la iglesia apostólica, creemos que la profecía es una expresión espontánea, dada por el Espíritu, para proveer edificación, exhortación y consuelo en el momento, que puede o no incluir una nueva revelación especial.

Capítulo 9. El valor de la mujer en la vida y el ministerio de Jesús

1. Donald Trump, «Declaración de Donald J. Trump», 7 de octubre, 2016, *Trump Pence Make America Great Again!*, 2016, https://web.archive.org/web/20161007210105/https://www.donaldjtrump.com/press-releases/statement-fromdonald-j.-trump, consultado el 22 de enero, 2018.

2. Bill Clinton, «Respuesta a las acusaciones de Lewinsky», archivado el 23 de febrero, 2009, en Wayback Machine, Centro Miller de asuntos públicos, 26 de enero, 1998, https://web.archive.org/web/20090223181444/http://millercenter.org/scripps/archive/speeches/detail/3930, consultado el 22 de enero, 2019.

3. Monica Lewinsky, «Emerging from "The House of Gaslight" in the Age of #MeToo», *Vanity Fair*, 25 de febrero, 2018, https://www.vanityfair.com/news/2018/02/monica-lewinsky-in-the-age-of-metoo, consultado el 22 de enero, 2018.

4. Kathy Ireland, @kathyireland, *Twitter.com*, 15 de noviembre, 2018, https://twitter.com/kathyireland/status/1063257310988926976, consultado el 22 de enero, 2018.

5. Ireland, *Twitter*, 16 de noviembre, 2018, https://twitter.com/kathyireland/status/1063571578498117632, consultado el 22 de enero, 2018.

6. Beth Moore, *«A Letter to My Brothers»*, *The LPM Blog*, 3 de mayo, 2018, https://blog.lproof.org/2018/05/a-letter-to-my-brothers.html, consultado el 22 de enero, 2018.

7. Leon Morris, *The Gospel According to Matthew* (Grand Rapids, MI: William B. Eerdmans Publishing Company, 1992), 726.

8. C.H. Spurgeon, *The Gospel of the Kingdom* (Pasadena, TX: Pasadena Publications, 1996), 252.

9. Para más ejemplos, ver también Mat. 9:18-26; Mar. 5:21-43; Luc. 8:40-56.

10. James Edwards, *The Gospel According to Mark* (Grand Rapids, MI: Eerdmans, 2002), 486.

11. Andreas Köstenberger, *John* (Grand Rapids, MI: Baker Academic, 2004), 148.

12. *Ibid*., 148.

13. Como se cita en Leon Morris, *«The Gospel According to John, Revised»*, *The New International Commentary on the New Testament* (Grand Rapids, MI: Eerdmans, 1995), 242.

14. D.A. Carson, *«The Gospel According to John»*, *The Pillar New Testament Commentary* (Grand Rapids, MI: Eerdmans, 1991), 217–218.

15. F.F. Bruce, *The Gospel of John: Introduction, Exposition, and Notes* (Grand Rapids, MI: Eerdmans, 1994), 112.

16. Carson, *John*, 227.

17. Jerram Barrs, *Through His Eyes: God's Perspective on Women in the Bible* (Wheaton, IL: Crossway, 2009), 284.

18. *Ibid*., 282.

19. *Ibid*., 283.

20. Edwards, *Mark*, 486.

21. Robert H. Stein, *«Luke, Vol. 24»*, *The New American Commentary* (Nashville, TN: Broadman Press, 1992), 164.

22. Thabiti Anyabwile, *Christ-Centered Exposition Commentary: Exalting Jesus in Luke* (Nashville, TN: B&H Publishing Group, 2018), 184.

23. Craig L. Blomberg, *«Matthew»*, *The New American Commentary* (Nashville, TN: Broadman Press, 1992), 143.

24. Morris, *Matthew*, 197.

25. Leon Morris, *«John»*, *The New American Commentary* (Grand Rapids, MI: Eerdmans, 1995), 512.

26. Andreas Köstenberger, *John* (Grand Rapids, MI: Baker Academic, 2004), 362n18.

27. *Ibid*., 362.

28. Blomberg, *Matthew*, 350.

29. Walter L. Liefeld, *«Luke»*, *The Expositers Bible Commentary* (Grand Rapids, MI: Zondervan, 1995), 150.

30. Stein, *Luke*, 322.

31. Anyabwile, *Exalting Jesus in Luke*, 184.

32. Blomberg, *Matthew*, 143.

33. Dorothy L. Sayers, *Are Women Human?* (Grand Rapids, MI: Eerdmans, 2005), 68–69.

Capítulo 10. El valor de la mujer en la muerte y resurrección de Jesús

1. Si has sido testigo de un acto delictivo contra una mujer (o cualquier persona), debes denunciarlo a las autoridades civiles. Muchos de estos actos son delitos penales, que caen bajo la jurisdicción del estado designado por Dios. Aunque la iglesia debe ejercer la disciplina espiritual en las congregaciones locales, no tiene derecho a no denunciar crímenes contra las mujeres y los niños (o cualquier otra persona).
2. *English Standard Version Study Bible*, nota sobre Mateo 26:7.
3. *ESV Study Bible*, nota sobre Mateo 27:26.
4. Ver la nota de la *ESV Study Bible* sobre Lucas 23:27-31: «Si Dios no perdonó a Su hijo inocente (madera "verde"), ¿cuánto peor será cuando permita que los romanos desaten su ira sobre una nación pecadora (madera "seca")?».
5. Emily Jensen es coautora de *Risen Motherhood* y cofundadora de Risen Motherhood, un ministerio dedicado a animar, capacitar y desafiar a las madres para que apliquen el evangelio en su vida cotidiana. Recomendamos encarecidamente el libro y el ministerio.
6. *ESV Study Bible*, nota sobre Marcos 16:7.

Capítulo 11. El valor de la mujer en la Iglesia

1. El apóstol Pablo proclamó este cambio cuando escribió a los corintios: «A los solteros y a las viudas les digo que sería mejor que se quedaran como yo» (1 Cor. 7:8). Esta enseñanza habrá sido sorprendente tanto para los creyentes judíos como gentiles, ya que las mujeres habían sido valoradas principalmente por su capacidad de tener hijos.
2. No es nuestra intención discutir si la circuncisión en el AT y el bautismo en el NT son completamente análogos, es decir, que los bebés deben o no deben ser bautizados (esa es otra discusión sobre la que tenemos opiniones, pero no desviaremos nuestra discusión aquí). Nuestro punto aquí es solamente que había una señal externa del pacto dado solo a los varones en el antiguo pacto, que significaba la inclusión en la familia de Dios (para los hombres circuncidados y las mujeres emparentadas con ellos por nacimiento o de matrimonio) y que ahora ese signo ha sido sustituido por el bautismo, que se da tanto a las mujeres como a los hombres, sin tener en cuenta su familia de origen o su estado civil.
3. Nota de estudio sobre Génesis 17:9-14 en *Gospel Transformation Bible*.
4. Jerram Barrs, *Through His Eyes: God's Perspective on Women in the Bible* (Wheaton, IL: Crossway, 2009), 308.

5. Carolyn Custis James, *Lost Women of the Bible: Finding Strength and Significance through their Stories* (Grand Rapids, MI: Zondervan, 2005), 209–210.

6. Si, de hecho, los hombres no están interesados en el cristianismo, tal vez sea porque el mensaje que han escuchado está cargado de leyes imposibles sobre ser el marido y el padre perfecto. Ese no es el mensaje por el que los apóstoles y los mártires de la Iglesia se enfrentaron a la muerte. No es muy motivador escuchar, una vez más, cómo todo depende de tu piedad para salvar a tu esposa e hijos.

7. Probablemente Lidia era viuda. Habría sido inusual en esa cultura que una mujer hubiera alcanzado su nivel de éxito en los negocios si nunca se hubiera casado, aunque no es imposible. Probablemente mantenía dos hogares, uno en Filipos y otra en Tiatira, y los utilizaba en su negocio de tejidos teñidos. La tradición también enseña que la iglesia de Tiatira se reunía en su casa.

8. Hay que señalar que las únicas personas nombradas como apoyo financiero de Jesús eran mujeres.

9. «La Biblia afirma que la iglesia primitiva estaba situada en una cultura predominantemente oral [...]. (Col. 4:16; 1 Tes. 5:27; 1 Tim. 4:13). Las congregaciones probablemente incluían tanto esclavos como propietarios de esclavos [...]. Harry Gamble sostiene que en una época en la que la capacidad de leer era escasa, tal vez el portador de la carta de Pablo habría tenido que leer el contenido de la carta a su llegada a la iglesia, ya que no sabía si habría un lector competente presente». Daniel S. Diffey, Brian A. Brandt, Justin McClendon, ed., *Journal of Biblical and Theological Studies*, Número 3.2 (2018).

10. Barrs, *Through His Eyes*, 311–312.

11. *ESV Study Bible*, nota sobre 1 Corintios 14:34–35.

12. James, *Lost Women*, 210–211

13. Barrs, *Through His Eyes*, 311.

14. Ben Witherington, *Women in the Earliest Churches* (Cambridge, UK: Cambridge University Press, 1988), 40.

Capítulo 12. El valor de la mujer en el siglo XXI

1. Esto se señala incluso a través del subtítulo del principal libro sobre los roles de hombres y de la mujer: *Recovering Biblical Manhood and Womanhood: A Response to Evangelical Feminism* [Cómo recuperar la hombría y la femineidad bíblicas: Una respuesta al feminismo evangélico].

2. Juan Calvino y William Pringle, *Commentaries on the Epistles to Timothy, Titus, and Philemon* (Bellingham, WA: Logos Bible Software, 2010), 69, 70.

3. Martín Lutero, *Luther's Works*, vol. 28: 1 Corintios 7, 1 Corintios 15, Conferencias sobre 1 Timoteo, ed. Jaroslav Jan Pelikan, Hilton C. Oswald y Helmut T. Lehmann (St. Louis: Concordia, 1999), 278.

4. Eric Schumacher, *21 Places Women Emerge Front and Center in Scripture's Storyline*, TheGospelCoalition.org, 2 de junio, 2018, https://www.thegospelcoalition.org/article/21-places-women-emerge-front-and-center-in-scriptures-storyline/.

5. También sospechamos que al decir esto como lo hicimos, hay otros a los que hemos decepcionado. Sabemos que hay mujeres y hombres astutos y piadosos que creen que la ordenación no debe limitarse a un solo género, y los respetamos, aunque discrepamos respetuosamente.

6. Para una crítica útil de este énfasis, ver Michelle Lee-Barnwell, *Neither Complementarian nor Egalitarian* (Grand Rapids, MI: Baker Academic, 2016).

7. «En un intento de asegurarse de que el mandamiento propiamente dicho no se violara nunca, los rabinos crearon reglas secundarias y rígidas que, si se seguían, teóricamente impedirían que una persona violara el mandato bíblico en sí. Esto se conoce como "poner una valla alrededor de la ley" (cercar la ley). Tales reglas no bíblicas (por ejemplo, la jornada sabática) se prescriben exhaustivamente en el Talmud, pero esta onerosa 'tradición' es contraria al espíritu de la ley bíblica (Mat. 15:3; 23:4)». https://www.biblestudytools.com/dictionarios/bakers-evangelical-diccionario/ley.html.

8. El igualitarismo es un sistema de creencias que sostiene (1) la igualdad ontológica de ambos sexos, es decir, que los hombres y las mujeres han sido creados a imagen de Dios y (2) no hay diferencias económicas o de roles entre los sexos. En otras palabras, hombres y mujeres son igualmente creados a imagen de Dios, igualmente redimidos por Cristo, igualmente dotados por Dios, y en el hogar y la iglesia el liderazgo y la sumisión son mutuos, por lo que las mujeres creyentes pueden funcionar como líderes en el hogar o como pastoras en la Iglesia.

9. «Solo el 48% de las mujeres mileniales que no van a la iglesia se identifican como cristianas. El número de mujeres que se identifican como ateas o agnósticas ha aumentado del 8% en el año 2000 al 15% en la actualidad. Entre las mujeres mileniales, esa cifra es aún mayor; más de una cuarta parte se identifica como atea (26%), frente al 18% en 2005». Barna Trends 2017: *What's New and What's Next at the Intersection of Faith and Culture* (Grand Rapids, MI: Baker, 2016), 153.

10. Jerram Barrs citado en Elyse Fitzpatrick, *Good News for Weary Women: Escaping the Bondage of To-Do Lists, Steps, and Bad Advice* (Carol Stream, IL: Tyndale, 2014), 10.

11. El complementarismo es un sistema de creencias que sostiene (1) la igualdad ontológica de ambos sexos, es decir, que los hombres y las mujeres han sido creados a imagen de Dios, y (2) las diferencias económicas o de roles entre los sexos. Nos llamaríamos complementarios suaves. En otras palabras, creemos en la igualdad por creación y en las diferencias de roles por creación,

pero encontramos problemático algo de lo que otros han extrapolado estas similitudes y diferencias.

12. *ESV Study Bible*, nota sobre Gálatas 3:26.

13. *Ibid.*

14. Jared von Kamp, correspondencia personal.

15. Ver *Perpetua: High Society Believer*, ChristianityToday.com, https://www.christianitytoday.com/history/people/martyrs/perpetua.html.

16. Laura Polk, *20 Christian Women Who Shaped History*, Crosswalk.com, n.d., https://www.crosswalk.com/slideshows/20-christian-women-who-shaped-history.html.

17. Chelsey Gordon es esposa de pastor, madre, consejera bíblica y asistente de Chris Moles.

18. El reverendo Chris Moles (MABC) es un consejero bíblico certificado (ACBC e IABC) y un facilitador de grupo certificado en la intervención de la violencia doméstica y prevención. Es el autor de *The Heart of Domestic Abuse: Gospel Solutions for Men Who Use Violence and Control in the Home*, así como el fundador de PeaceWorks. PeaceWorks es un ministerio de prevención e intervención de la violencia doméstica que proporciona una variedad de recursos a las iglesias y a las familias, incluyendo Men of Peace para hombres abusivos y la Universidad PeaceWorks, un sitio web para miembros que existe para capacitar y apoyar a las personas en una variedad de contextos ministeriales para abordar la violencia doméstica con el evangelio de la paz. Para más información sobre PeaceWorks, visite ChrisMoles.org o en FaceBook.com/RevChrisMoles.

19. Dorothy L. Sayers, *Are Women Human? Penetrating, Sensible, and Witty Essays on the Role of Women in Society* (Grand Rapids, MI: Eerdmans, 2005), 12.

20. Jerram Barrs, *Through His Eyes: God's Perspective on Women in the Bible* (Wheaton, IL: Crossway, 2009), 316.

21. Barna Trends 2017, 153.

22. Alyssa Leader, @alittleleader, July 5, 2019, Twitter.com, https://twitter.com/alittleleader/status/1147191691675414528.

23. Carolyn Custis James, *Lost Women of the Bible* (Grand Rapids, MI: Zondervan, 2005), 207.

Conclusión: Un llamado a la convicción esperanzadora, valiente y compasiva

1. Citado por Herman Selderhuis en *Luther at the Diet of Worms*, Crossway, 18 de abril, 2018, https://www.crossway.org/articles/luther-at-the-diet-of-worms/, consultado el 9 de febrero, 2019.

2. *Rachael Denhollander: The Voice That Began End of Nassar*, The Detroit News, 24 de enero, 2018, https://www.detroitnews.com/story/news/local/michigan/2018/01/24/nassar-denhollander/109787862/, consultado el 16 de febrero, 2019.

3. Lee la declaración completa de Rachael Denhollander sobre el impacto de Larry Nassar), en *CNN*, CNN.com, 30 de enero, 2018, https://www.cnn.com/2018/01/24/us/rachael-denhollander-full-statement/index.html, consultado el 16 de febrero, 2019.

4. Morgan Lee, *«My Larry Nassar Testimony Went Viral. But There's More to the Gospel Than Forgiveness»*, *Christianity Today*, 31de enero, 2018, https://www.christianitytoday.com/ct/2018/january-web-only/rachael-denhollander-larry-nassar-forgiveness-gospel.html, consultado el 16 de febrero, 2019.

5. Afortunadamente, los pastores de su antigua iglesia emitieron una disculpa: *Our Pastors' Statement to the Washington Post: We Were Rachael's Church*, Immanuel Baptist Church, 31 de mayo, 2018, https://immanuelky.org/articles/we-were-rachaels-church/, consultado el 16 de febrero, 2019.

6. Robert Downen, Lise Olsen, y John Tedesco, *«Abuse of Faith»*, *Houston Chronicle*, 10 de febrero, 2019, https://www.houstonchronicle.com/news/investigations/article/Southern-Baptist-sexual-abuse-spreads-as-leaders-13588038.php. Consultado el 16 de febrero, 2019.

7. Para conocer la respuesta personal de Eric a esta situación, ver el Apéndice 5, *Carta abierta a Rachael Denhollander*.

8. Tomamos esta frase de la conferencia conmemorativa de C.S. Lewis en el King's College, Universidad de Londres, en 1944. Está disponible en línea en https://www.lewissociety.org/innerring/. Es una meditación útil sobre la inutilidad de perseguir la entrada en la «multitud».

9. *«Law»*, *Baker's Evangelical Dictionary of Biblical Theology*, ed. Walter A. Elwell (Grand Rapids, MI: Baker, 1996), https://www.biblestudytools.com/dictionaries/bakers-evangelical-dictionary/law.html, consultado el 9 de febrero, 2019.

10. El prefijo «paido» (del griego «niño») denota una variedad de tradiciones cristianas que bautizan a los niños de los creyentes. El prefijo «credo» (del latín «creo») denota una variedad de tradiciones cristianas que reservan el bautismo a quienes confiesan personalmente su fe.

11. J.R.R. Tolkien, *El Señor de los anillos* (Nueva York: Houghton Mifflin Harcourt, 2004), 951.

Apéndice 2: Lo que las mujeres desean que sus pastores sepan

1. Si vas a decir algo así, asegúrate de decir que el abuso sexual será tratado como el crimen que es y que las mujeres no deben temer que los hombres

en el liderazgo protejan a otros hombres mientras las abandonan para que se enfrenten solas al pecado.

2. Eso significa que si tienes 200 personas en tu iglesia, al menos 40 de ellas han sufrido un trauma sexual, incluida una violación (véase Boz Tchividjian, «¿Qué tan segura es tu iglesia?» video, GRACE [*Godly Response to Abuse in the Christian Environment*], https://www.netgrace.org/). Esta cifra es muy baja, sobre todo porque solo el 16 % de los delitos sexuales se denuncian a la policía.

Apéndice 5: Una carta abierta a Rachael Denhollander sobre #*SBCtoo*

1. Originalmente publicado el 15 de febrero, 2019, en https://www.emschumacher.com/an-open-letter-to-rachael-denhollander-on-sbctoo/.

2. Robert Downen, Lise Olsen y John Tedesco, «Abuse of Faith», *Houston Chronicle*, 10 de febrero, 2019, https://www.houstonchronicle.com/news/investigations/article/Southern-Baptist-sexual-abuse-spreads-as-leaders-13588038.php, consultado el 16 de febrero, 2019.

3. Rachael Denhollander, @R_Denhollander, Twitter.com, https://twitter.com/RDenhollander/status/1095133698868035584, consultado el 16 de febrero, 2019.

4. «Rachael Denhollander», *Wikipedia*, https://en.wikipedia.org/wiki/Rachael_Denhollander, consultado el 16 de febrero, 2019.

5. *«Read Rachael Denhollander's full victim impact statement about Larry Nassar»*, *CNN*, CNN.com, 30 de enero, 2018, https://www.cnn.com/2018/01/24/us/rachael-denhollander-full-statement/index.html, consultado el 16 de febrero, 2019.

6. Morgan Lee, *«My Larry Nassar Testimony Went Viral. But There's More to the Gospel Than Forgiveness»*, *Christianity Today*, 31 de enero, 2018, https://www.christianitytoday.com/ct/2018/january-web-only/rachael-denhollander-larry-nassar-forgiveness-gospel.html, consultado el 16 de febrero, 2019.

7. «Our Pastors' Statement to the Washington Post: We Were Rachael's Church», Immanuel Baptist Church, 31 de mayo, 2018, https://immanuelky.org/articles/we-were-rachaels-church/, consultado el 16 de febrero, 2019.

8. Rachael Denhollander, *«Public Response to Sovereign Grace Churches»*, Facebook.com, 5 de febrero, 2018, https://www.facebook.com/notes/rachael-denhollander/public-response-to-sovereign-grace-churches/1694664773947169, consultado el 16 de febrero, 2019.

9. Rachael Denhollander, *«Update on Sovereign Grace Churches»*, Facebook.com, 13 de febrero, 2019, https://www.facebook.com/OfficialDenhollander/posts/2201216753291966, copnsultado el 16 de febrero, 2019.

10. Robert Downen, *«Leading Southern Baptist apologizes for supporting leader, church at center of sex abuse scandal»*, *Houston Chronicle*, 14 de

febrero, 2019, https://www.houstonchronicle.com/houston/article/Leading-Southern-Baptist-apologizes-for-13618120.php, consultado el 16 de febrero, 2019.

11. R. Albert Mohler Jr., *«Statement from R. Albert Mohler Jr. on Sovereign Grace Churches»*, *Southern News*, The Southern Baptist Theological Seminary, 15 de febrero, 2019, http://news.sbts.edu/2019/02/15/statement-r-albert-mohler-jr-sovereign-grace-churches/, consultado el 16 de febrero, 2019.

Epílogo: «Digno: un canto de alabanza»

1. © 2019, Hymnicity. Usado con permiso. Todos los derechos reservados.